"十四五"职业教育国家规划教材

微课版

公司理财

（第七版）

新世纪高职高专教材编审委员会 组编
主　编　刘章胜　廖石云
副主编　吕　磊　沈相应

大连理工大学出版社

图书在版编目(CIP)数据

公司理财 / 刘章胜,廖石云主编. -- 7版. -- 大连:大连理工大学出版社,2022.1(2024.11重印)
新世纪高职高专大数据与会计专业系列规划教材
ISBN 978-7-5685-3745-2

Ⅰ.①公… Ⅱ.①刘… ②廖… Ⅲ.①公司－财务管理－高等职业教育－教材 Ⅳ.①F276.6

中国版本图书馆CIP数据核字(2022)第020029号

大连理工大学出版社出版

地址:大连市软件园路80号　邮政编码:116023
发行:0411-84708842　邮购:0411-84708943　传真:0411-84701466
E-mail:dutp@dutp.cn　URL:https://www.dutp.cn
大连市东晟印刷有限公司印刷　　大连理工大学出版社发行

幅面尺寸:185mm×260mm　　印张:15　　字数:384千字
2002年8月第1版　　　　　　　　　　　　2022年1月第7版
2024年11月第5次印刷

责任编辑:郑淑琴　　　　　　　　　　责任校对:王　健
封面设计:对岸书影

ISBN 978-7-5685-3745-2　　　　　　　　　定　价:47.80元

本书如有印装质量问题,请与我社发行部联系更换。

前言 Preface

《公司理财》(第七版)是"十四五"职业教育国家规划教材、"十三五"职业教育国家规划教材、"十二五"职业教育国家规划教材和普通高等教育"十一五"国家级规划教材,也是新世纪高职高专教材编审委员会组编的大数据与会计专业系列规划教材之一。

本教材全面贯彻党的二十大精神,落实立德树人根本任务,融入思政教育理念。教育部《职业院校教材管理办法》(教材〔2019〕3号)明确指出,教材编写要"弘扬精益求精的专业精神、职业精神、工匠精神和劳模精神",要"符合技术技能人才成长规律和学生认知特点,对接国际先进职业教育理念,适应人才培养模式创新和优化课程体系的需要,专业课程教材突出理论和实践相统一,强调实践性"。此外,"专业课程教材要充分反映产业发展最新进展,对接科技发展趋势和市场需求,及时吸收比较成熟的新技术、新工艺、新规范等"。根据这些要求,我们重新修订了本教材。

本次修订的基本原则与内容是:

1.《教育部关于印发〈高等学校课程思政建设指导纲要〉的通知》(教高〔2020〕3号)的要求,在教材修订中增加了"思政目标"内容,其宗旨在于培育学生经世济民、诚信服务、德法兼修的职业素养。

2.本次修订以现行会计准则和企业财务通则为准绳,以《中华人民共和国证券法》和《中华人民共和国民法典》等法律法规为圭臬,以中级会计专业技术资格考试大纲为参考标准,并结合学生学习及知识结构的顺序性和相关性,对部分项目的结构和内容进行了调整和完善。

3.为便于读者学习,对每个项目的引入案例进行了更新,与现实紧密契合。

4.随着经济的发展和金融政策的完善,我国公司筹资方式和筹资渠道呈现多元化趋势,本次修订引入了筹资实务创新的内容。

5.针对教材中文字表述及计算等方面的错误或不准确的内容,进行了全面复查与修订。

本教材的主要特点：

1. 教材定位明确

本教材定位于培养高等职业教育应用型人才，编写以简明性、原理性为宗旨，内容上做到"必需、够用"，并着眼于实际应用，具有可操作性。

2. 反映时代特色

本教材依据《企业会计准则》《企业财务通则》《企业内部控制基本规范》等一系列规范制度，结合国内外实务新动态，借鉴全国会计专业技术资格考试"财务管理"的内容，尽可能地反映了公司理财理论和实务的最新进展。

3. 体系清晰严谨

本教材按照"项目导向、任务驱动"的原则，全面系统地介绍了公司理财的基本原理、筹资、投资、资金营运及收益分配各环节内容，环环相扣，体系清晰严谨。

4. 体例更加合理

本教材每个项目开篇均设有"知识目标""能力目标"和"思政目标"，能让读者迅速了解每个项目所学的内容和应该掌握的知识。随后设置的"案例导引"，结合了每个项目所学的内容，引入国内外经典案例，启发读者思考。每个项目设有"项目小结"和"练习题"，对项目的重点内容进行总结，并以练习的方式帮助学生掌握所学内容。

本教材由湖南永州职业技术学院刘章胜、廖石云任主编，湖南永州职业技术学院吕磊、淮南联合大学沈相应任副主编，湖南湘邮科技股份有限公司苏映江参与了本教材的修订。全书由刘章胜负责拟定大纲并总纂定稿。第七版修订分工如下：刘章胜负责项目1、项目5的修订，廖石云负责项目3、项目6的修订，吕磊负责项目4的修订，沈相应负责项目2的修订，苏映江负责项目7的修订。

在编写本教材的过程中，编者参考、引用和改编了国内外出版物中的相关资料以及网络资源，在此表示深深的谢意！相关著作权人看到本教材后，请与出版社联系，出版社将按照相关法律的规定支付稿酬。

为方便教学，本教材配有课件和答案，如有需要，请登录职教数字化服务平台获取。

本教材是各相关院校倾力合作与集体智慧的结晶，尽管我们在教材的特色建设方面做出了许多努力，限于编者的经验和水平，书中仍可能存在疏漏之处。恳请各相关教学单位和读者在使用本教材过程中给予关注并提出改进意见，以便我们进一步修订和完善。

编　者

所有意见和建议请发往：dutpgz@163.com
欢迎访问职教数字化服务平台：https://www.dutp.cn/sve/
联系电话：0411-84707424　84706676

目录 Contents

项目一　认识公司理财 ... 1
- 任务一　了解公司理财内容 ... 2
- 任务二　选择公司理财目标 ... 5
- 任务三　熟悉公司理财环境 ... 11
- 项目小结 ... 16
- 练习题 ... 17

项目二　公司理财的基本观念 ... 21
- 任务一　树立货币时间价值观念 ... 22
- 任务二　理解风险价值观念 ... 31
- 项目小结 ... 37
- 练习题 ... 37

项目三　预算管理 ... 42
- 任务一　了解预算管理 ... 43
- 任务二　熟悉预算的编制方法与程序 ... 46
- 任务三　掌握预算的编制 ... 52
- 项目小结 ... 62
- 练习题 ... 62

项目四　筹资管理 ... 66
- 任务一　了解筹资的相关内容 ... 67
- 任务二　预测资金需要量 ... 73
- 任务三　熟悉股权筹资 ... 76
- 任务四　熟悉债务筹资 ... 87
- 任务五　筹资实务创新 ... 94
- 任务六　测算资本成本 ... 98
- 任务七　衡量杠杆收益与风险 ... 102
- 任务八　合理确定资本结构 ... 108
- 项目小结 ... 111
- 练习题 ... 112

项目五　投资管理 ... 119

- 任务一　了解投资管理 ... 120
- 任务二　测算投资项目的现金流量 ... 123
- 任务三　测算投资项目财务评价指标 ... 127
- 任务四　掌握项目投资管理 ... 139
- 任务五　熟悉证券投资管理 ... 146
- 项目小结 ... 156
- 练习题 ... 156

项目六　营运资金管理 ... 162

- 任务一　了解营运资金管理 ... 163
- 任务二　掌握现金管理 ... 165
- 任务三　掌握应收账款管理 ... 173
- 任务四　掌握存货管理 ... 183
- 任务五　熟悉流动负债管理 ... 187
- 项目小结 ... 194
- 练习题 ... 194

项目七　收益分配管理 ... 200

- 任务一　了解收益分配管理 ... 201
- 任务二　熟悉股利政策 ... 204
- 任务三　确定收益分配方案 ... 208
- 任务四　了解股票分割和股票回购 ... 214
- 任务五　了解股权激励模式 ... 218
- 项目小结 ... 220
- 练习题 ... 220

参考文献 ... 226

附　录 ... 227

项目一
认识公司理财

知识目标

- 了解公司与企业的异同及公司理财的内容；
- 掌握公司理财目标；
- 掌握公司相关者的利益冲突及协调；
- 熟悉影响公司理财的技术环境、经济环境、金融环境和法律环境等理财环境。

能力目标

- 培养学生学会对公司财务活动进行管理，实现公司理财目标；
- 培养学生能妥善协调股东与经营者、大股东与中小股东、股东与债权人之间的利益冲突，并能自觉履行社会责任。

思政目标

- 培养学生具备"大局意识"的职业素养和团结协作精神；
- 培养学生树立正确的"社会主义义利观"，并具有强烈的社会责任感。

案例导入

宏伟公司是一家从事IT产品开发的公司，由三位志同道合的朋友共同出资300万元，三人平均分配股权比例共同创立。公司发展初期，创始股东都以公司的长远发展为目标，关注公司的持续增长能力，所以，他们注重加大研发力度，不断开发新产品，这些措施有力地提高了公司的竞争力，使公司实现了营业收入的高速增长。

在开始的几年间，宏伟公司的销售业绩以每年60%的递增速度提升。然而，随着利润的不断快速增长，三位创始股东开始在收益分配上产生了分歧。股东王力、李伟倾向于分红，而股东赵勇则认为应将公司取得的利润用于扩大再生产，以提高公司的持续发展能力，实现长远利益的最大化。由此产生的矛盾不断升级，最终导致坚持公司长期发展的赵勇被迫退出，出让持有的1/3股份而离开公司。但是，此结果引起了与公司有密切联系的广大供应商和分销商的不满，因为许多人的业务发展壮大都与宏伟公司密切相关,他们深信宏伟公司的持续增长将为他们带来更多的机会。于是,他们威胁如果赵勇离开公司,将断绝与公司的业务往来。面对这一情况,公司两位股东提出他们可以离开公司,条件是赵勇必须收购他们的股份。赵勇的长远发展战略需要较多投资,这样做将导致公司陷于没有资金维持生产的困境。这时,众多的供应商和分销商伸出了援助之手,他们或者主动延长应收账款的期限,或者预付货款,最终使赵勇重新回到公司,成为公司的掌门人。经历了股权风波后,宏伟公司在赵勇的领导下,不断加大投入,实现了公司规模化发展,在同行业中处于领先地位,公司的竞争力和价值不断提升。

案例分析要求:

1.赵勇坚持公司长远发展,而其他股东要求更多分红,你认为赵勇的目标是否与股东财富最大化的目标相矛盾?

2.拥有控制权的大股东与供应商和客户等利益相关者之间的利益存在矛盾,如何协调?

3.重要利益相关者能否对公司的控制权产生影响?

任务一　了解公司理财内容

一、认识公司

公司理财,顾名思义,研究的是以公司为行为主体的理财活动。所以,学习公司理财,首先应该对公司这一理财主体有充分的认识。

(一)企业的主要形式

企业是依法设立的,以营利为目的,运用各种生产要素(土地、劳动力、资本和技术等),向市场提供商品或服务,实行自主经营、自负盈亏、独立核算的法人或其他社会经济组织。

典型的企业组织形式有三种:

1.个人独资企业

个人独资企业是由一个自然人投资,全部资产为投资人个人所有,全部债务由投资人个人承担的经营实体。个人独资企业是非法人企业,不具有法人资格。

个人独资企业具有创立容易、经营管理灵活自由、不需要缴纳企业所得税等优点。个人独资企业的局限性表现为:(1)需要业主对企业债务承担无限责任,当企业的损失超过业主最初对企业的投资时,需要用业主个人的其他财产偿债;(2)难以从外部获得大量资金用于经营;(3)个人独资企业所有权的转移比较困难;(4)企业的生命有限,将随着业主的死亡而自动消亡。

2.合伙企业

合伙企业通常是由两个或两个以上的自然人(有时也包括法人或其他组织)合伙经营的企业,它是由各合伙人遵循自愿、平等、公平、诚实信用原则订立合伙协议,共同出资、合伙经营、共享收益、共担风险的营利性组织。合伙企业分为普通合伙企业和有限合伙企业。

普通合伙企业由普通合伙人组成,合伙人对合伙企业债务承担无限连带责任。

有限合伙企业由普通合伙人和有限合伙人组成,普通合伙人对合伙企业债务承担无限连带责任,有限合伙人以其认缴的出资额为限对合伙企业债务承担责任。

合伙企业的生产经营所得和其他所得,按照国家有关税收规定,由合伙人分别缴纳所得税。

除业主不止一人外,合伙企业的优点和缺点与个人独资企业类似。此外,合伙企业法规定普通合伙人对企业债务须承担无限连带责任。如果一个合伙人没有能力偿还其应分担的债务,其他合伙人须承担连带责任,即有责任替其偿还债务。法律还规定合伙人转让其所有权时需要取得其他合伙人的同意,有时甚至还需要修改合伙协议。

由于个人独资企业和合伙企业存在着共同缺陷,所以一些企业尽管在刚成立时以独资或合伙的形式出现,但是在发展到某一阶段后都将转化成公司的形式。

3.公司制企业(或称公司)

公司制企业是指由投资人(自然人或法人)依法出资组建,有独立法人财产,自主经营、自负盈亏的法人企业。

公司制企业的优点:(1)容易转让所有权,公司的股东权益被划分为若干股权份额,每个份额可以单独转让。(2)有限债务责任。公司债务是法人的债务,不是股东的债务。股东对公司承担的责任以其出资额为限。当公司资产不足以偿还其所欠债务时,股东无须承担连带清偿责任。(3)公司制企业可以无限存续,一个公司在最初的股东和经营者退出后仍然可以继续存在。(4)公司制企业融资渠道较多,更容易筹集所需资金。

公司制企业的缺点:(1)组建公司的成本高。公司法对于设立公司的要求比设立个人独资或合伙企业复杂,并且需要提交一系列法律文件,花费的时间较长。公司成立后,政府对其监管比较严格,需要定期提交各种报告。(2)存在代理问题。股东和经营者分开以后,股东成为委托人,经营者成为代理人,代理人可能为了自身利益而伤害委托人利益。(3)双重课税。公司作为独立的法人,其利润需缴纳企业所得税,企业利润分配给股东后,股东还需缴纳个人所得税。

由此可见,公司是企业的一种形式,它属于企业的范畴,反之,企业不一定是公司。企业是一个大概念,除了公司外,还包括个人独资企业和合伙企业。尽管个人独资企业占企业总数的比重很大,但是绝大部分的商业资金是由公司制企业控制的。因此,除非特别指明,本教材讨论的财务活动及其管理均指公司理财。

(二)公司的主要形式

公司是经政府注册的营利性法人组织,并且独立于股东和经营者。根据《中华人民共和国公司法》(简称《公司法》)的规定,其形式分为有限责任公司和股份有限公司两种。

有限责任公司(简称有限公司),是指股东以其认缴的出资额为限对公司承担责任,公司以其全部资产为限对其债务承担责任的企业法人。根据中国公司法的规定,公司名称中必须标明"有限责任公司"或者"有限公司"字样。其中,国有独资公司是一类特殊的有限责任公司。

股份有限公司(简称股份公司),是指全部资本分为等额股份,股东以其所持股份为限对公司承担责任,公司以其全部资产对公司的债务承担责任的企业法人。

有限责任公司和股份有限公司的区别:(1)公司设立时对股东人数要求不同。设立有限责任公司的股东人数可为1人或50人以下;设立股份有限公司应有2个以上200人以下发起人。(2)股东的股权表现形式不同。有限责任公司的权益总额不进行等额划分,股东的股权是通过投资人所拥有的比例来表示的;股份有限公司的权益总额平均划分为相等的股份,股东的股权是用持有多少股份来表示的。(3)股份转让限制不同。有限责任公司不发行股票,对股东只发放一张出资证明书,股东转让出资需要经股东大会或董事会讨论通过;股份有限公司可以发行股票,股票可以依法转让。

二 公司理财的含义

公司理财或称公司财务管理,是对公司财务活动的规划和管理。即根据资金运动规律,对公司生产经营过程中资金的筹措、投放、运用、收益分配等进行系统管理。换言之,公司的整个生产经营过程,就是资金的筹集、运用和管理的过程,也是公司理财的过程。

通俗地讲,公司理财就是对公司的资金运动进行管理,其目的是有效利用各种金融资源,实现公司的财务目标。公司理财是现代公司最基本的经营管理活动,在市场经济条件下,整个公司的经营管理都是围绕公司理财活动而展开的,公司理财活动的成败直接关系到公司的生存与发展。可以说,公司理财是公司经营管理的核心内容,也是公司可持续发展的关键。

三 公司理财的内容

公司理财的内容分为筹资管理、投资管理、营运资金管理、收益分配管理等四个部分。

(一)筹资管理

公司要根据其生产经营、投资活动和资本结构等的需要,通过筹资渠道和资本市场,运用筹资方式,依法、经济、有效地筹集公司所需的资金,进行筹资管理。无论是组建新公司,还是经营现有公司,都需要筹措一定数量的资金。在进行筹资活动时,公司一方面要科学预测筹资的总规模,以保证所需资金;另一方面要通过筹资渠道和筹资方式的选择,确定合理的筹资结构,降低资本成本,控制财务风险,增加公司的利益。筹资管理是公司理财的一项重要内容。

(二) 投资管理

投资是公司生存、发展及进一步获取利润的基本前提。公司在取得资金后,必须将其投入使用,以谋取良好的经济效益。在进行投资管理活动时,公司必须考虑投资规模,同时还必须通过投资方向和投资方式的选择来确定合适的投资结构,降低投资风险,提高投资效益。

不同的投资项目,对公司的价值和财务风险的影响程度不同。公司的投资,有对内投资和对外投资之分。对内投资是指公司把筹集到的资金用于本公司的资产上,如购置固定资产、无形资产等;公司把筹集到的资金用于购买股票、债券、出资新组建公司或与其他企业联营等,便形成对外投资。如果投资决策失误,那么投资项目往往就不能达到预期效益,进而影响公司的盈利水平和偿债能力。正是由于投资决策的正确与否直接关系到公司的兴衰成败,投资管理才成为公司理财的一项重要内容。

(三) 营运资金管理

公司在日常的生产经营活动中,会发生一系列流动资产和流动负债资金的收付。公司的营运资金在全部资金中占有较大的比重,对保证公司正常经营至关重要,是公司理财的一项重要内容。主要涉及:现金持计划的确定,应收账款的信用标准、信用条件和收款政策的确定,最优存货量的确定,短期借款计划、商业信用筹资计划的确定等。

(四) 收益分配管理

收益分配管理是对公司收益分配活动及其形成的财务关系的组织与调节,是公司将一定时期内所创造的经营成果合理的在公司内、外部各利益相关者之间进行有效分配的过程。根据投资者的意愿和公司生产经营的需要,公司实现的净利润可以作为投资收益分配给投资者,也可以暂时留存公司形成未分配利润,或者作为投资者的追加投资。公司的财务人员要合理确定分配的规模和结构,确保公司取得最大的长期利益。

任务二 选择公司理财目标

一、公司理财目标理论

公司理财目标是指公司理财活动所要达到的目的,它是评价公司理财活动是否合理的基本标准,决定着公司理财的基本方向。

公司理财目标既是公司理财的一个重大理论问题,又是理财实践中的一个方向性问题。归纳起来,公司理财目标有如下几种具有代表性的理论。

(一)利润最大化

利润最大化就是假定公司理财以实现利润最大为目标。

利润最大化作为公司理财目标之所以被人们认可,一是因为公司所创利润不仅可以直接反映公司创造剩余产品的多少,而且也从一定程度上反映出公司经济效益的高低和对社会贡献的大小;二是在自由竞争的资本市场中,资本的使用权最终属于获利最多的公司;三是只有每个公司都最大限度地创造利润,整个社会的财富才可能实现最大化,从而带来社会的进步和发展。

利润最大化目标的主要优点是,公司追求利润最大化,就必须讲求经济核算,加强管理,改进技术,提高劳动生产率,降低产品成本。这些措施都有利于公司资源的合理配置,有利于公司整体经济效益的提高。但是,以利润最大化作为理财目标存在以下缺陷:

(1)没有考虑利润实现时间和货币时间价值。比如,今年100万元的利润和5年以后同等数量的利润其实际价值是不一样的,5年间还会有时间价值的增加,而且这一数值会随着贴现率的不同而有所不同。

(2)没有考虑风险问题。不同行业具有不同的风险,同等利润值在不同行业中的意义也不相同。比如,风险比较高的高科技行业和风险相对较小的制造业无法简单比较。

(3)利润最大化没有反映创造的利润与投入资本之间的关系。

(4)由于利润指标通常按年计算,因此公司财务决策往往服务于年度指标的完成或实现,进而可能导致公司决策带有短期行为的倾向,这也必将影响公司的长远发展与可持续发展。

利润最大化的另一种表现方式是每股收益最大化。每股收益最大化的观点认为,应当把公司的利润和股东投入的资本联系起来考察,用每股收益来反映公司的财务目标。

除了反映创造的利润与投入资本之间的关系外,每股收益最大化与利润最大化目标的缺陷基本相同。但如果假设风险相同、每股收益时间相同,每股收益最大化也是衡量公司业绩的一个重要指标。事实上,许多投资者都把每股收益作为评价公司业绩的重要标准之一。

(二)股东财富最大化

股东财富最大化是指公司理财以实现股东财富最大为目标。在上市公司中,股东财富是由其所拥有的股票数量和股票市场价格两方面决定的。在股票数量一定时,股票价格达到最高,股东财富也就达到最大。

与利润最大化相比,股东财富最大化的主要优点是:

(1)考虑了风险因素,因为股价通常会对风险做出较敏感的反应。

(2)在一定程度上能避免公司短期行为,因为不仅目前的利润会影响股票价格,预期未来的利润同样会对股价产生重要影响。

(3)对上市公司而言,股东财富最大化目标比较容易量化,便于考核和奖惩。

以股东财富最大化为公司理财目标存在以下缺陷:

(1)该理财目标通常只适用于上市公司,非上市公司难以应用,因为非上市公司无法像上市公司一样随时准确获得公司股价。

(2)股价受众多因素影响,特别是公司外部的因素,有些还可能是非正常因素。股价不能完全准确反映公司理财状况,如有的上市公司处于破产的边缘,但由于可能存在某些机会,其股票市价也许还会走高。

(3)该理财目标过多地强调股东利益,而对公司其他的利益相关者的利益重视不够。

(三)企业价值最大化①

企业价值最大化是指公司理财行为以实现公司的价值最大为目标。企业价值可以理解为公司股东权益和债权人权益的市场价值,或者是公司所能创造的预计未来现金流量的现值。

企业价值最大化要求公司充分考虑货币时间价值和风险与收益的关系,并通过公司财务上的合理经营,采用最优的财务政策,在保证公司长期稳定发展的基础上使企业总价值达到最大。

以企业价值最大化为公司理财目标,具有以下优点:

(1)考虑了取得收益的时间,并用时间价值的原理进行了计量。

(2)考虑了风险与收益的关系。

(3)将公司长期、稳定的发展和持续的获利能力放在首位,能克服公司在追求利润上的短期行为。

(4)用价值代替价格,克服了过多受外界市场因素的干扰,有效地规避了公司的短期行为。

但是,将企业价值最大化作为公司理财目标过于理论化,不易操作。对于非上市企业而言,只有对公司进行专门的评估才能确定其价值,而在评估公司的资产时,由于受到评估标准和评估方式的影响,很难做到客观和准确。

(四)相关者利益最大化

在市场经济中,公司的理财主体更加细化和多元化。股东作为公司股东,在公司中拥有最高的权力,并承担着最大的义务和风险,但是,债权人、员工、公司经营者、客户、供应商和政府也为公司承担着风险。因此,在确立公司理财目标时,不能忽视这些相关者的利益。

相关者利益最大化目标的具体内容主要包括:

(1)强调风险与收益的均衡,将风险限制在公司可以承受的范围内。

(2)强调股东的首要地位,并强调公司与股东之间的协调关系。

(3)不断改善、加强与债权人的关系,培养可靠的资金供应者。

(4)强调对代理人即公司经营者的监督和控制,建立有效的激励机制以便公司战略目标的顺利实施。

(5)关心本公司普通职工的利益,创造优美和谐的工作环境和提供合理恰当的福利待遇,培养职工长期努力为公司工作。

(6)关心客户的长期利益,以便保持销售收入的长期稳定增长。

---

① 有些教材采用了"公司价值最大化"的提法,但本教材沿袭财务学界较为统一的提法,即"企业价值最大化"。

(7)加强与供应商的协作,共同面对市场竞争,并注重公司形象的宣传,遵守承诺,讲究信誉。

(8)保持与政府相关部门的良好关系。

将相关者利益最大化作为公司理财目标,具有以下优点:

(1)有利于公司长期稳定发展。

(2)体现了合作共赢的价值理念,有利于实现公司经济效益和社会效益的统一。

(3)这一目标本身是一个多元化、多层次的目标体系,较好地兼顾了各利益主体的利益。

(4)体现了前瞻性和现实性的统一。

(五)各种理财目标之间的关系

利润最大化、股东财富最大化、企业价值最大化以及相关者利益最大化等理财目标,都以股东财富最大化为基础。因为,公司是市场经济的主要参与者,公司的创立和发展都必须以股东的投入为基础,离开了股东的投入,公司就不复存在。并且,在公司的日常经营过程中,股东在公司中承担着最大的义务和风险,相应也应享有最高的收益,即股东财富最大化,否则就难以为市场经济的持续发展提供动力。

当然,以股东财富最大化为核心和基础,还应该考虑利益相关者的利益。各国公司法都规定,股东权益是剩余权益,只有满足了其他方面的利益之后才会有股东的利益。其他利益相关者的要求虽然先于股东被满足,但这种满足必须是有限度的,否则,股东就不会有"剩余"了。投资不能给股东带来满意的回报,股东也就不会出资了。没有股东财富最大化的目标,利润最大化、企业价值最大化以及相关者利益最大化的目标也就无法实现。因此,在强调公司承担应尽的社会责任的前提下,应当允许公司以股东财富最大化为理财目标。

二 公司理财目标与利益冲突

公司相关者的利益冲突是影响公司理财目标更深层次的问题,利益冲突的有效协调直接关系到公司理财目标实现的程度。公司相关者的利益冲突主要包括委托代理问题引起的利益冲突和公司股东利益与承担社会责任之间的冲突。其中,委托代理问题引起的利益冲突包括股东与经营者、大股东与中小股东、股东与债权人之间的利益冲突。

(一)委托代理问题与利益冲突

1. 股东与经营者之间的利益冲突及协调

在现代公司中,经营者一般不拥有占支配地位的股权,他们只是股东的代理人。股东期望经营者以最大的努力去实现股东财富最大化,而经营者则有其自身的利益考虑,从而导致二者的目标经常不一致。通常而言,股东支付给经营者报酬的多少,取决于经营者能够为股东创造的财富。经营者与股东的主要利益冲突是经营者希望在创造财富的同时,能够获取更多的报酬、更多的享受,并避免各种风险;而股东则希望以较小的代价(支付较少的报酬)实现更多的财富。

为了协调股东与经营者之间的利益冲突,通常可采取以下方式解决:

(1)解聘

这是一种通过股东约束经营者的办法。股东对经营者进行监督,如果经营者未能使股东财富达到最大或经营绩效不佳,股东就解聘经营者;经营者为了不被解聘就需要努力工作,为实现公司理财目标服务。

(2)接收

接收是一种通过市场约束经营者的办法。如果经营者决策失误、经营不力、绩效不佳,该公司就有可能被其他公司强行接收或吞并。相应的,经营者通常也会被解聘。即使侥幸留任,也会丧失很大的权利。因此,经营者为了避免这种接收,就必须努力实现公司理财目标。

(3)激励

激励就是将经营者的报酬与其绩效直接挂钩,以使经营者自觉采取能提高股东财富的措施。激励通常有两种方式:

①股票期权。它是允许经营者以预先确定的条件购买本公司一定数量股份的权利,股票的市场价格高于约定价格的部分就是经营者所得的报酬。经营者为了获得更多的股票涨价益处,就必然主动采取能够提高股价的行动,从而增加股东财富。

②绩效股。它是公司运用每股收益、资产收益率等指标来评价经营者绩效,并视其绩效大小给予经营者数量不等的股票作为报酬。如果经营者绩效未能达到规定目标,经营者将丧失原先持有的部分绩效股。这种方式使经营者不仅为了多得绩效股而不断采取措施提高经营绩效,而且为了使每股市价最大化,也会采取各种措施使股票市价稳定上升,从而增加股东财富。即使由于客观原因股价并未提高,经营者也会因获取绩效股而获利。

2. 大股东与中小股东之间的利益冲突及协调

大股东通常是指控股股东,他们会持有公司股份的大部分,从而会对股东大会和董事会的决议产生影响,通常还会委派高管来掌握公司的重大经营决策。持有股份较少且人数较多的中小股东很难有机会接触到公司的经营管理,虽然他们按照自己的持股比例拥有利润的索取权,但是由于与大股东之间存在严重的信息不对称,他们的各种权利会受到大股东的侵害。在这种情况下,委托代理问题会导致大股东与中小股东的利益冲突。

大股东侵害中小股东利益的主要形式有:(1)利用关联交易转移上市公司的资产。(2)非法占用上市公司巨额资金,或以上市公司的名义进行担保和恶意筹资。(3)通过发布虚假信息进行股价操纵,欺骗中小股东。(4)为大股东委派的高管支付不合理的报酬及特殊津贴。(5)采用不合理的股利政策,掠夺中小股东的既得利益。

为了协调大股东与中小股东之间的冲突,通常可采取以下方式解决:

(1)完善上市公司的治理结构,使股东大会、董事会和监事会三者有效运行。具体而言,首先,采取法律措施增强中小股东的投票权和知情权。其次,提高董事会中独立董事的比例,独立董事可以代表中小股东的利益,在董事会中行使表决权。最后,建立健全监事会,保证其独立性,有效实现其监督职能,并赋予监事会更大的监督与起诉权。

(2)规范上市公司的信息披露制度,保证信息的完整性、真实性和及时性。同时,应完善会计准则体系和信息披露规则,加大对信息披露违规行为的处罚力度,对信息披露的监管也要有所加强。这些举措都是为了通过缓解大股东与中小股东之间的信息不对称,降低大股东对中小股东利益的侵占。

3.股东与债权人之间的利益冲突及协调

股东的目标可能与债权人期望实现的目标发生矛盾。首先,股东可能要求经营者改变举债资金的原定用途,将其用于风险更高的项目,这会增大偿债风险,债权人的负债价值也必然会降低,造成债权人风险与收益的不对称。因为高风险的项目一旦成功,额外的利润就会被股东独享;但若失败,债权人却要与股东共同负担由此而造成的损失。其次,股东可能在未征得现有债权人同意的情况下,要求经营者举借新债,由于偿债风险相应增大,从而导致原有债权的价值降低。

为了协调股东与债权人之间的利益冲突,可以通过以下方式解决:

(1)限制性借款

债权人通过事先规定借款用途、借款担保条款和借债信用条件,使股东不能通过以上两种方式削弱债权人的债权价值。

(2)收回借款或停止借款

当债权人发现公司有侵蚀其债权价值的意图时,采取收回债权或不再给予新的借款的措施,从而保护自身利益。

(二)公司社会责任与利益冲突

现代财务理论认为,公司理财目标的定位与实现不能离开社会环境,不能离开公司对社会责任的履行。公司在实现其理财目标时,应该责无旁贷地承担必要的社会责任。

公司的社会责任是指公司在谋求股东财富最大化之外所负有的维护和增进社会利益的义务。具体来说,公司社会责任主要包括以下内容:

1.对员工的责任

公司除了向员工支付报酬的法律责任外,还负有为员工提供安全工作环境、职业教育等保障员工利益的责任。按《公司法》的规定,公司对员工承担的社会责任有:(1)按时足额发放劳动报酬,并根据社会发展逐步提高工资水平。(2)提供安全健康的工作环境,加强劳动保护,实现安全生产,积极预防职业病。(3)建立公司职工的职业教育和岗位培训制度,不断提高职工的素质和能力。(4)完善工会、职工董事和职工监事制度,培育良好的公司文化。

2.对债权人的责任

债权人是公司的重要利益相关者,公司应依据合同的约定以及法律的规定对债权人承担相应的义务,保障债权人的合法权益。这种义务既是公司的民事义务,也可视为公司应承担的社会责任。公司对债权人承担的社会责任主要有:(1)按照法律、法规和公司章程的规定,真实、准确、完整、及时地披露公司信息。(2)诚实守信,不滥用公司人格。(3)主动偿债,不无故拖欠。(4)确保交易安全,切实履行合法订立的合同。

3.对消费者的责任

公司的价值实现,很大程度上取决于消费者的选择,公司理应重视对消费者承担的社会责任。公司对消费者承担的社会责任主要有:(1)确保产品质量,保障消费安全。

(2)诚实守信,确保消费者的知情权。(3)提供完善的售后服务,及时为消费者排忧解难。

4. 对社会公益的责任

公司对社会公益的责任主要涉及慈善、社区等。公司对慈善事业的社会责任是指承担扶贫济困和发展慈善事业的责任,表现为公司对不确定的社会群体(尤指弱势群体)进行帮助。捐赠是其最主要的表现形式,受捐赠的对象主要有社会福利院、医疗服务机构、教育事业等。此外,还包括招聘残疾人、生活困难的人、缺乏就业竞争力的人到公司工作,举办与公司营业范围有关的各种公益性的社会教育宣传活动等。

5. 对环境和资源的责任

公司对环境和资源的社会责任可以概括为两大方面:一是承担可持续发展与节约资源的责任;二是承担保护环境和维护自然和谐的责任。

此外,公司还有义务和责任遵从政府的管理、接受政府的监督。公司要在政府的指引下合法经营、自觉履行法律规定的义务,同时尽可能地为政府献计献策、分担社会压力,支持政府的各项事业。

一般而言,对一个利润或投资收益率处于较低水平的公司,在激烈竞争的环境下,是难以承担会额外增加其成本的社会责任的。而对于那些利润超常的公司,它们可以适当地承担一定的社会责任,这对于提高公司的知名度和促进其业务活动的开展都有一定的帮助。但不管怎样,任何公司都无法长期单独地负担因承担社会责任而增加的成本。过分地强调社会责任而使公司价值减少,就可能导致整个社会资金运用的次优化,从而使社会经济发展步伐减缓。事实上,大多数社会责任都必须通过立法以强制的方式让每一个公司平均负担。然而,公司是社会的经济细胞,理应关注并自觉改善自身的生态环境,重视履行对债权人、消费者、员工、环境等的社会责任,重视其生产行为可能对未来环境的影响,特别是在员工健康与安全、废弃物处理和环境污染等方面应尽早采取相应的措施,减少公司在这些方面可能会遭遇的各种困扰,从而有助于公司可持续发展。

任务三 熟悉公司理财环境

公司理财环境是指对公司财务活动和财务管理产生影响作用的公司内外各种条件的统称。公司理财活动在相当大程度上受理财环境制约,如生产、技术、市场、金融、法律、税收等因素,这些对公司理财活动都有重大影响。只有在理财环境的作用下实现财务活动的协调平衡,公司才能更好地生存和发展。研究公司理财环境,有助于正确地制定理财策略。

本任务主要是熟悉对公司理财影响比较大的技术环境、经济环境、金融环境和法律环境等。

一 技术环境

公司理财的技术环境，是指公司理财得以实现的技术手段和技术条件，它决定着公司理财的效率和效果。会计信息系统是公司理财技术环境中的一项重要内容。在公司内部，会计信息主要是提供给管理层决策使用，而在公司外部，会计信息则主要是为公司的投资者、债权人等提供服务。随着数据科学、机器人流程自动化等机器智能技术不断应用到公司理财领域（如财务共享），公司理财的技术环境更容易实现数出一门、资源共享，便于不同信息使用者获取、分析和利用，进行投资和相关决策。

大数据、人工智能等新一代的现代信息技术，推动着财务共享模式下公司理财体系的不断变化。财务共享模式下基于大数据、智能化的公司理财融入大数据、智能化的理念，创建并优化了高效而智能的业务流程，使公司的各项管理活动和经济业务更加灵活、有效，并在加强风险管控、提高会计服务效率、提供经营决策等方面提供了重要支撑。

二 经济环境

在影响公司理财的各种外部环境中，经济环境是最为重要的。

经济环境内容十分广泛，包括经济体制、经济周期、经济发展水平、宏观经济政策及通货膨胀水平等。

（一）经济体制

在计划经济体制下，国家统筹企业资本、统一投资、统负盈亏，企业所获利润统一上缴、亏损全部由国家补贴。企业虽然是一个独立的核算单位但无独立的理财权利。这一体制下的理财活动内容较为单一，理财方法也较为简单。

在市场经济体制下，公司成为"自主经营、自负盈亏"的经济实体，有独立的经营权，同时也有独立的理财权。公司可以根据自身发展的需要，合理确定资本需要量，然后到市场上筹集资本，再把筹集到的资本投放到各种项目上获取更多的收益，最后将收益根据需要和可能进行分配，保证公司财务活动自始至终根据自身条件和外部环境做出各种财务决策并组织实施。因此，这一体制下的理财活动内容较为丰富，理财方法也较为复杂多样。

（二）经济周期

市场经济条件下，经济发展与运行带有一定的波动性。大体上经历复苏、繁荣、衰退和萧条几个阶段的循环，这种循环叫作经济周期。

在经济周期的不同阶段，公司应相应采用不同的公司理财战略。西方财务学者探讨了经济周期中不同阶段的公司理财战略，现择其要点归纳，见表1-1。

表 1-1　　　　　　　　　经济周期中不同阶段的公司理财战略

阶段	复苏	繁荣	衰退	萧条
理财战略	1.增加厂房设备 2.实行长期租赁 3.建立存货 4.开发新产品 5.增加劳动力	1.扩充厂房设备 2.继续建立存货 3.提高产品价格 4.开展营销规划 5.增加劳动力	1.停止扩张 2.出售多余设备 3.停产不利产品 4.停止长期采购 5.削减存货 6.停止扩招雇员	1.建立投资标准 2.保持市场份额 3.压缩管理费用 4.放弃次要利益 5.削减存货 6.裁减雇员

(三)经济发展水平

公司理财的发展水平和经济发展水平是密切相关的,经济发展水平越高,公司理财水平也就越高。公司理财水平的提高,将推动公司降低成本,改进效率,提高效益,从而促进经济发展水平的提高;而经济发展水平的提高,将改变公司的财务战略、财务理念、公司理财模式和公司理财的方法手段,从而促进公司理财水平的提高。

公司理财应当以经济发展水平为基础,以宏观经济发展目标为导向,从业务角度保证公司经营目标和经营战略的实现。因此,公司财务人员必须积极探索与经济发展水平相适应的公司理财模式及方法手段。

(四)宏观经济政策

不同的宏观经济政策,对公司的理财影响不同。如金融政策中货币的发行量、信贷规模都能影响公司投资的资金来源和投资的预期效益;财税政策会影响公司的资本结构和投资项目的选择;价格政策能影响资金的投向和投资的回收期及预期收益;会计制度的改革会影响会计要素的确认与计量,进而对公司财务活动的事前预测、决策以及事后的评价产生影响等。可见,宏观经济政策对公司理财的影响是非常大的。这就要求公司财务人员必须把握宏观经济政策,更好地为公司的经营理财活动服务。

(五)通货膨胀水平

通货膨胀水平对公司理财活动的影响是多方面的。主要表现在:(1)引起资金占用的大量增加,从而增加公司的资金需求。(2)引起公司利润虚增,造成公司资金由于利润分配而流失。(3)引起利润上升,加大公司的权益资本成本。(4)引起有价证券价格下降,增加公司的筹资难度。(5)引起资金供应紧张,造成公司的筹资困难。

为了减轻通货膨胀对公司造成的不利影响,公司应当采取措施予以防范。在通货膨胀初期,货币面临着贬值的风险,这时公司进行投资可以避免风险,实现资本保值;与客户应签订长期购货合同,以减少物价上涨造成的损失;取得长期负债,保持资本成本的稳定。在通货膨胀持续期,公司可以采用比较严格的信用条件,减少公司债权;调整财务政策,防止和减少公司资本流失等。

三　金融环境

公司所需资金的取得,除了自有资本外,主要从金融机构和金融市场取得。金融政策的变动必然影响公司的筹资、投资和资金营运活动。所以,金融环境是公司理财最为主要的环境因素之一。

(一)金融机构

金融机构主要是指银行和非银行金融机构。银行是指经营存款、放款、汇兑、储蓄等金融业务,承担信用中介的金融机构,包括各种商业银行(如中国工商银行、中国农业银行、中国银行、中国建设银行等)和政策性银行(如国家开发银行、中国进出口银行、中国农业发展银行等)。非银行金融机构主要包括金融资产管理公司、保险公司、证券公司、信托投资公司、财务公司、金融租赁公司等机构。

(二)金融工具

金融工具是指形成一方的金融资产并形成其他方的金融负债或权益工具的合同。借助金融工具,资金从供给方转移到需求方。金融工具分为基本金融工具和衍生金融工具两大类。常见的基本金融工具有公司持有的现金、从其他方收取现金或其他金融资产的合同权利、向其他方交付现金或其他金融资产的合同义务等。衍生金融工具又称派生金融工具,是在基本金融工具的基础上通过特定技术设计形成的新的金融工具,常见的衍生金融工具包括远期合同、互换合同、期货合同和期权合同等。

金融工具一般具有以下特征:

1.流动性。是指金融工具在必要时迅速转变为现金而不致遭受损失的能力。

2.风险性。是指购买金融工具的本金和预定收益遭受损失的可能性。一般包括信用风险和市场风险两个方面。

3.收益性。是指金融工具能定期或不定期给持有人带来收益。

(三)金融市场

1.金融市场的含义、要素和功能

金融市场是指资金供应者和资金需求者双方通过金融工具进行交易进而融通资金的场所。

金融市场的构成要素包括资金供应者(或称资金剩余者)和资金需求者(或称资金不足者)、金融工具、交易价格、组织方式等。

金融市场的主要功能就是把社会各个单位和个人的剩余资金有条件地转让给社会各个缺乏资金的单位和个人,使财尽其用,促进社会发展。资金供应者为了取得利息或利润,期望在最高利率条件下贷出;资金需求者则期望在利率最低条件下借入。因利率、时间、安全性条件不会使借贷双方都十分满意,于是就出现了金融机构和金融市场从中协调,使之各得其所。

2.金融市场的分类

金融市场可以按照不同的标准进行分类。

(1)以期限为标准,金融市场可分为货币市场和资本市场。

货币市场又称短期金融市场,是指以期限在1年内的金融工具为媒介,进行短期资金融通的市场,包括同业拆借市场、票据市场和短期债券市场等。资本市场又称长期金融市场,是指以期限在1年以上的金融工具为媒介,进行长期性资金交易活动的市场,包括股票市场、债券市场和租赁市场等。

(2)以功能为标准,金融市场可分为发行市场和流通市场。

发行市场又称为一级市场,它主要处理金融工具的发行与最初购买者的交易。流通市场又称为二级市场,它主要处理现有金融工具转让和变现的交易。

(3)以融资对象为标准,金融市场可分为资本市场、外汇市场和黄金市场。

资本市场以货币和资本为交易对象;外汇市场以各种外汇金融工具为交易对象;黄金市场则是集中进行黄金买卖和金币兑换的交易市场。

(4)按所交易金融工具的属性,金融市场可分为基础性金融市场和金融衍生品市场。

基础性金融市场是指以基础性金融产品为交易对象的金融市场,如商业票据、企业债券、企业股票的交易市场。金融衍生品市场是指以金融衍生产品为交易对象的金融市场,如远期、期货、掉货(互换)、期权的交易市场。

(5)以地理范围为标准,金融市场可分为地方性金融市场、全国性金融市场和国际性金融市场。

(四)货币市场

货币市场的主要功能是调节短期资金融通。其主要特点是:(1)周期短。一般为3~6个月,最长不超过1年。(2)交易目的是解决短期资金周转。它的资金来源主要是资金股东暂时闲置的资金,融通资金的用途一般是弥补短期资金的不足。(3)金融工具有较强的"货币性",具有流动性强、价格平稳、风险较小等特性。

货币市场主要有拆借市场、票据市场、大额定期存单市场和短期债券市场。拆借市场是指银行(包括非银行金融机构)同业之间短期性资本的借贷活动。这种交易一般没有固定的场所,主要通过电讯手段成交,期限按日计算,一般不超过1个月。票据市场包括票据承兑市场和票据贴现市场。票据承兑市场是票据流通转让的基础;票据贴现市场是对未到期票据进行贴现,为客户提供短期资本融通的市场,包括贴现、再贴现和转贴现。大额定期存单市场是一种买卖银行发行的可转让大额定期存单的市场。短期债券市场主要买卖1年期以内的短期企业债券和政府债券,尤其是国债。短期债券的转让可以通过贴现或买卖的方式进行。短期债券以其信誉好、期限短、利率优惠等优点,成为货币市场中的重要金融工具之一。

(五)资本市场

资本市场的主要功能是实现长期资本融通。其主要特点是:(1)融资期限长。至少在1年以上,长的可达10年甚至更长。(2)融资目的是满足长期投资性资本的需要,用于补充长期资本,扩大生产能力。(3)资本借贷量大。(4)收益较高但风险也较大。

资本市场主要包括债券市场、股票市场和租赁市场。

债券市场和股票市场由证券(债券和股票)发行和证券流通构成。有价证券的发行是一项复杂的金融活动,一般要经过证券种类的选择、偿还期限的确定和发售方式的选择等环节。在证券流通中,参与者除了买卖双方外,中介也非常活跃。这些中介主要有证券经纪人、证券商,他们在流通市场中起着不同的作用。

租赁市场是通过资产租赁实现长期资金融通的市场,它具有融资与融物相结合的特点,融资期限一般与资产租赁期限一致。

四 法律环境

(一)法律环境的范畴

法律环境是指公司与外部发生经济关系时应遵守的有关法律、法规和规章,主要包括《公司法》《证券法》《民法典》《企业财务通则》《内部控制基本规范》《管理会计指引》及税法等。

市场经济是法制经济,公司的经济活动总是在一定法律规范内进行。法律既约束公司的非法经济行为,也为公司从事各种合法经济活动提供保护。

国家相关法律法规按照对公司理财内容的影响情况可以分为以下几类:

(1)影响公司筹资的各种法规主要有:《公司法》《证券法》《民法典》等。这些法律法规可以从不同方面规范或制约公司的筹资活动。

(2)影响公司投资的各种法规主要有:《证券法》《公司法》《企业财务通则》等。这些法律法规从不同角度规范公司的投资活动。

(3)影响公司收益分配的各种法规主要有:《公司法》《企业财务通则》及税法等。这些法律法规从不同方面对公司收益分配进行了规范。

(二)法律环境对公司理财的影响

法律环境对公司的影响是多方面的,影响范围包括企业组织形式、公司治理结构、投融资活动、日常经营、收益分配等。比如《公司法》规定,企业可以采用独资、合伙、公司制等企业组织形式。企业组织形式不同,业主(股东)权利责任、企业投融资、收益分配、纳税、信息披露等不同,公司治理结构也不同。上述不同种类的法律法规,分别从不同方面约束公司的经济行为,对公司理财产生影响。

项目小结

认识公司理财,首先要明确公司是企业的一种形式,它属于企业的范畴。根据《公司法》的规定,公司形式分为有限责任公司和股份有限公司两种。

公司理财所针对的客体就是资金运动,而资金运动形式是通过一定的财务活动来实现的。公司财务活动由筹资活动、投资活动、资金营运活动和收益分配活动等环节组成。因此,公司理财的内容就是针对财务活动而进行的筹资管理、投资管理、营运资金管理和收益分配管理。

公司理财目标是指公司理财活动所要达到的目的,它是评价公司理财活动是否合理的基本标准,决定着公司理财的基本方向。目前具有代表性的理论主要有以下四种:利润最大化、股东财富最大化、企业价值最大化和相关者利益最大化。其中,股东财富最大化是可以接受的理财目标。

公司相关者的利益冲突是影响公司理财目标更深层次的问题,利益冲突的有效协调直接关系到公司理财目标实现的程度。公司相关者的利益冲突主要包括委托代理问题引起的利益冲突和公司股东利益与承担社会责任之间的冲突。其中,委托代理问题引起的利益冲突包括股东与经营者、大股东与中小股东、股东与债权人之间的利益冲突。

公司理财环境,是指对公司财务活动和财务管理产生影响作用的公司内外各种条件的统称。公司理财环境主要包括技术环境、经济环境、金融环境和法律环境等。

练习题

一、单项选择题

1. 与个人独资企业相比,下列各项中属于公司制企业特点的是(　　)。
A. 公司股东承担有限债务责任　　　　B. 不存在代理问题
C. 公司融资渠道较少　　　　　　　　D. 公司所有权转移困难

2. 公司购买生产用机器设备而支付一定数额的资金,这种资金流出属于(　　)。
A. 筹资活动　　　　　　　　　　　　B. 投资活动
C. 资金营运活动　　　　　　　　　　D. 收益分配活动

3. 甲乙两公司均投入1 000万元的资本,本年获利均为80万元,但甲公司的获利已经全部转化为现金,而乙公司则全部是应收账款。如果在分析时得出两个公司收益水平相同的结论,得出此结论的原因是(　　)。
A. 没有考虑利润的取得时间　　　　　B. 没有考虑利润获得所承担风险的大小
C. 没有考虑剩余产品的创造能力　　　D. 没有考虑所获利润和投入资本的关系

4. 若上市公司以股东财富最大化作为公司理财目标,则衡量股东财富大小的最直观的指标是(　　)。
A. 股票价格　　　　　　　　　　　　B. 净资产收益率
C. 每股收益　　　　　　　　　　　　D. 主营业务收入

5. 作为公司理财目标,股东财富最大化不具备的优点是(　　)。
A. 考虑了资金时间价值因素　　　　　B. 考虑了风险价值因素
C. 体现了合作共赢的价值理念　　　　D. 能够避免公司的短期行为

6. 某公司董事会召开公司战略发展讨论会,拟将企业收益最大化作为公司理财目标。下列理由中,难以成立的是(　　)。
A. 有利于规避公司短期行为　　　　　B. 有利于量化考核和评价
C. 有利于持续提升公司获利能力　　　D. 有利于均衡风险与收益的关系

7. 下列有关相关者利益最大化目标的具体内容中不正确的是(　　)。
A. 强调尽可能降低风险　　　　　　　B. 强调股东的首要地位
C. 加强对公司代理人的监督和控制　　D. 保持与政府部门的良好关系

8. 下列有关社会责任表述错误的是(　　)。
A. 任何公司都无法长期单独地负担因承担社会责任而增加的成本
B. 公司的社会责任是指公司在谋求股东财富最大化之外所负有的维护和增进社会

利益的义务

C.公司遵从政府的管理、接受政府的监督,也是属于公司应尽的社会责任

D.公司要想提升公司价值,必须把社会责任作为首要问题来对待

9.下列各项中,不属于公司的社会责任的是( )。

A.对社会公益的责任 B.对环境和资源的责任

C.对债权人的责任 D.对股东的责任

10.下列属于通过采取激励方式协调股东与经营者利益冲突的方法是( )。

A.激励 B.解聘 C.接收 D.监督

11.在公司内部,会计信息主要是提供给( )决策使用。

A.投资者 B.债权人 C.管理层 D.公司员工

12.关于经济周期中的经营理财策略,下列说法中错误的是( )。

A.在经济复苏期,公司应当扩充厂房设备

B.在经济繁荣期,公司应减少劳动力以实现更多利润

C.在经济衰退期,公司应减少存货

D.在经济萧条期,公司应裁减雇员

13.在市场经济条件下,经济发展与运行常常有一定的波动性,这种波动属于公司理财所面临的( )。

A.金融环境 B.通货膨胀水平 C.经济发展水平 D.经济周期

14.下列关于短期债券市场的表述中,正确的是( )

A.大额定期存单市场属于短期债券市场

B.主要买卖1年期以上的公司债券

C.主要买卖1年期以上的政府债券

D.短期债券的转让可以通过贴现的方式进行

15.下列不属于公司理财中法律环境范畴的是( )。

A.内部控制基本规范 B.企业财务通则

C.民法典 D.会计信息化系统

二、多项选择题

1.下列关于公司制企业的优点,表述正确的有( )。

A.容易转让所有权 B.有限债务责任

C.可以无限存续 D.更容易筹集所需资金

2.利润最大化不是公司最优的理财目标,其原因包括( )。

A.不能直接反映公司创造剩余产品的多少

B.没有考虑所获利润和投入资本的关系

C.没有考虑利润取得的时间和承受风险的大小

D.没有考虑公司成本的高低

3.在某公司理财目标的研讨会上,何经理主张"贯彻合作共赢的价值理念,做大公司的财富蛋糕";李经理认为"既然公司的绩效按年度考核,理财目标就应当集中体现当年利润指标";王经理提出"应将公司长期稳定的发展放在首位,以便创造更多的价值"。上

述观点涉及的理财目标有( )。

A.利润最大化　　　　　　　　　B.公司产值最大化

C.企业价值最大化　　　　　　　D.相关者利益最大化

4.下列各项中,可用来协调公司债权人与股东利益冲突的方法有( )。

A.规定借款用途　　　　　　　　B.规定借款的信用条件

C.要求提供借款担保　　　　　　D.收回借款或停止借款

5.下列属于公司需要承担的社会责任的有( )。

A.按时足额发放劳动报酬,提供安全健康的工作环境

B.主动偿债,不无故拖欠

C.确保产品质量,保障消费安全

D.及时支付股利,确保股东的利益

6.下列各项中,属于理财环境的经济环境构成要素有( )。

A.经济周期　　　　　　　　　　B.经济发展水平

C.会计信息化系统　　　　　　　D.宏观经济政策

7.在下列各项中,属于理财环境的金融环境内容的有( )。

A.金融机构　　B.公司法　　C.金融工具　　D.税收法规

8.在不同的经济周期,公司应相应采用不同的公司理财战略。在经济衰退期,应选择的战略有( )。

A.出售多余设备　　　　　　　　B.停止扩招雇员

C.增加劳动力　　　　　　　　　D.停止长期采购

9.法律环境是指公司与外部发生经济关系时应遵守的有关法律、法规和规章制度,主要包括( )。

A.公司法　　　　　　　　　　　B.税法

C.企业财务通则　　　　　　　　D.内部控制基本规范

10.下列有关货币市场表述正确的有( )。

A.货币市场也称为短期金融市场,它交易的对象具有较强的货币性

B.货币市场也称为资本市场,其收益较高但风险较大

C.资本借贷量大

D.交易的目的主要是满足短期资金周转的需要

三、判断题

1.有限责任公司和股份有限公司在设立时对股东人数的要求相同。( )

2.以利润最大化作为公司理财目标,有利于公司资源的合理配置。( )

3.就上市公司而言,将股东财富最大化作为理财目标的缺点之一是不容易被量化。( )

4.相关者利益最大化目标强调股东的首要地位,并强调公司与股东之间的协调关系。( )

5.相关者利益最大化目标是指保证股东、经营者和债权人三方面关系人的利益最大化。( )

6.利润最大化、股东财富最大化、企业价值最大化以及相关者利益最大化等各种理财目标,都以股东财富最大化为基础。（　　）

7.在协调股东与经营者利益冲突的方法中,"接收"是一种通过股东约束经营者的方法。（　　）

8.在通货膨胀初期,为了防范通货膨胀风险,公司不应该与客户签订长期购货合同。（　　）

9.公司对环境和资源的社会责任就是节约资源。（　　）

10.公司的社会责任是公司在谋求股东财富最大化之外应当承担的义务,因此无论如何强调都不过分。（　　）

11.随着经济的发展,互联网时代很多财务人员开始使用移动通信从事公司理财工作。这属于公司理财所面临的经济环境。（　　）

12.影响公司理财的经济环境因素主要包括经济周期、经济发展水平、经济政策和金融市场状况。（　　）

13.金融租赁公司介于金融机构与公司之间,它也属于金融机构。（　　）

14.短期金融市场由于交易对象易于变为货币,所以也称为资本市场。（　　）

15.一般认为,金融工具具有流动性、风险性和收益性的特征。（　　）

项目二
公司理财的基本观念

知识目标

- 理解货币时间价值的概念；
- 掌握货币时间价值的计算方法；
- 掌握资产的风险及其衡量；
- 熟练运用资本资产定价模型。

能力目标

- 培养学生能熟练掌握运用货币时间价值分析和解决实际问题；
- 培养学生能在投资活动中对风险进行衡量并作出决策。

思政目标

- 培养学生具有缜密的科学思维和正确的发展理念；
- 培养学生树立风险防范意识和忧患意识。

案例导入

拿破仑1797年3月在卢森堡第一国立小学演讲时说了这样一番话："为了答谢贵校对我，尤其是对我夫人约瑟芬的盛情款待，我不仅今天呈上一束玫瑰花，并且在未来的日子里，只要我们法兰西存在一天，每年的今天我将亲自派人送给贵校一束价值相等的玫瑰花，作为法兰西与卢森堡友谊的象征"。时过境迁，拿破仑后来疲于应付连绵的战争和此起彼伏的政治事件，最终惨败而流放到圣赫勒拿岛，把对卢森堡的诺言也随之忘得一干二净。可卢森堡这个小国对这位"欧洲巨人与卢森堡孩子亲切、和睦相处的一刻"念念不忘，并载入他们的史册。

1984年底，卢森堡旧事重提，像法国提出违背"赠送玫瑰花"的诺言案的索赔：要么从1797年起，用3路易作为一束玫瑰花的本金，以5厘复利计息全部清偿这笔玫瑰花案；要么法国政府在法国各大报纸公开承认拿破仑是一个言而无信的小人。起初，法国政府准备不惜重金赎回拿破仑的声誉，但却又被电脑算出的数字惊呆了：原本3路易的许诺,本息竟高达1375596法郎。经冥思苦想,法国政府字斟句酌的答复是:"以后,无论在精神上还是物质上,法国将始终不渝地对卢森堡大公国的中小学教育事业予以支持和帮助,来兑现我们的拿破仑将军那一诺千金的玫瑰花诺言"。这一措辞最终得到了卢森堡人民的谅解。

也许拿破仑至死也没想到,自己一时的"即兴"言辞会给法兰西带来这样的尴尬。

案例分析要求:

根据"原本3路易的许诺,本息竟高达1375596法郎"这句话,如何理解复利的威力?

任务一　树立货币时间价值观念

一、货币时间价值的含义

货币时间价值,是指在没有风险和没有通货膨胀的情况下,货币经历一定时间的投资和再投资所增加的价值,也称为资金的时间价值。

货币时间价值是现代公司理财的基础观念之一,它几乎渗透到公司理财的每一个环节,被广泛地用于资金筹集、运用和分配决策中,因此有人称之为理财的"第一原则"。

一定数量的货币在不同时点上具有不同的价值,年初的100元钱比年末的100元钱具有更高的经济价值。比如,假设你现在用100元钱购买了1年期国债,利率为10%,1年后的本息和为110元,在无风险和通货膨胀的条件下,增值的10元利息收入,就是货币的时间价值。因此,从内在的价值上看,年初的100元=年末的110元。

货币时间价值可以用绝对数表示,也可以用相对数表示。所谓用绝对数表示就是用货币周转过程中的增加额来表示;用相对数表示是指用增加值占投资额的百分数来表示。为便于不同货币之间时间价值的比较,在实务中人们习惯用相对数表示货币时间价值。

二、货币时间价值的计算

由于货币随时间的延续而增值,不同时间单位货币的价值不相等,所以,不同时间的货币不宜直接进行比较,需要把它们换算到相同的时点进行比较才有意义。由于货币随时间的增长过程与复利的计算过程在数学上相似,因此,在换算时广泛使用复利计算方法。

(一)复利终值和现值的计算

复利计算方法,是指每经过一个计息期,要将该期的利息加入本金再计算利息,逐期滚动计算的一种利息计算方法,俗称"利滚利"。这里所说的计息期,是指相邻两次计息的间隔,如一年、半年等。除非特别说明,计息期一般为一年。

1.复利终值的计算

复利终值是指现在的特定资金按复利计算方法,折算到将来某一定时点的价值,或者说是现在的一定本金在将来一定时间,按复利计算的本金与利息之和,简称本利和。

【例2-1】 某人将20万元存入银行,年利率为10%,计算1年、2年后的本利和。

1年后的本利和:$F_1=20+20\times10\%=20\times(1+10\%)$

2年后的本利和:$F_2=20\times(1+10\%)\times(1+10\%)=20\times(1+10\%)^2$

由此递推,可知经过 n 年的本利和为:$F_n=20\times(1+10\%)^n$

因此,复利终值的计算公式为:

$$F=P\times(1+i)^n$$

式中,P 表示现值(或初始值);i 表示计息期利率;F 表示终值(或本利和);n 表示计息期数。$(1+i)^n$ 被称为复利终值系数,用符号$(F/P,i,n)$表示,即:$F=P\times(F/P,i,n)$。为便于计算,可以根据利率和期数,查"复利终值系数表"来确定1元复利终值。该表的第一行是利率 i,第一列是计息期数 n,行列交叉处即是相应的复利终值系数 $(1+i)^n$。该表的作用不仅在于已知 i 和 n 时查找1元的复利终值,而且可在已知1元复利终值和 n 时查找 i,或已知1元复利终值和 i 时查找 n。

【例2-2】 某公司向银行存入款项,第1年年初存款20 000元,第1年年末存款40 000元,第5年年末存款50 000元。若银行存款利率为7%,第5年年末该公司可获得的这3笔存款的本利和是多少?

$F=20\ 000\times(F/P,7\%,5)+40\ 000\times(F/P,7\%,4)+50\ 000$

$=20\ 000\times1.402\ 6+40\ 000\times1.310\ 8+50\ 000$

$=130\ 484(元)$

2.复利现值的计算

复利现值是指未来某一时点的特定资金按复利计算方法,折算到现在的价值,或者说是为取得将来一定本利和现在需要的本金。复利现值是复利终值的逆运算,其计算公式为:

$$P=\frac{F}{(1+i)^n}=F\times(1+i)^{-n}$$

式中,$(1+i)^{-n}$ 为复利现值系数,用符号 $(P/F,i,n)$ 表示,即:$P=F\times(P/F,i,n)$,该系数可通过"复利现值系数表"查找相应的值。该表的第一行是利率 i,第一列是计息期数 n,行列交叉处即是相应的复利现值系数。

【例2-3】 某公司一职员采用分期付款方式购买价格为10 000元的电脑一台。第1年年初需付款4 000元,第1年年末需付款3 000元,第2年年末需付款2 000元,第3年年末需付款1 000元。该职员计划现在向银行存款,以保证分期付款的需要。若银行利率为9%,问现在应向银行存入多少款项?

> 第1年年初付出的4 000元,不需要存入银行。本例只需计算每年年末付款的现值即可。
>
> $P = 3\,000 \times (P/F, 9\%, 1) + 2\,000 \times (P/F, 9\%, 2) + 1\,000 \times (P/F, 9\%, 3)$
> $= 3\,000 \times 0.917\,4 + 2\,000 \times 0.841\,7 + 1\,000 \times 0.772\,2$
> $= 5\,207.8(元)$
>
> 计算结果表明,现在应向银行存入5 207.8元,即可保证每年年末付款的数额。

需要说明的是,在复利终值、复利现值的计算中,现值可以泛指资金在某个特定时间段的"前一时点"(而不一定真的是"现在")的价值,终值可以泛指资金在该时间段的"后一时点"的价值。

(二)年金的计算

年金是指间隔期相等的系列等额收付款项。例如,间隔期固定、金额相等的分期偿还贷款、分期付款赊购、分期支付工程款、发放养老金等,都属于年金。年金具有连续性和等额性特点。连续性要求在一定时间内,间隔相等时间就要发生一次收支业务,中间不得中断,必须形成系列。等额性要求每期收、付款项的金额必须相等。也就是说,在年金中,系列等额收付的间隔期间只需要满足"相等"的条件即可,间隔期间可以不是一年,例如每季末等额支付的债务利息也是年金。

年金根据每次收付发生的时点不同,可分为普通年金、预付年金、递延年金和永续年金四种。每期期末收款、付款的年金,称为后付年金,即普通年金;每期期初收款、付款的年金,称为先付年金,或称预付年金;距今若干期以后发生的每期期末收款、付款的年金,称为递延年金;无限期限连续收款、付款的年金,称为永续年金。

1.普通年金终值与现值的计算

普通年金是指在每期的期末,间隔相等时间,收入或支出相等金额的系列款项。每一间隔期,有期初和期末两个时点,由于普通年金是在期末这个时点上发生收付,故又称后付年金。

(1)普通年金终值的计算

普通年金终值是指普通年金最后一次收付时的本利和,它是每次收付款项的复利终值之和。普通年金终值的计算实际上就是已知年金 A,求终值 F_A。

设每期期末等额收付的款项用 A 表示,利率用 i 表示,期数用 n 表示,那么每期期末等额收付的款项,折算到第 n 年的终值可以用以下公式表示:

$$F_A = A \cdot \frac{(1+i)^n - 1}{i}$$

上式中的 $\frac{(1+i)^n - 1}{i}$ 是普通年金为1元、利率为 i、经过 n 期的年金终值,或称"年金终值系数",记作 $(F/A, i, n)$。在实务工作中,可查阅"年金终值系数表"取得相关系数。

【例2-4】 某公司张总是位热心于公众事业的人,自2013年12月底开始,他每年都要向失学儿童捐款。张总向失学儿童每年捐款50 000元,帮助失学儿童从小学一年级读完九年义务教育。假设每年定期存款利率都是2%,则张总9年的捐款在2021年底相当于多少钱?

$$F_A = 50\,000 \times (F/A, 2\%, 9) = 50\,000 \times 9.754\,6 = 487\,730(元)$$

(2) 年偿债基金的计算

年偿债基金是指为了在约定的未来某一时点偿还一笔债务或积聚一定数额的资金而必须分次等额形成的存款准备金。由于每次形成的等额准备金类似年金存款,因而同样可以获得按复利计算的利息,所以债务实际上等于年金终值 F_A,每年提取的偿债基金等于年金 A。即偿债基金的计算实际上是年金终值的逆运算。其计算公式为:

$$A = F_A \times \frac{i}{(1+i)^n - 1} = \frac{F_A}{(F/A, i, n)}$$

上式中,$\frac{i}{(1+i)^n - 1}$ 称作"偿债基金系数",记作 $(A/F, i, n)$,可根据年金终值系数的倒数求得。

【例2-5】 某公司拟在3年后要偿还一笔100万元的债务,计划从现在起每年年末等额存入银行一笔款项。假设银行存款利率为10%。那么,为归还这笔债务,每年年末应存入银行多少元。

$$A = \frac{F_A}{(F/A, i, n)} = \frac{100}{(F/A, 10\%, 3)} = 30.21(万元)$$

因此,在银行存款利率为10%时,每年年末存入30.21万元,3年后可得100万元用来偿还债务。

(3) 普通年金现值的计算

普通年金现值是指将在一定时期内按相同时间间隔在每期期末收入或支付的相等金额折算到第一期期初的现值之和。实际上就是指为了在每期期末取得或支付相等金额的款项,现在需要一次投入或借入多少金额,年金现值用 P_A 表示,其计算公式如下:

$$P_A = A \times \frac{1-(1+i)^{-n}}{i}$$

式中,$\frac{1-(1+i)^{-n}}{i}$ 称为"年金现值系数"或"1元年金现值系数",记作 $(P/A, i, n)$,表示年金为1元,利率为 i,经过 n 期的年金现值。在实务工作中,普通年金现值系数可以查阅"1元年金现值系数表"。

上式也可以写作:$P_A = A \cdot (P/A, i, n)$。

【例2-6】 某公司职员钱小姐最近准备买房,看了好几家开发商的售房方案,其中一个方案是A开发商出售一套100平方米的住房,要求首期支付30万元,然后分6年每年年末支付5万元。钱小姐很想知道每年付5万元相当于现在多少钱,好让

她与现在5 000元/平方米的市场价格进行比较。(贷款利率为6%)

$$P_A = 5 \times (P/A, 6\%, 6) = 5 \times 4.9173 = 24.5865(万元)$$

钱小姐付给 A 开发商的资金现值为:30+24.5865=54.5865(万元)

如果直接按每平方米5 000元购买,钱小姐只需要付出50万元,可见分期付款对她来说不合算。

(4)年资本回收额的计算

年资本回收额是指在约定年限内等额回收初始投入资本或清偿所欠的债务。其计算公式为:

$$A = P_A \cdot \frac{i}{1-(1+i)^{-n}}$$

式中,$\frac{i}{1-(1+i)^{-n}}$ 称为"资本回收系数",用符号表示为$(A/P,i,n)$,可利用年金现值系数的倒数求得。上式可写为:

$$A = \frac{P_A}{(P/A,i,n)}$$

【例 2-7】 假设某公司现在拟出资 100 万元投资某项目,项目投资回报率预计为 10%,公司拟在 3 年内收回投资,请问每年至少要收回多少元?

$$A = \frac{P_A}{(P/A,i,n)} = \frac{100}{(P/A,10\%,3)} = 40.21(万元)$$

即投资回报率为 10%,每年至少要收回 40.21 万元,才能确保 3 年后收回初始投资额 100 万元。

2.预付年金终值与现值的计算

预付年金是指每期期初等额收付的年金,也称先付年金或即付年金。

预付年金与普通年金的区别在于收付款的时点不同,普通年金在每期的期末收付款项,预付年金在每期的期初收付款项。

(1)预付年金终值的计算

预付年金的终值是指一定时期内各期期初等额收付的系列款项的复利终值之和。

n 期预付年金与 n 期普通年金的付款次数相同,但由于其付款期数相差 1 年,因此 n 期预付年金终值比 n 期普通年金的终值多计算一期利息。即在 n 期普通年金终值的基础上乘以$(1+i)$就是 n 期预付年金的终值。其计算公式为:

预付年金终值=年金×普通年金终值系数×(1+i)

$$F_A = A \cdot \frac{(1+i)^n - 1}{i} \cdot (1+i)$$

$$= A \cdot \frac{(1+i)^{(n+1)} - (1+i)}{i}$$

$$= A \cdot \left[\frac{(1+i)^{(n+1)} - 1}{i} - 1 \right]$$

上式中括号内的内容称作"预付年金终值系数",它是在普通年金终值系数的基础上,期数加1,系数减1所得的结果。通常记为$[(F/A,i,n+1)-1]$。这样,通过查阅"一元年金终值系数表"得到$(n+1)$期的值,然后减1便可得出对应的预付年金终值系数的数值。这时可用如下公式计算预付年金终值:

$$F_A = A \cdot [(F/A,i,n+1)-1]$$

【例 2-8】 公司欲投资一项目,可以采取两种可供选择的投资方式,一种是一次性支付 50 万元。另一种是分次支付,从投资开始当年起,每年年初支付 20 万元,付 3 年。年利率为 5% 的贷款扶持。请问该公司现在是一次支付还是分次支付有利于节省成本?

对该公司来说,如果一次支付,则相当于付现值 50 万元;而若分次支付,则相当于一个 3 年的即付年金,该公司可以把这个即付年金折算为 3 年后的终值,再与 50 万元 3 年后的终值进行比较,以确定哪个方案更有利。

分次支付,则其 3 年终值为:

$$F_A = 20 \times (F/A, 5\%, 3) \times (1+5\%) = 20 \times 3.1525 \times 1.05 = 66.2025 (万元)$$

或者

$$F_A = 20 \times [(F/A, 5\%, 4) - 1] = 20 \times (4.3101 - 1) = 66.202 (万元)$$

一次支付,则其 3 年的终值为:

$$F = 50 \times (F/P, 5\%, 3) = 50 \times 1.1576 = 57.88 (万元)$$

因此,一次支付效果更好。

(2) 预付年金现值的计算

预付年金现值是指将在一定时期内按相同时间间隔在每期期初收入或支付的相等金额折算到第一期期初的现值之和。

如前所述,n 期预付年金现值与 n 期普通年金现值相比付款期数相同,但前者是在期初付款,而后者在期末付款,即 n 期预付年金现值比 n 期普通年金现值少折现一期。因此,在 n 期普通年金现值的基础上乘以 $(1+i)$,便可以算出 n 期预付年金的现值。其计算公式为:

$$P_A = A \cdot \frac{1-(1+i)^{-n}}{i} \cdot (1+i)$$

$$= A \cdot \frac{(1+i)-(1+i)^{-(n-1)}}{i}$$

$$= A \cdot \left[\frac{1-(1+i)^{-(n-1)}}{i}+1\right]$$

上式中括号内的内容称作"预付年金现值系数",它是在普通年金现值系数的基础上,期数减1,系数加1所得的结果。通常记为 $[(P/A,i,n-1)+1]$。这样,通过查阅"一元年金现值系数表"得 $(n-1)$ 的值,然后加1,便可得到对应的预付年金现值系数的值。这时可用如下公式计算预付年金的现值:

$$P_A = A \cdot [(P/A,i,n-1)+1]$$

【例2-9】 某公司拟购买新设备,供应商有两套付款方案。方案一是采用分期付款方式,每年年初付款2万元,分10年付清;方案二是一次性付款15万元。若公司的资金回报率为6%,假设有充裕的资金,你将选择何种付款方式?

$$P_A = 20\,000 \times [(P/A, 6\%, 10-1) + 1]$$
$$= 20\,000 \times (6.801\,7 + 1)$$
$$= 156\,034(元)$$

由于分期付款的现值高于一次性付款,所以,应选择一次性付款。

3.递延年金终值与现值的计算

前两种年金的第一次收付时间都发生在整个收付期的第一期,要么在第一期期末,要么在第一期期初。但有时会遇到第一次收付不发生在第一期,而是隔了几期后才在以后的每期期末发生一系列的收付款项,这种年金形式就是递延年金,它是普通年金的特殊形式。因此,凡是不在第一期开始收付的年金,都称为递延年金。递延年金的第一次年金收付没有发生在第一期,而是隔了 m 期(这 m 期就是递延期),在第 $m+1$ 期的期末才发生第一次收付,并且在以后 n 期内,每期期末均发生等额的现金收付。与普通年金相比,尽管期限一样,都是 $(m+n)$ 期,但普通年金在 $(m+n)$ 期内,每个期末都要发生收支,而递延年金在 $(m+n)$ 期内,只在后 n 期发生收支,前 m 期无收支发生。

(1)递延年金终值的计算

递延年金终值的大小,与递延期无关,所以在计算时只需考虑递延年金发生的期数 n 即可,它的计算方法与普通年金终值基本类似。

$$F_A = A \times (F/A, i, n)$$

式中,"n"表示的是 A 的个数,与递延期无关。

【例2-10】 某公司拟一次性投资开发某农庄,预计该农庄能存续15年,但是前5年不会产生净收益,从第6年开始,每年的年末产生净收益5万元。请问,在考虑货币时间价值的因素下,若农庄的投资收益率为10%,该农庄给公司带来累计收益为多少?

$$F_A = 50\,000 \times (F/A, 10\%, 10)$$
$$F_A = 50\,000 \times 15.937$$
$$F_A = 796\,850(元)$$

(2)递延年金现值的计算

递延年金现值是指间隔一定时期后每期期末或期初收入或支付的系列等额款项,按照复利计息方法折算的现时价值,即间隔一定时期后每期期末或期初等额收付资金的复利现值之和。

递延年金现值的计算方法有三种:

计算方法一:把递延年金视为 n 期的普通年金,求出年金在递延期期末 m 点的现值,再将 m 点的现值调整到第一期期初。

$$P_A = A \times (P/A, i, n) \times (P/F, i, m)$$

计算方法二：先假设递延期也发生收支，则变成一个$(m+n)$期的普通年金，算出$(m+n)$期的年金现值，再扣除并未发生年金收支的m期递延期的年金现值，即可求得递延年金现值。

$$P_A = A \times [(P/A, i, m+n) - (P/A, i, m)]$$

计算方法三：先算出递延年金的终值，再将终值折算到第一期期初，即可求得递延年金的现值。

$$P_A = A \times (F/A, i, n) \times (P/F, i, m+n)$$

【例2-11】 承【例2-10】，假设该公司决定投资开发该农庄，根据其收益情况，该农庄的累计投资限额为多少？

只有未来的收益大于当期的投资额，公司才有投资的意愿。由于不同时点上的资金不能直接比较，因此，必须考虑货币时间价值，将未来的收益与当期的投资额进行对比。

方法一：　$P_A = 50\,000 \times (P/A, 10\%, 10) \times (P/F, 10\%, 5)$
　　　　　　　$= 50\,000 \times 6.1446 \times 0.6209$
　　　　　　　$= 190\,759.11(元)$

方法二：　$P_A = 50\,000 \times (P/A, 10\%, 15) - 50\,000 \times (P/A, 10\%, 5)$
　　　　　　　$= 50\,000 \times 7.6061 - 50\,000 \times 3.7908$
　　　　　　　$= 190\,765(元)$

方法三：　$P_A = 50\,000 \times (F/A, 10\%, 10) \times (P/F, 10\%, 15)$
　　　　　　　$= 50\,000 \times 15.937 \times 0.2394$
　　　　　　　$= 190\,765.89(元)$

计算结果表明，该农庄的累计投资额不应超过190 759.11元，否则，其投资收益率将低于10%。

采用上述三种方法计算得出的结果存在微小的差异，这主要是货币时间价值系数的小数点保留位数不同造成的。后面的例题中也有类似的情况，不再一一说明。

4. 永续年金现值的计算

永续年金是指无限期的收入或支出相等金额的年金，也称永久年金。它也是普通年金的一种特殊形式，由于永续年金的期限趋于无限，没有终止时间，因而也没有终值，只有现值。

永续年金的现值计算公式为：$P_A = A/i$

【例2-12】 某公司要建立一项永久性帮困基金，计划每年拿出5万元帮助失学儿童，年利率为5%。请计算现在应筹集多少资金？

解　$P_A = A/i = 5/5\% = 100(万元)$

现应筹集到100万元资金，就可每年拿出5万元帮助失学的儿童。

(三)利率的计算

1.利率的计算

在已知 P、F、n、A 等要素的情况下,求出 i 的值。

一般情况下,计算利率时,首先要计算出有关的货币时间价值系数,然后查相应的系数表(如复利终值系数表、复利现值系数表、年金终值系数表、年金现值系数表)。若表中存在此系数,则对应的利率即为要求的利率。若没有,则查最接近该系数值的一大一小两个系数,采用插值法求出对应的利率。

$$i = i_1 + \frac{B_1 - B}{B_1 - B_2} \times (i_2 - i_1)$$

式中,所求利率为 i,i 对应的现值(或终值)系数为 B,B_1、B_2 为现值(或终值)系数表中与 B 相邻的系数,i_1、i_2 为 B_1、B_2 对应的利率。

【例 2-13】 某公司为了推销一种新产品,采用"还本送利"策略,向顾客承诺 5 年后按"一比一"返还销售额。促销活动结束后,共收到 20 000 元销售额,若不考虑产品销售成本,让这笔款项经过 5 年后升值到 40 000 元,这笔款项的收益率应达到多少才能实现目标?

根据题意,可得 $20\,000 \times (F/P, i, 5) = 40\,000$

所以 $(F/P, i, 5) = 2$

查复利终值系数表,在 $n=5$ 的一行上无法找到恰好是 $(F/P, i, 5) = 2$ 的系数值,于是找小于和大于 2 的临界系数值,分别为 $B_1 = 1.925\,4$,$B_2 = 2.011\,4$。它们对应的利率分别为 $i_1 = 14\%$ 和 $i_2 = 15\%$,也就意味着收益率介入这两者之间。采用插值法计算,则:

$$i = i_1 + \frac{B_1 - B}{B_1 - B_2} \times (i_2 - i_1) = 14\% + \frac{1.925\,4 - 2}{1.925\,4 - 2.011\,4} \times (15\% - 14\%) = 14.87\%$$

也就是说,投资收益率达到 14.87% 时才能让这笔销售款在 5 年后增长一倍。

2.实际利率的计算

通常情况下,我们假定利率均为年利率,以"年"作为基本计息期,每年计算一次复利。但实际上复利的计息期不一定是一年,有可能是按季度、按月或按日计算。例如,有的公司债券每半年计息一次,有的抵押贷款每季度计息一次。当每年复利次数超过一次时,给出的年利率为名义利率。按照短于一年的计息期计算复利,并将全年利息额除以年初的本金,此时得到的利率为实际利率。当一年计息一次时,实际利率等于名义利率;在一年内多次计息的情况下,其实际利率大于名义利率。

我们设名义利率为 r,实际利率为 i,一年中复利次数为 m,全年利息额为 I,本金为 P。则实际利率的计算公式推导如下:

因为

$$i = \frac{I}{P}$$

所以

$$i=\left(1+\frac{r}{m}\right)^m-1$$

【例 2-14】 某公司因项目投资需要向银行借款,其中 A 银行贷款利率为 12%,按季计息;B 银行贷款利率为 12.40%,按年计息。请问你将向哪家银行申请贷款?

根据题意,实质上是比较名义利率与实际利率的大小,向 A 银行借款的实际利率为

$$i=\left(1+\frac{r}{m}\right)^m-1=\left(1+\frac{12\%}{4}\right)^4-1=12.55\%>12.40\%$$

所以,应选择向 B 银行借款。

任务二　理解风险价值观念

一、资产的风险及其衡量

(一)风险的概念

风险是指收益的不确定性。虽然风险的存在可能意味着收益的增加,但人们考虑更多的则是损失发生的可能性。从公司理财的角度看,风险就是公司在各项理财活动过程中,由于各种难以预料或无法控制的因素作用,使公司的实际收益与预计收益发生背离,从而蒙受经济损失的可能性。

风险意味着危险与机会并存,任何决策都有风险,这使得风险价值观念在公司理财中具有普遍意义。因此,可以说"货币货币时间价值是理财的第一原则,风险价值是理财的第二原则"。

(二)风险的衡量

风险的衡量是公司理财中一项重要工作。我们知道,风险是与各种可能的结果和结果的概率分布相联系的,因此,概率统计中的标准差、标准差率等反映实际结果与预期结果偏离程度的指标,往往被用于衡量风险的大小。

1.概率与概率分布

在经济活动中,某一事件在完全相同的条件下可能发生也可能不发生,既可能出现这种结果又可能出现那种结果,这类事件称为随机事件。如公司理财中的投资收益、现金流量等都可以看作是一个个随机事件。

概率就是用百分数或小数来表示随机事件发生的可能性及出现某种结果可能性大小的数值。假设 X 表示随机事件,X_i 表示随机事件的第 i 种结果,P_i 为出现该种结果

的相应概率。

概率必须符合以下两个要求：

(1) 所有随机事件的概率介乎于 0 和 1 之间，即 $0 \leqslant P_i \leqslant 1$；

(2) 所有可能结果出现的概率之和等于 1，即 $\sum_{i=1}^{n} P_i = 1$。

概率分布则是指一项活动可能出现的所有结果的概率的集合。

【例 2-15】 某公司有三个可供选择的投资项目 A、B 和 C。A 和 B 是两个高科技项目，该领域竞争激烈，如果经济发展迅速并且该项目搞得好，就会取得较大市场占有率，利润会很大，否则利润很小甚至亏本。C 项目是一个老产品并且是必需品，销售前景可以准确预测出来。假设其他因素都相同，影响收益率的未来经济情况只有三种：繁荣、正常、衰退，有关的概率分布和预期收益率见表 2-2。

表 2-2　　　　　　A、B、C 项目预期收益率及概率分布表

经济情况	发生概率	A 项目预期收益率	B 项目预期收益率	C 项目预期收益率
繁荣	0.3	30%	20%	20%
正常	0.6	10%	10%	10%
衰退	0.1	−25%	−5%	5%

2. 期望值

期望值是一个概率分布中的所有可能结果，以各自相应的概率为权数计算的加权平均值。通常用符号 $\overline{E}$ 表示，其计算公式如下：

$$\overline{E} = \sum_{i=1}^{n} X_i P_i$$

【例 2-16】 承【例 2-15】，计算该公司 A、B、C 三个投资项目收益率的期望值，即期望收益率。

A 项目：$\overline{E} = \sum_{i=1}^{n} X_i P_i = 0.3 \times 30\% + 0.6 \times 10\% + 0.1 \times (-25\%) = 12.5\%$

B 项目：$\overline{E} = \sum_{i=1}^{n} X_i P_i = 0.3 \times 20\% + 0.6 \times 10\% + 0.1 \times (-5\%) = 11.5\%$

C 项目：$\overline{E} = \sum_{i=1}^{n} X_i P_i = 0.3 \times 20\% + 0.6 \times 10\% + 0.1 \times 5\% = 12.5\%$

A 和 C 的期望收益率相同，但其概率分布不同。A 项目的收益率的分散程度大，变动范围在 −25% 至 30% 之间；C 项目的收益率的分散程度小，变动范围在 5% 至 20% 之间。这说明这两个项目的收益率相同，但风险不同。而 B 项目的期望收益率与 A、C 项目不同，收益率的分散程度也不同，变动范围在 −5% 至 20% 之间，风险与 A、C 项目不同。为了定量地衡量风险大小，还要使用统计学中衡量概率分布离散程度的指标。

3. 标准差和标准差率

（1）标准差

标准差是反映某资产收益率的各种可能结果对其期望值的偏离程度的一个指标。其计算公式为：

$$\sigma = \sqrt{\sum_{i=1}^{n}(X_i - \overline{E})^2 P_i}$$

> **【例 2-17】** 承【例 2-16】，计算该公司 A、B、C 三个投资项目的标准差。
>
> $\sigma_A = \sqrt{(30\% - 12.5\%)^2 \times 0.3 + (10\% - 12.5\%)^2 \times 0.6 + (-25\% - 12.5\%)^2 \times 0.1}$
> $\quad = 15.37\%$
>
> $\sigma_B = \sqrt{(20\% - 11.5\%)^2 \times 0.3 + (10\% - 11.5\%)^2 \times 0.6 + (-5\% - 11.5\%)^2 \times 0.1}$
> $\quad = 7.09\%$
>
> $\sigma_C = \sqrt{(20\% - 12.5\%)^2 \times 0.3 + (10\% - 12.5\%)^2 \times 0.6 + (5\% - 12.5\%)^2 \times 0.1}$
> $\quad = 5.12\%$
>
> 标准差是以绝对数衡量决策方案（或某资产）的全部风险，在收益率的期望值相同的情况下，标准差越大，风险越大；反之，标准差越小，风险越小。
>
> A 和 C 的期望收益率相同，均为 12.5%，A 项目的标准差为 15.37%，比 C 项目的标准差 5.12% 高，所以 A 投资项目的风险比 C 投资项目的风险大。
>
> 需要注意的是，由于标准差是衡量风险的绝对数指标，对于期望值不同的决策方案，该指标数值没有直接可比性。在本例中，B 项目的期望值（期望收益率）与 A、C 项目不同，不能直接以标准差来判断其风险比 A 和 C 是大还是小。对此，必须要进一步借助相对数指标"标准差率"的计算来说明问题。

（2）标准差率

标准差率是收益率的标准差与期望值之比，通常用符号 V 表示。其计算公式为：

$$V = \frac{\sigma}{E}$$

> **【例 2-18】** 承【例 2-17】，计算该公司 A、B、C 三个投资项目的标准差率。
>
> $$V_A = \frac{15.37\%}{12.5\%} = 1.23$$
>
> $$V_B = \frac{7.09\%}{11.5\%} = 0.62$$
>
> $$V_C = \frac{5.12\%}{12.5\%} = 0.41$$
>
> 标准差率以相对数衡量资产全部风险的大小，它表示每单位预期收益所包含的风险，即每一元预期收益所承担风险的大小。标准差率用来比较具有不同预期收益率的资产的风险。一般情况下，标准差率越大，风险越大；相反，标准差率越小，风险越小。
>
> 通过计算可知，C 投资项目的风险要小于 A、B 项目。

通过上述方法将决策方案的风险加以量化后,决策者便可据此作出决策。对于单个方案,决策者可根据其标准差率的大小,将其同设定的可接受的此项指标最高限值对比,看前者是否低于后者,然后做出取舍。对于多方案择优,决策者的行动准则应是选择低风险高收益率的方案,即选择标准差最低、期望收益率最高的方案。然而,高收益率往往伴有高风险,低收益率其风险程度往往也较低,这就要在期望收益率与风险之间做出权衡,而且还要视决策者对风险的态度而定。对风险比较反感的人可能会选择期望收益率较低同时风险也较低的方案,喜欢冒风险的人则可能选择风险虽高但同时收益率也高的方案。一般的投资者和公司管理者都对风险比较反感,在期望收益相同的情况下,选择风险小的方案。

二 证券资产组合的风险与收益

两个或两个以上资产所构成的集合,称为资产组合。如果资产组合中的资产均为有价证券,则该资产组合也称为证券资产组合。证券资产组合的风险与收益具有与单个资产不同的特征。尽管收益率的标准差和标准差率是衡量风险的有效工具,但当某项资产或证券成为投资组合的一部分时,这些指标就可能不再是衡量风险的有效工具。

(一)证券资产组合的预期收益率

证券资产组合的预期收益率是组成证券资产组合的各种资产收益率的加权平均数,其权数为各种资产在组合中的价值比例。

【例2-19】 某投资公司的一项投资组合中包含 A、B 和 C 三种股票,权重分别为 25%、35% 和 40%,三种股票的预期收益率分别为 12%、15% 和 10%。要求计算该投资组合的预期收益率。

该投资组合的预期收益率 = 25% × 12% + 35% × 15% + 40% × 10%
　　　　　　　　　　　　= 12.25%

(二)证券资产组合的风险及其衡量

1.证券资产组合的风险分散功能

当两项资产的收益率完全正相关时,两项资产的风险完全不能相互抵消,所以这样的组合不能降低任何风险;当两项资产的收益率完全负相关时,两项资产的风险可以充分地相互抵消,甚至完全消除,这样的组合能够最大限度地降低风险。

在实务中,两项资产的收益率具有完全正相关和完全负相关的情况几乎是不可能的。绝大多数资产两两之间都具有不完全的相互关系。因此,大多数情况下,证券资产组合能够分散风险,但不能完全消除风险。

在证券资产组合中,能够随着资产种类增加而降低直至消除的风险,被称为非系统风险;不能随着资产种类增加而分散的风险,被称为系统风险。

2.非系统风险

非系统风险,又被称为可分散风险,是指发生于个别公司的特有事件造成的风险。

例如,一家公司的新产品开发失败、失去重要的销售合同等。这类事件是非预期的、随机发生的,它只影响一个或少数公司,对整个市场不会产生太大影响。这种风险可以通过多样化投资来分散,即发生于一家公司的不利事件可以被其他公司的有利事件所抵消。由于非系统风险可以通过分散化消除,因此一个充分的投资组合几乎没有非系统风险。

值得注意的是,在风险分散的过程中,不应当过分夸大资产多样性和资产个数的作用。实际上,在资产组合中资产数目较低时,增加资产的个数,分散风险的效应会比较明显,但资产数目增加到一定程度时,风险分散的效应就会逐渐减弱。经验数据表明,组合中不同行业的资产个数达到 20 个时,绝大多数非系统风险均已被消除掉。

3. 系统风险

系统风险,又被称为不可分散风险,是指那些影响所有公司的因素引起的风险。例如,战争、经济衰退、通货膨胀等。不管投资多样化有多充分,也不可能通过风险的分散来消除系统风险。

不同资产的系统风险不同,度量一项资产的系统风险的指标是贝塔系数,用希腊字母 β 表示。它告诉我们相对于市场组合而言特定资产的系统风险是多少。市场组合是指市场上所有资产组成的组合,其收益率是市场的平均收益率,实务中通常用股票价格指数收益率的平均值来代替。由于包含了所有的资产,市场组合中的非系统风险已经被消除,所以市场组合的风险就是系统风险,市场组合相对于它自己的 β 系数是 1。

如果一项资产的 β 系数为 0.5,表明其收益率的变化与市场收益率变化同向,波动幅度是市场组合的一半;如果一项资产的 β 系数为 2,表明这种资产收益率波动幅度为一般市场波动幅度的两倍。总之,某一资产 β 值的大小反映了该资产收益率波动与整个市场收益率波动之间的相关性及程度。

在实务中,并不需要公司财务人员或投资者自己去计算证券的 β 系数,一些证券咨询机构会定期公布交易过的证券的 β 系数。

对于证券资产组合来说,其所含的系统风险的大小可以用组合 β 系数来衡量。证券资产组合的 β 系数是所有单项资产 β 系数的加权平均数,权数为各种资产在证券资产组合中所占的价值比例。计算公式为:

$$\beta_P = \sum_{i=1}^{n}(\beta_i \times W_i)$$

式中,β_P 表示证券资产组合的 β 系数,β_i 表示第 i 项资产的 β 系数,W_i 表示第 i 项资产在组合中所占的价值比例。

由于单项资产的 β 系数不尽相同,因此通过替换资产组合中的资产或改变不同资产在组合中的价值比例,可以改变资产组合的系统风险。

【例 2-20】 某投资者打算用 20 000 元购买 A、B、C 三种股票,股价分别为 40 元、10 元、50 元;β 系数分别为 0.7、1.1 和 1.7。现有两个组合方案可供选择:

甲方案:购买 A、B、C 三种股票的数量分别为 200 股、200 股、200 股;

乙方案:购买 A、B、C 三种股票的数量分别为 300 股、300 股、100 股。

如果该投资者最多能承受 1.2 倍的市场组合系统风险,会选择哪个方案。

甲方案：
A 股票比例：40×200÷20 000×100％＝40％
B 股票比例：10×200÷20 000×100％＝10％
C 股票比例：50×200÷20 000×100％＝50％
甲方案的 β 系数＝0.7×40％＋1.1×10％＋1.7×50％＝1.24
乙方案：
A 股票比例：40×300÷20 000×100％＝60％
B 股票比例：10×300÷20 000×100％＝15％
C 股票比例：50×100÷20 000×100％＝25％
甲方案的 β 系数＝0.7×60％＋1.1×15％＋1.7×25％＝1.01
该投资者最多能承受 1.2 倍的市场组合系统风险意味着该投资者能承受的 β 系数最大值为 1.2，所以，该投资者会选择乙方案。

三 资本资产定价模型

资本资产定价模型中，所谓资本资产主要指的是股票资产，而定价则试图解释资本市场如何决定股票收益率，进而决定股票价格。

资本资产定价模型的完整表达式为：必要收益率＝无风险收益率＋风险收益率

即：
$$R = R_f + \beta \times (R_m - R_f)$$

式中，R 表示某资产的必要收益率，β 表示该资产的系统风险系数，R_m 表示市场组合收益率，R_f 表示无风险收益率。由于当 $\beta=1$ 时，$R=R_m$，而 $\beta=1$ 时代表的是市场组合的平均风险，所以，还可以 R_m 称为平均风险的必要收益率、市场组合的必要收益率。

公式中 $(R_m - R_f)$ 称为市场风险溢酬，由于市场组合的 $\beta=1$，所以，$(R_m - R_f)$ 也可以称为市场组合的风险收益率或股票市场的风险收益率。由于 $\beta=1$ 代表的是市场平均风险，所以，$(R_m - R_f)$ 还可以表述为平均风险的风险收益率。

在资本资产定价模型中，计算风险收益率时只考虑了系统风险，没有考虑非系统风险，这是因为非系统风险可以通过资产组合消除，一个充分的投资组合几乎没有非系统风险。

资本资产定价模型对任何公司、任何资产（包括资产组合）都是适合的。只要将该公司或资产的 β 系数代入公式 $R=R_f+\beta\times(R_m-R_f)$ 中，就能得到该公司或资产的必要收益率。

【例 2-21】 假设平均风险的风险收益率为 5％，平均风险的必要收益率为 8％，计算【2-29】中乙方案的风险收益率和必要收益率。

由于乙方案的 β 系数为 1.01，所以，乙方案的风险收益率＝1.01×5％＝5.05％。
本例中，$R_m=8\%$，$R_m-R_f=5\%$，所以，$R_f=3\%$。
乙方案的必要收益率＝3％＋5.05％＝8.05％

项目小结

货币时间价值,是指在没有风险和没有通货膨胀的情况下,货币经历一定时间的投资和再投资所增加的价值,也称为资金的时间价值。

货币时间价值的计算主要包括复利终值和现值的计算、年金终值和现值的计算、年偿债基金和年资本回收额的计算以及利率和期间的计算。年金是指间隔期相等的系列等额收付款项。年金根据每次收付发生的时点不同,可分为普通年金、预付年金、递延年金和永续年金四种。

风险就是公司在各项理财活动过程中,由于各种难以预料或无法控制的因素作用,使公司的实际收益与预期收益发生背离,从而有受经济损失的可能性。衡量风险的指标主要有标准差和标准差率。

证券资产组合的风险与收益具有与单个资产不同的特征。证券资产组合的预期收益率是组成证券资产组合的各种资产收益率的加权平均数,其权数为各种资产在组合中的价值比例。不同资产的系统风险不同,度量一项资产的系统风险的指标是贝塔系数,用希腊字母 β 表示。

资本资产定价模型对任何公司、任何资产(包括资产组合)都是适合的。只要将该公司或资产的 β 系数代入公式 $R = R_f + \beta \times (R_m - R_f)$ 中,就能得到该公司或资产的必要收益率。

练习题

一、单项选择题

1. 某人将 10 000 元存入银行,银行的年利率为 10%,按复利计算,则 5 年后此人可从银行取出( )元。
   A.17 716　　　B.15 386　　　C.16 105　　　D.14 641

2. 某人希望在 5 年后取得本利和 1 000 元,用于支付一笔款项。若按单利计算,利率为 5%,那么,他现在应存入( )元。
   A.800　　　　B.900　　　　C.950　　　　D.780

3. 某人每年年初存入银行 1 000 元,年利率为 7%,则第 4 年年末可以得到本利和( )元。
   A.4 439.90　　B.3 750.70　　C.4 280.00　　D.4 750.70

4. 在复利终值和计息期确定的情况下,贴现率越高,则复利现值( )。
   A.越大　　　　B.越小　　　　C.不变　　　　D.不一定

5. 某公司年初借得 50 000 元贷款,10 年期,年利率为 12%,每年年末等额偿还。已知 $(P/A, 12\%, 10) = 5.650\ 2$,则每年应付金额为( )元。
   A.8 849　　　B.5 000　　　C.6 000　　　D.2 825

6.在利息率和现值相同的情况下,若计息期为一期,则复利终值和单利终值(　　)。
A.前者大于后者　　B.后者大于前者　　C.相等　　D.不相等

7.下列各项年金中,只有现值没有终值的年金是(　　)。
A.普通年金　　B.即付年金　　C.永续年金　　D.递延年金

8.有人在期初存入一笔资金,存满6年后每年年初取出10 000元,则递延期为(　　)年。
A.7　　B.6　　C.5　　D.4

9.A方案在3年中每年年初付款500元,B方案在3年中每年年末付款500元,若年利率为10%,则两个方案第3年年末的终值相差(　　)元。
A.105　　B.165.5　　C.505　　D.665.5

10.有一项年金,前3年无流入,后5年每年年初流入500元,假设年利率为10%,其现值为(　　)万元。
A.1 423.21　　B.1 566.45　　C.1 813.48　　D.1 994.59

11.普通年金现值系数的倒数,称之为(　　)。
A.偿债基金　　　　　　　B.偿债基金系数
C.年回收额　　　　　　　D.投资回收系数

12.某公司向银行借入23 000元,借款期为9年,每年的还本付息额为4 600元,则借款利率为(　　)。
A.6.53%　　B.13.72%　　C.7.68%　　D.8.25%

13.一项1 000万元的借款,借款期为3年,年利率为5%,若每半年复利一次,年实际利率会高出名义利率(　　)。
A.0.16%　　B.0.25%　　C.0.06%　　D.0.05%

14.公司发行债券,在名义利率相同的情况下,对其最不利的复利计息期是(　　)。
A.1年　　B.半年　　C.1季　　D.1月

15.某人年初存入银行1 000元,假设银行按每年10%的复利计息,每年年末取出200元,则最后一次能够足额(200元)提款的时间是(　　)。
A.5年末　　B.7年末　　C.8年末　　D.9年末

16.甲方案的标准差是2.11,乙方案的标准差是2.14,如果甲、乙两方案的期望值相同,则甲方案的风险(　　)乙方案的风险。
A.大于　　B.小于　　C.等于　　D.无法确定

17.当股票投资期望收益率等于无风险收益率时,β系数应(　　)。
A.大于1　　B.等于1　　C.小于1　　D.等于0

18.下列各项中,不能通过投资组合分散掉的风险是(　　)。
A.公司发生安全事故　　　　B.公司面临通货膨胀压力
C.公司未获得重要合同　　　D.公司开发新产品失败

二、多项选择题

1.下列各项中,属于普通年金形式的项目有(　　)。
A.零存整取储蓄存款的整取额　　B.定期定额支付的养老金
C.年资本回收额　　　　　　　　D.偿债基金

2.一定时期内每期期初等额收付的系列款项,称之为(　　)。
　　A.普通年金　　　　B.即付年金　　　　C.先付年金　　　　D.后付年金
3.下列表述中,正确的有(　　)。
　　A.复利终值系数和复利现值系数互为倒数
　　B.普通年金终值系数和普通年金现值系数互为倒数
　　C.普通年金终值系数和偿债基金系数互为倒数
　　D.普通年金现值系数和资本回收系数互为倒数
4.下列各项年金中,既有现值又有终值的年金是(　　)。
　　A.普通年金　　　　B.即付年金　　　　C.永续年金　　　　D.递延年金
5.递延年金具有以下特点(　　)。
　　A.年金的第一次支付发生在若干期以后　　B.没有终值
　　C.年金的现值与递延期无关　　　　　　　D.年金的终值与递延期无关
6.某公司向银行借入12 000元,借款期为3年,每年的还本付息额为4 600元,则借款利率为(　　)。
　　A.小于6%　　　　B.大于8%　　　　C.大于7%　　　　D.小于8%
7.在下列各种情况下,会给公司带来经营风险的有(　　)。
　　A.开发新产品不成功而带来的风险　　　B.消费者偏好发生变化而带来的风险
　　C.自然气候恶化而带来的风险　　　　　D.原材料价格变动而带来的风险
8.下列因素引起的风险中,投资者不能通过证券投资组合予清除的有(　　)。
　　A.宏观经济状况变化　　　　　　　　　B.世界能源状况变化
　　C.发生经济危机　　　　　　　　　　　D.被投资公司出现经营失误
9.若甲方案的期望值高于乙方案的期望值,且甲的标准差小于乙的标准差,下列表述正确的有(　　)。
　　A.甲方案的风险小,应选择甲方案
　　B.乙方案的风险小,应选择乙方案
　　C.甲方案的风险与乙方案的风险相同
　　D.难以确定,因期望值不同,需进一步计算标准差率
10.假定甲公司投资某项目有50%的可能性获得30%的收益率,另有50%的可能性亏损5%。如果甲公司实施该项目,则下列表述中不正确的有(　　)。
　　A.甲公司必定获得30%的收益率
　　B.甲公司必定亏损5%
　　C.甲公司的期望收益率为12.5%
　　D.甲公司要么获得30%的收益率,要么亏损5%

三、判断题

1.货币时间价值是指一定量的资金在不同时点上的价值量。　　　　　　　　(　　)
2.每半年付息一次的债券利息不是年金的形式。　　　　　　　　　　　　　(　　)
3.先付年金和后付年金的区别仅在于计息时间的不同。　　　　　　　　　　(　　)
4.在现值和利率一定的情况下,计息期越长,复利终值越小。　　　　　　　　(　　)

5.在计算递延年金终值时,既要考虑普通年金终值公式,还应考虑递延期的长短。
(　　)
6.在利率大于零、计息期一定的情况下,年金现值系数大于1。(　　)
7.当每年复利次数为一次时,给出的是实际利率;当每年复利次数超过一次时,给出的是名义利率。(　　)
8.根据风险与收益对等的原理,高风险投资项目必然会获得高收益。(　　)
9.对于多个投资方案而言,无论各方案的期望值是否相同,标准差率最大的方案一定是风险最大的方案。(　　)
10.某股票的β系数为2,说明该股票的风险以及风险收益率是市场的两倍。(　　)

四、计算分析题

1.某公司2020年初对甲设备投资100 000元,于2022年初建成投产,营业期3年,2022年末、2023年末、2024年末预期收益分别为30 000元、50 000元、60 000元,银行借款利率为12%。

要求:

(1)按年复利计息,计算投资额在2022年初的终值;

(2)按季复利计息,计算投资额在2022年初的终值;

(3)按年复利计息,计算投产后各年预期收益在2022年初的现值之和;

(4)按季复利计息,计算投产后各年预期收益在2022年初的现值之和。

2.某公司拟购置一套设备,有两种付款方案:(1)从现在起,每年年初支付200 000元,连续支付10年;(2)从第5年开始,每年年初支付250 000元,连续支付10年。假设该公司的最低投资收益率为10%。

要求:通过计算,说明公司应选择哪种方案。

3.A矿业公司决定将其一处矿产开采权公开拍卖,因此它向世界各国煤炭公司招标开矿。已知甲公司和乙公司的投标书最具有竞争力,甲公司的投标书显示,如果该公司取得开采权,从获得开采权的第1年开始,每年年末向A公司缴纳10亿美元的开采费,直到10年后开采结束。乙公司的投标书表示,该公司在取得开采权时,直接付给A公司40亿美元,在8年后开采结束时,再付给其60亿美元。如A公司要求的年投资回报率达到15%。

要求:通过计算,做出应接受哪个公司投标的决策。

4.某投资者拟购买一处房产,开发商提出了三个付款方案:

方案一:现在起15年内每年年末支付10万元;

方案二:现在起15年内每年年初支付9.5万元;

方案三:前5年不支付,第6年起到第15年每年年末支付18万元。

假设按银行贷款利率10%复利计息。

要求:

(1)计算三个方案在第15年末的终值,确定哪一种付款方案对购买者有利?

(2)计算三个方案在第1年初的现值,确定哪一种付款方案对购买者有利?

(3)假设每半年复利一次,计算方案一在第15年末的终值是多少?

5.某公司拟进行股票投资,计划购买 A、B、C 三种股票,并分别设计了甲、乙两种投资组合。已知三种股票的 β 系数分别为 1.5、1.0 和 0.5,它们在甲种投资组合下的投资比重分别为 50%、30% 和 20%;乙种投资组合的风险收益率为 3.4%。同期市场上所有股票的平均收益率为 12%,无风险收益率为 8%。

要求:

(1) 根据 A、B、C 三种股票的 β 系数,比较这三种股票相对于市场投资组合而言的投资风险的大小关系;

(2) 按照资本资产定价模型计算 A 股票的必要收益率;

(3) 计算甲种投资组合的 β 系数和风险收益率;

(4) 计算乙种投资组合的 β 系数和必要收益率;

(5) 比较甲、乙两种投资组合系统风险的大小。

项目三
预算管理

知识目标

- 了解预算的特征、作用和分类；
- 熟悉预算的编制方法与程序；
- 掌握各类预算的编制。

能力目标

- 培养学生能熟练掌握预算的编制方法；
- 培养学生能熟练编制各类预算，并保证预算编制的准确性、合理性及合法性。

思政目标

- 教育学生牢记技能强国初心使命，精心培育学生的工匠精神；
- 培养学生诚信、公正、敬业的社会主义核心价值观，自觉遵守职业道德和行业规范。

案例导入

CT集团于2006年9月筹建，是一个以城市建设和城市服务为主业的功能类国有企业。截至2019年6月30日，CT集团资产总额达770亿元，在职员工3000多人。随着集团的资产规模日益扩大，业务板块日益分散，管理层级日益增加，员工队伍日益壮大。

在转型改制、发展壮大的过程中，CT集团逐步完善了全面预算的管理思路和控制体系。CT集团对其子公司、孙公司以及不具有独立法人资格的分公司、部门单位，甚至个人等划分责任中心，并将责任中心纳入全面预算管理体系。集团根据业务板块性质、业务系列、企业功能和职责分工等，将各责任中心划分为收入中心、成本中心、利润中心和投资中心四类，并根据所属关系，将责任中心分为一级、二级、三级和个人责任中心等。董事会领导下的预算委员会负责集团全面预算的组织和领导。财务部门在全面预算管理工作中起到承上启下的桥梁作用，是全面预算的综合管理部门，负责牵头组织集团年度预算的编制工作。CT集团的全面预算编制流程为：财务部门根据各责任中心的宗旨和使命,设计各责任中心的考核指标。责任中心根据零基预算理论和方法,每年10月份根据自身拥有或控制的经济资源自行申报下一年考核指标。然后,集团根据政府的城市建设和服务目标,并结合公司发展战略,对各责任中心的预算指标进行审查、调整,充分听取责任中心管理人员意见,于12月份形成初步方案,经集团党委会、董事会审核批准后,于下一年年初下达年度预算指标。在预算编制的过程中,CT集团特别注意应对各责任中心预算指标申报的两种不良倾向:一是正向指标"浮夸"(越大越好);二是逆向指标"宽打窄用"(越小越好)。此外,尽管预算指标是集团为各责任中心"量身定制"的,但当企业经营的外部环境发生变化,如发生类似2020年年初的新冠肺炎疫情等不可抗力重大影响,执行结果与预算指标发生较大偏差的概率较大,财务部门会根据责任中心的申请及时提出预算指标调整方案,并按规定程序报集团党委会、董事会批准。

为降低预算编制和执行过程中的风险,CT集团主要从"资金集权管理"、"资产实时监管"和"纪检、监察、审计'精准'介入"等方面加强预算执行风险控制。

经过多年的探索和实践,CT集团已形成事前靠预算、事中靠控制、事后靠奖惩的一整套全面预算管理体系,特色鲜明,成效显著。自2014年CT集团推行全面预算管理制度以来,企业总资产已由100多亿元增至近800亿元,增长近7倍;利税总额由3000万元增至3亿元,增长近9倍,销售利润率、总资产报酬率、净资产收益率等盈利能力指标列同类企业之首。但不可否认,CT集团的预算管理也不是完美无缺的,仍然存在一些问题:一是人力资源尚未纳入全面预算管理体系;二是行政化管理模式尚游离于全面预算管理体系之外。

案例分析要求:

1.针对CT集团预算管理存在的不足,你认为应该如何加以改进?
2.作为公司的财务人员,你如何理解"凡事预则立,不预则废"这句话?

任务一　了解预算管理

一、预算的特征与作用

(一)预算的特征

预算是公司在预测、决策的基础上,用数量和金额以表格的形式反映公司未来一定时期内经营、投资、筹资等活动的具体计划,是为实现公司目标而对各种资源和公司活动的所做的详细安排。

预算具有两个特征：首先，编制预算的目的是促进公司以最经济有效的方式实现预定目标，因此，预算必须与公司的战略或目标保持一致。其次，预算作为一种数量化的详细计划，它是对未来活动的细致、周密安排，是未来经营活动的依据。数量化和可执行性是预算的最主要特征。

(二)预算的作用

1.预算通过引导和控制经济活动，使公司经营达到预期目标

通过预算指标可以控制实际经济活动过程，随时发现问题，采取必要的措施，纠正不良偏差，避免经营活动的漫无目的、随心所欲，通过有效的方式实现预期目标。因此，预算具有规划、控制、引导公司经济活动有序进行，以最经济有效的方式实现预定目标的功能。

2.预算可以实现公司内部各个部门之间的协调

从系统论的观点来看，局部计划的最优化，对全局来说不一定是最合理的。为了使各个职能部门向着共同的战略目标前进，它们的经济活动必须密切配合，相互协调，统筹兼顾，全面安排，搞好综合平衡。各部门预算的综合平衡，能促使各部门管理人员清楚地了解本部门在全局中的地位和作用，尽可能地做好部门之间的协调工作，避免或消除各部门之间因其职责不同而出现相互冲突的现象，最大限度地实现公司整体目标。例如，销售部门根据市场预测提出了一个庞大的销售计划，生产部门可能没有那么大的生产能力；生产部门可能编制一个充分利用现有生产能力的计划，但销售部门可能无力将这些产品销售出去；销售部门和生产部门都认为应该扩大生产能力，财务部门却认为无法筹集到必要的资金。

3.预算可以作为业绩考核的标准

预算作为公司财务活动的行为标准，使各项活动的实际执行有章可循。预算标准可以作为各部门责任考核的依据，经过分解落实的预算规划目标能与部门、责任人的业绩考评结合起来，成为评估优劣的准绳。

二 预算的分类

(一)按预算内容不同分类

根据预算内容不同，公司预算可分为经营预算（即业务预算）、专门决策预算和财务预算。

经营预算，是指与公司日常经营活动直接相关的经营业务的各种预算。它主要包括销售预算、生产预算、采购预算、费用预算、人力资源预算等。

专门决策预算，是指公司重大的或不经常发生的、需要根据特定决策编制的预算，包括投、融资决策预算等。专门决策预算直接反映相关决策的结果，是实际中选方案的进一步规划。如资本支出预算，其编制依据可以追溯到决策之前搜集到的有关资料，只不过预算比决策估算更细致、更精确而已。例如，公司购置固定资产都必须在事先做好可行性分析的基础上来编制预算，具体反映投资额需要多少、何时进行投资、资金从何筹得、投资期限多长、何时可以投产、未来每年的现金流量为多少。

财务预算,是指公司在计划期内反映有关预计现金收支、财务状况和经营成果的预算,主要包括现金预算、预计资产负债表、预计利润表等。财务预算作为全面预算体系的最后环节,它是从价值方面总括地反映公司经营预算与专门决策预算的结果,因而财务预算就成为各项经营预算和专门决策预算的整体计划,故亦称为总预算。其他预算则相应称为辅助预算或分预算。显然,财务预算在全面预算中占有举足轻重的地位。

(二)按预算指标覆盖时间长短不同分类

根据预算指标覆盖时间长短不同,公司预算可分为长期预算和短期预算。

通常将预算期在1年以内(含1年)的预算称为短期预算,预算期在1年以上的预算称为长期预算。预算编制的时间可以视预算的内容和实际需要而定,可以是1周、1月、1季、1年或若干年等。

在预算编制过程中,往往应结合各项预算的特点,将长期预算和短期预算结合使用。一般情况下,公司的经营预算和财务预算多为为期1年的短期预算,年内再按季或月细分,而且预算期间往往与会计期间保持一致。

三、预算体系

各种预算是一个有机联系的整体。一般将由经营预算、专门决策预算和财务预算组成的预算体系,称为全面预算体系。其结构如图3-1所示。

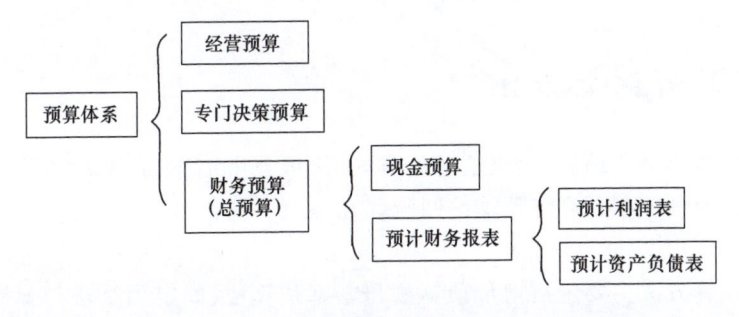

图3-1 全面预算体系

四、预算工作的组织

公司实施预算管理应当设立相应的机构,配备相应的人员,建立健全预算管理制度。预算管理的机构设置、职责权限和工作程序应与公司的组织架构和管理体制互相协调,保障预算管理各环节职能衔接,流程顺畅。

我国《公司法》规定:公司的年度财务预算方案、决算方案由公司董事会制订,经股东会审议批准后方可执行。预算工作的组织包括决策层、管理层、执行层和考核层,具体如下:

(1)公司董事会或类似机构应当对公司预算的管理工作负总责。公司董事会或者经理办公会可以根据情况设立预算委员会或指定财务管理部门负责预算管理事宜,并对公司法人代表负责。

（2）预算委员会或财务管理部门主要拟订预算的目标、政策，制定预算管理的具体措施和办法，审议、平衡预算方案，组织下达预算，协调解决预算编制和执行中的问题，组织审计、考核预算的执行情况，督促公司完成预算目标。

（3）公司财务管理部门具体负责公司预算的跟踪管理，监督预算的执行情况，分析预算与实际执行的差异及原因，提出改进管理的意见和建议。

（4）公司内部生产、投资、物资、人力资源、市场营销等职能部门具体负责本部门业务涉及的预算编制、执行、分析等工作，并配合预算委员会或财务管理部门做好公司总预算的综合平衡、协调、分析、控制与考核等工作。其主要负责人参与公司预算委员会的工作，并对本部门预算执行结果承担责任。

（5）公司所属基层单位是公司预算的基本单位，在公司财务管理部门的指导下，负责本单位现金流量、经营成果和各项成本费用预算的编制，控制，分析工作，接受公司的检查、考核。其主要负责人对本单位财务预算的执行结果承担责任。

任务二　熟悉预算的编制方法与程序

一、预算的编制方法

公司一般按照分级编制、逐级汇总的方式，采取自上而下、自下而上、上下结合或多维度相协调的流程编制预算。预算编制流程和编制方法的选择应与公司现有的管理模式相适应。

常见的预算方法主要包括增量预算法与零基预算法、固定预算法与弹性预算法、定期预算法和滚动预算法。

（一）增量预算法与零基预算法

按其出发点的特征不同，编制预算的方法可分为增量预算法与零基预算法两大类。

1.增量预算法

增量预算法，是指以历史期实际经济活动及其预算为基础，结合预算期经济活动及相关影响因素的变动情况，通过调整历史期经济活动项目及金额形成预算的预算编制方法。

增量预算以过去的费用水平为基础，主张不需在预算内容上作较大调整，它的编制遵循以下假定：

（1）公司现有的业务活动是合理的，不需要进行调整；
（2）公司现有各项业务的开支水平是合理的，在预算期予以保持；
（3）以现有业务活动和各项活动的开支水平，确定预算期各项活动的预算数。

【例3-1】 某公司上年度的制造费用为70 000元,预计本年生产任务增加20%,按增量预算编制计划年度的制造费用。

计划年度制造费用预算＝70 000×(1＋20%)＝84 000(元)

增量预算编制方法的缺陷是可能导致无效费用开支项目无法得到有效控制,使得不必要开支合理化,造成预算上的浪费。

2.零基预算法

零基预算法,是指公司不以历史期经济活动及其预算为基础,以零为起点,从实际需要出发分析预算期经济活动的合理性,经综合平衡,形成预算的预算编制方法。零基预算法适用于公司各项预算的编制,特别是不经常发生的预算项目或预算编制基础变化较大的预算项目。

运用零基预算法编制费用预算的具体步骤是：

(1)根据公司预算期利润目标、销售目标和生产指标,分析预算期各项费用项目,并预测费用水平；

(2)拟订预算期各项费用的预算方案,权衡轻重缓急,划分费用支出的等级并排列先后顺序；

(3)根据公司预算期预算费用控制总额目标,按照费用支出等级及顺序,分解落实相应的费用控制目标,编制相应的费用预算。

零基预算的优点表现在：一是以零为起点编制预算,不受历史期经济活动中的不合理因素影响,能够灵活应对内外环境的变化,预算编制更贴近预算期公司经济活动需要；二是有助于增加预算编制透明度,有利于进行预算控制。

零基预算的缺点主要体现在：一是预算编制工作量大、成本较高；二是预算编制的准确性受公司管理水平和相关数据标准准确性影响较大。

(二)固定预算法与弹性预算法

编制预算的方法按其业务量基础的数量特征不同,可分为固定预算法与弹性预算法。

1.固定预算法

固定预算法又称静态预算法,是指以预算期内正常的、最可实现的某一业务量(如生产量、销售量)水平为固定基础,不考虑可能发生的变动的预算编制方法。

固定预算法的缺点表现在两个方面：

一是适应性差。在这种方法下,不论预算期内业务量水平实际可能发生哪些变动,都只按事先确定的某一个业务量水平作为编制预算的基础。

二是可比性差。当实际的业务量与编制预算所依据的业务量发生较大差异时,有关预算指标的实际数与预算数就会因业务量基础不同而失去可比性。例如,某公司预计业务量为销售100 000件产品,按此业务量给销售部门的预算费用为5 000元。如果该销售部门实际销售量达到120 000件,超出了预算业务量,固定预算法下的费用预算仍为5 000元。

2.弹性预算法

弹性预算法又称动态预算法,是指公司在分析业务量与预算项目之间数量依存关系的基础上,分别确定不同业务量及其相应预算项目所消耗资源的预算编制方法。

理论上,弹性预算法适用于编制全面预算中所有与业务量有关的预算,但实务中主要用于编制成本费用预算和利润预算,尤其是成本费用预算。

编制弹性预算,要选用一个最能代表生产经营活动水平的业务量计量单位。例如,以手工操作为主的车间,就应选用人工工时;制造单一产品或零件的部门,可以选用实物数量;修理部门可以选用直接修理工时等。

弹性预算法所采用的业务量范围,视公司或部门的业务量变化情况而定,务必使实际业务量不至于超出相关的业务量范围。一般来说,可定在正常生产能力的70%~110%,或以历史上最高业务量和最低业务量为其上下限。

在实务中,弹性预算的编制可以采用公式法,也可以采用列表法。

(1)公式法

公式法是运用总成本性态模型,测算预算期的成本费用数额,并编制成本费用预算的方法。根据成本性态,成本和业务量之间的数量关系可用公式表示为:

$$y = a + bx$$

式中,y 是某项预算成本总额;a 表示该项成本中的预算固定成本额;b 表示该项成本中的预算单位变动成本额;x 表示预计业务量。

【例3-2】 某公司制造费用中的修理费用与修理工时密切相关。经测算,预算期修理费用中的固定修理费用为3 000元,单位工时的变动修理费用为2元;预计预算期的修理工时为3 500小时。运用公式法,测算预算期的修理费用总额为3 000+2×3 500=10 000(元)。

【例3-3】 某公司经过分析得出某种产品的制造费用与人工工时密切相关,采用公式法编制的制造费用预算见表3-1。

表3-1 制造费用预算(公式法)

业务量范围	420~660(人工工时)	
费用项目	固定费用(元/月)	变动费用(元/人工工时)
运输费用		0.20
电力费用		1.00
材料费用		0.10
修理费用	85	0.85
油料费用	108	0.20
折旧费用	300	
人工费用	100	
合 计	593	2.35
备 注	当业务量超过600工时后,修理费的固定费用由85元上升为185元	

本例中,针对制造费用而言,在业务量为 420~600 人工工时的情况下,$y=593+2.35x$;在业务量为 600~660 人工工时的情况下,$y=693+2.35x$。

如果业务量为 500 人工工时,则制造费用预算为 $593+2.35\times500=1\,768$(元);如果业务量为 650 人工工时,则制造费用预算为 $693+2.35\times650=2\,220.5$(元)。

公式法的优点是便于在一定范围计算任何业务量的预算成本,可比性和适应性强,编制预算的工作量相对较小;缺点是按公式进行成本分解比较麻烦,甚至对每个费用子项目细目逐一进行成本分解,工作量很大。

(2)列表法

列表法是指公司通过列表的方式,在业务量范围内依据已划分出的若干个不同等级,分别计算并列示该预算项目与业务量相关的可能预算方案的方法。

运用列表法编制预算,首先要在业务量范围内,划分出若干个不同水平,然后分别计算各项预算值,汇总列入一个预算表格。

【例 3-4】 根据表 3-1,该公司采用列表法编制制造费用预算,见表 3-2。

表 3-2 制造费用预算(列表法) 单位:元

业务量(直接人工工时)	420	480	540	600	660
占正常生产能力百分比	70%	80%	90%	100%	110%
变动成本:					
运输费用($b=0.2$)	84	96	108	120	132
电力费用($b=1.0$)	420	480	540	600	660
材料费用($b=0.1$)	42	48	54	60	66
合　计	546	624	702	780	858
混合成本:					
修理费用	442	493	544	595	746
油料费用	192	204	216	228	240
合　计	634	697	760	823	986
固定成本:					
折旧费用	300	300	300	300	300
人工费用	100	100	100	100	100
合　计	400	400	400	400	400
总　计	1 580	1 721	1 862	2 003	2 244

在表 3-2 中,分别列示了五种业务量水平下的成本预算数据(根据公司的情况,也可以按更多的业务量水平来列示)。这样,无论实际业务量达到何种水平,都有适用的一套成本数据来发挥控制作用。

如果固定预算法是按 600 小时预算,成本总额为 2 003 元。在实际业务量为 500 小时的情况下,不能用 2 003 元去评价实际成本的高低,也不能以按照业务量变动的比例调整后的预算成本 1 669 元(2 003×500/600)去考核实际成本,因为并不是所有的成本都一定同业务量成正比例关系。

如果采用弹性预算法,就可以根据各项成本与业务量的不同关系,采用不同方法确定"实际业务量的预算成本",去考核和评价实际成本。

实际业务量为 500 小时,运输费用等各项变动成本可用实际工时数乘以单位业务量变动成本来计算,即

$$变动总成本 = 500 \times 0.2 + 500 \times 1 + 500 \times 0.1 = 650(元)$$

固定总成本不随业务量变动,仍为 400 元。

混合成本可用插值法逐项计算:500 小时处在 480 小时和 540 小时之间,修理费用应该在 493 元和 544 元之间,设实际业务的预算修理费为 x 元,则:

$$(500-480)/(540-480) = (x-493)/(544-493)$$
$$x = 510(元)$$

油料费用在 204 元和 216 元之间,运用插值法计算 500 小时的业务量应为 208 元。

可见:

$$500 \text{ 小时预算成本} = (0.2+1+0.1) \times 500 + 510 + 208 + 400 = 1\ 768(元)$$

这样计算出来的预算成本比较符合成本的变动规律,可以用来评价和考核实际成本,比较确切并容易被考核人接受。

列表法的主要优点是不管实际业务量多少,不必经过计算即可找到与业务量相近的预算成本;混合成本中的阶梯成本和曲线成本,可按总成本性态模型计算填列,不必用数学方法修正成近似的直线成本。但是,运用列表法编制预算,在评价和考核实际成本时,往往需要运用插值法来计算"实际业务量的预算成本",比较麻烦。

(三)定期预算法与滚动预算法

编制预算的方法按其预算期的时间特征不同,可分为定期预算法和滚动预算法两大类。

1. 定期预算法

定期预算法,是指在编制预算时,以固定会计期间(如日历年度)作为预算期的一种预算编制的方法。

这种方法的优点是能够使预算期间与会计期间相对应,便于将实际数与预算数进行对比,也有利于对预算执行情况进行分析和评价。但这一方法的最大不足是预算的连续性差,即使中期需要修订,也只是针对预算期的剩余月份进行,对下一年度一般不予考虑,缺乏长远打算,因而往往会导致一些短期行为的出现。

2. 滚动预算法

滚动预算法又称连续预算法,是指在编制预算时,将预算期与会计期间脱离开,随着预算的执行不断地补充预算,逐期向后滚动,使预算期始终保持为一个固定时间长度(一般为 12 个月)的一种预算编制方法。

滚动预算法的基本做法是使预算期始终保持 12 个月,每过 1 个月或 1 个季度,立即在期末增列 1 个月或 1 个季度的预算,逐期向后滚动,因而在任何一个时期都使预算保

持为 12 个月的时间长度。这种预算方法能使公司各级管理人员对未来始终保持整整 12 个月的考虑和规划,从而保证公司的经营管理工作能够稳定而有序地进行。

滚动预算的编制还采用了长期计划、短期安排的方法,就是在基期编制预算时,先按年度分季,并将其中第一季度按月划分,建立各月的明细预算数字,以便监督预算的执行,至于其他三个季度的预算可以粗略一些,只列各季总数。到第一季度结束后,再将第二季度的预算按月细分,第三、第四季度以及增列的下一年度的第一季度的预算只列出各季度的总数,之后以此类推。其编制过程见表 3-3。

表 3-3　　　　　　　　　　　滚动预算编制示意表

2021 年度预算				2022 年度预算	
第一季度	第二季度	第三季度	第四季度	第一季度	第二季度
1月 2月 3月	预算总数	预算总数	预算总数		
第1次滚动→ 4月 5月 6月	预算总数	预算总数	预算总数		
第2次滚动→	7月 8月 9月	预算总数	预算总数	预算总数	

滚动预算法的主要优点:通过逐期滚动预算编制,实现动态反映市场、建立跨期综合平衡,从而有效指导公司营运,强化预算的决策与控制职能。

滚动预算法的主要缺点:一是预算滚动的频率越高,对预算沟通的要求越高,预算编制的工作量越大;二是过高的滚动频率容易增加管理层的不稳定感,导致预算执行者无所适从。

二 预算的编制程序

公司一般按照分级编制、逐级汇总的方式,采用自上而下、自下而上、上下结合或多维度相协调的流程编制预算。

(一)下达目标

公司董事会或经理办公会根据公司发展战略和预算期经济形势的初步预测,在决策的基础上,提出下一年度公司预算目标,包括销售或营业目标、成本费用目标、利润目标和现金流量目标,并确定预算编制的政策,由预算委员会下达各预算执行单位。

(二)编制上报

各预算执行单位按照公司预算委员会下达的预算目标和政策,结合自身特点以及预测的执行条件,提出详细的本单位预算方案,上报公司财务管理部门。

(三)审查平衡

公司财务管理部门对各预算执行单位上报的财务预算方案进行审查、汇总,提出综合平衡的建议。在审查、平衡过程中,预算委员会应当进行充分协调,对发现的问题提出初步调整意见,并反馈给有关预算执行单位予以修正。

(四)审议批准

公司财务管理部门在有关预算执行单位修正调整的基础上,编制出公司预算方案,报财务预算委员会讨论。对于不符合公司发展战略或者预算目标的事项,公司预算委员会应当责成有关预算执行单位进一步修订、调整。在讨论、调整的基础上,公司财务管理部门正式编制公司年度预算草案,提交董事会或经理办公会审议批准。

(五)下达执行

公司财务管理部门对董事会或经理办公会审议批准的年度总预算,一般在次年3月底以前,分解成一系列的指标体系,由预算委员会逐级下达,各预算执行单位执行。

任务三 掌握预算的编制

公司应建立和完善预算编制的工作制度,明确预算编制依据、编制内容、编制程序和编制方法,确保预算编制依据合理、内容全面、程序规范、方法科学,确保形成各层级广泛接受、符合业务假设的、可实现的预算控制目标。

一、经营预算的编制

(一)销售预算

销售预算是在销售预测的基础上编制的,用于规划预算期销售活动的一种经营预算。由于其他预算都需要在销售预算的基础上编制或者大都与销售预算数据有关,因此,可以说销售预算是编制全面预算的关键和起点。

销售预算的主要内容是销量、单价和销售收入。销量是根据市场预测或销货合同并结合公司生产能力确定的,单价是通过价格决策确定的,销售收入是两者的乘积,在销售预算中计算得出。

销售预算通常要分品种、分月份、分销售区域、分推销员来编制。为了简化,本例只划分了季度的销售数据。

【例3-5】H公司2022年只生产和销售一种产品,每季的产品销售货款有60%于当期收到现金,有40%属于赊销,在下一个季度收到现金。2021年(基期)年末的应收账款为6 200元。该公司2022年的销售预算见表3-4。(为方便计算,本项目均不考虑增值税)

表3-4　　　　　　　　　H公司销售预算表　　　　　　　　　单位:元

项　目	第一季度	第二季度	第三季度	第四季度	全年
预计销售量(件)	100	150	200	180	630
预计单价(元)	200	200	200	200	200
预计销售收入	20 000	30 000	40 000	36 000	126 000
预计现金收入					

(续表)

项 目	第一季度	第二季度	第三季度	第四季度	全 年
上年应收账款	6 200				6 200
1季度销售收现	12 000	8 000			20 000
2季度销售收现		18 000	12 000		30 000
3季度销售收现			24 000	16 000	40 000
4季度销售收现				21 600	21 600
现金收入合计	18 200	26 000	36 000	37 600	117 800

(二) 生产预算

生产预算是为了规划预算期生产数量而编制的一种经营预算,它是在销售预算的基础上编制的,并可以作为编制材料采购预算和生产成本预算的依据。其主要内容有销售量、期初和期末产成品存货、生产量。在生产预算中,只涉及实物量指标,不涉及价值量指标。

生产预算需要根据预计的销售量按品种分别编制。由于公司的生产和销售不能做到"同步同量",必须设置一定的存货,以保证均衡生产。因此,预算期内除必须备有充足的产品以供销售外,还应考虑预计期初存货和预计期末存货等因素。有关计算公式如下:

预计生产量＝预计销售量＋预计期末产成品存货－预计期初产成品存货

式中,预计销售量来自销售预算;预计期初产成品存货是编制预算时预计的;预计期末产成品存货应根据长期销售趋势来确定,在实务中,通常按下期销售量的一定百分比来确定。

生产预算在实际编制时是比较复杂的,产量受到生产能力的限制,产成品存货数量受到仓库容量的限制,只能在此范围内来安排成品数量和各期生产量。此外,有的季度可能销售量很大,可以用赶工方法增产,为此要多付加班费。如果提前在淡季生产,会因增加产成品存货而多付资金利息。因此,要权衡两者得失,选择成本最低的方案。

【例3-6】 假设H公司2022年年初结存产成品存货10件,年末留存20件。本例按销售量的10%安排期末产成品存货。H公司2022年生产预算见表3-5。

表3-5　　　　　　　　H公司生产预算表　　　　　　　　单位:件

项目	第一季度	第二季度	第三季度	第四季度	全年
预计销售量	100	150	200	180	630
加:预计期末产成品存货	15	20	18	20	20
合计	115	170	218	200	650
减:预计期初产成品存货	10	15	20	18	10
预计生产量	105	155	198	182	640

(三) 直接材料预算

直接材料预算是为了规划预算期直接材料采购金额而进行的一种经营预算。直接材料预算以生产预算为基础编制，同时要考虑原材料存货水平。

直接材料预算的主要内容有材料的单位产品用量、生产需要量、期初和期末存量等。"预计生产量"的数据来自生产预算，"单位产品材料用量"的数据来自标准成本资料或消耗定额资料，"生产需要量"是上述两项的乘积。年初和年末的材料存货量，是根据当前情况和长期销售预测估计的。各季度"期末材料存量"根据下季度生产量的一定百分比确定。各季度"期初材料存量"等于上季度的期末材料存量。预计各季度"采购量"根据下式进行计算确定：

$$预计采购量 = 生产需要量 + 期末存量 - 期初存量$$

为了便于以后编制现金预算，通常要预计各季度材料采购的现金支出。每个季度的现金支出包括偿还上期应付账款和本期应支付的采购货款。

【例 3-7】 假设 H 公司计划年度期初材料结存量 300 千克，本年各季末材料存量按下季度生产量的 20% 计算，每季度的购料款于当季支付 50%，剩余 50% 于下一个季度支付，应付账款年初余额为 2 350 元。其他资料见表 3-4 和表 3-5。H 公司 2022 年材料采购预算见表 3-6。

表 3-6　　　　　　　　　H 公司材料采购预算表

项　目	第一季度	第二季度	第三季度	第四季度	全　年
预计生产量(件)	105	155	198	182	640
材料定额单耗(kg/件)	10	10	10	10	10
预计生产需要量(kg)	1 050	1 550	1 980	1 820	6 400
加：期末结存量(kg)	310	396	364	400	400
减：期初结存量(kg)	300	310	396	364	300
预计材料采购量(kg)	1 060	1 636	1 948	1 856	6 500
材料计划单价(元/kg)	5	5	5	5	5
预计购料金额(元)	5 300	8 180	9 740	9 280	32 500
预计现金支出					
应付账款年初余额	2 350				2 350
1 季度购料付现	2 650	2 650			5 300
2 季度购料付现		4 090	4 090		8 180
3 季度购料付现			4 870	4 870	9 740
4 季度购料付现				4 640	4 640
现金支出合计	5 000	6 740	8 960	9 510	30 210

（四）直接人工预算

直接人工预算是一种既反映预算期内人工工时消耗水平，又规划人工成本开支的经营预算。

直接人工预算也是以生产预算为基础编制的。其主要内容有预计产量、单位产品工时、人工总工时、每小时人工成本和人工总成本。"预计产量"数据来自生产预算，单位产品人工工时和每小时人工成本数据来自标准成本资料,人工总工时和人工总成本是在直接人工预算中计算出来的。

编制直接人工预算时,由于人工工资都是直接以现金发放的,因此不需另外预计直接人工的现金支出,可直接参加现金预算的汇总。

直接人工预算的要点是确定直接人工总成本。

【例 3-8】 假设 H 公司单位产品工时为 10 小时/件,每小时人工成本为 2 元。H 公司 2022 年直接人工预算表见表 3-7。

表 3-7　　　　　　　　　　H 公司直接人工预算表

项　目	第一季度	第二季度	第三季度	第四季度	全　年
预计产量(件)	105	155	198	182	640
单位产品工时(小时/件)	10	10	10	10	10
人工总工时(小时)	1 050	1 550	1 980	1 820	6 400
每小时人工成本(元/小时)	2	2	2	2	2
人工总成本(元)	2 100	3 100	3 960	3 640	12 800

(五)制造费用预算

制造费用预算是反映生产成本中除直接材料、直接人工以外的一切不能直接计入产品制造成本的间接制造费用的预算。这些费用必须按成本习性划分为固定费用和变动费用,分别编制变动制造费用预算和固定制造费用预算。

变动制造费用预算以生产预算为基础来编制。如果有完善的标准成本资料,用单位产品的标准成本与产量相乘,即可得到相应的预算金额。如果没有标准成本资料,就需要逐项预计计划产量所需要的各项制造费用。固定制造费用,需要逐项进行预计,通常与本期产量无关,按每季度实际需要的支付额预计,然后求出全年数。

为了便于以后编制现金预算,还需要预计现金支出。制造费用中,除折旧费外都需支付现金,所以,根据每个季度制造费用数额扣除折旧费后,即可得出"现金支出的费用"。

【例 3-9】 根据前面所编各预算表的资料,编制 H 公司 2022 年制造费用预算表,见表 3-8。

表 3-8　　　　　　　　　　H 公司制造费用预算表　　　　　　　　　　单位:元

项　目	第一季度	第二季度	第三季度	第四季度	全　年
变动制造费用:					
间接人工(1元/件)	105	155	198	182	640
间接材料(1元/件)	105	155	198	182	640
修理费(2元/件)	210	310	396	364	1 280
水电费(1元/件)	105	155	198	182	640
小　计	525	775	990	910	3 200

(续表)

项　目	第一季度	第二季度	第三季度	第四季度	全　年
固定制造费用：					
修理费	1 000	1 140	900	900	3 940
折　旧	1 000	1 000	1 000	1 000	4 000
管理人员工资	200	200	200	200	800
保险费	75	85	110	190	460
财产税	100	100	100	100	400
小　计	2 375	2 525	2 310	2 390	9 600
合　计	2 900	3 300	3 300	3 300	12 800
减：折旧	1 000	1 000	1 000	1 000	4 000
现金支出的费用	1 900	2 300	2 300	2 300	8 800

为了便于以后编制产品成本预算,需要计算制造费用小时费用率。

变动制造费用小时费用率＝3 200÷6 400＝0.5(元/小时)

固定制造费用小时费用率＝9 600÷6 400＝1.5(元/小时)

(六)产品成本预算

产品成本预算是反映预算期内各种产品生产成本水平的一种经营预算,它是销售预算、生产预算、直接材料预算、直接人工预算和制造费用预算的汇总。其主要内容是产品的单位成本和总成本。

单位产品预计生产成本＝单位产品直接材料成本＋单位产品直接人工成本＋
单位产品制造费用

上述资料分别来自直接材料采购预算、直接人工预算和制造费用预算。

生产量、期末存货量来自生产预算;销售量来自销售预算。

生产成本、存货成本和销货成本等数据,根据单位成本和有关数据计算得出。

【例 3-10】 根据前面已编制的各种经营预算表的资料,编制 H 公司 2022 年产品成本预算表,见表 3-9。

表 3-9　　　　　　　　H 公司产品成本预算表

	单位成本			生产成本	期末存货成本	销货成本
	每千克或每小时	投入量	成本(元)	(640 件)	(20 件)	(630 件)
直接材料	5	10 千克	50	32 000	1 000	31 500
直接人工	2	10 小时	20	12 800	400	12 600
变动制造费用	0.5	10 小时	5	3 200	100	3 150
固定制造费用	1.5	10 小时	15	9 600	300	9 450
合　计			90	57 600	1 800	56 700

（七）销售及管理费用预算

销售费用预算，是指为了实现销售预算所需支付的费用预算。它以销售预算为基础，分析销售收入、销售利润和销售费用之间的关系，力求实现销售费用的最有效使用。在草拟销售费用预算时，要对过去的销售费用进行分析，考察过去销售费用支出的必要性和效果。销售费用预算应和销售预算相配合，应分别按品种、按地区、按用途进行销售费用预算。

管理费用是搞好一般管理业务所必要的费用。随着公司规模的扩大，一般管理职能日益重要，其费用也相应增加。在编制管理费用预算时，要分析公司的业务成绩和一般经济状况，务必做到费用合理化。管理费用多属于固定成本，所以，一般是以过去的实际开支为基础，按预算期的可预见变化来调整。重要的是，必须充分考察每种费用是否必要，以便提高费用使用效率。

【例 3-11】 假设 H 公司销售和行政管理部门根据计划期间的具体情况，合并编制销售及管理费用预算表，见表 3-10。

表 3-10　　H 公司销售及管理费用预算表　　单位：元

项　目	金　额
销售费用：	
销售人员工资	2 000
广告费	5 500
包装、运输费	3 000
保管费	2 700
折旧	1 000
管理费用：	
管理人员薪金	4 000
福利费	800
保险费	600
办公费	1 400
折旧	1 500
合计	22 500
减：折旧	2 500
每季度支付现金（20 000÷4）	5 000

二　专门决策预算的编制

专门决策预算主要是长期投资预算（又称资本支出预算），通常是指与项目投资决策相关的专门预算，它往往涉及长期建设项目的资金投放与筹集，并经常跨越多个年度。编制专门决策预算的依据，是项目财务可行性分析资料以及公司筹资决策资料。

专门决策预算的要点是准确反映项目资金投资支出与筹资计划，它同时也是编制现金预算和预计资产负债表的依据。

【例 3-12】 假设 H 公司决定于 2022 年上马一条新的生产线,年内安装完毕,并于年末投入使用,有关投资与筹资预算见表 3-11。

表 3-11　　　　　　　　　　　H 公司专门决策预算表　　　　　　　　　　　单位:元

项 目	第一季度	第二季度	第三季度	第四季度	全　年
投资支出预算	50 000	—	—	80 000	130 000
借入长期借款	30 000	—	—	60 000	90 000

三、财务预算的编制

(一)现金预算

现金预算又称为现金收支预算,它是以经营预算和专门决策预算为依据编制的,专门反映预算期内预计的现金收入与现金支出,以及为满足理想现金余额而进行筹资或归还借款等的预算。

现金预算由可供使用现金、现金支出、现金余缺、现金筹措与运用四部分构成。

【例 3-13】 根据前面编制的各经营预算表和专门决策预算表的资料,编制现金预算。H 公司现金预算见表 3-12。

表 3-12　　　　　　　　　　　H 公司现金预算表　　　　　　　　　　　单位:元

项 目	第一季度	第二季度	第三季度	第四季度	全　年
期初现金余额	8 000	3 200	3 060	3 040	8 000
加:现金收入(表 3-4)	18 200	26 000	36 000	37 600	117 800
可供使用现金	26 200	29 200	39 060	40 640	125 800
减:现金支出					
直接材料(表 3-6)	5 000	6 740	8 960	9 510	30 210
直接人工(表 3-7)	2 100	3 100	3 960	3 640	12 800
制造费用(表 3-8)	1 900	2 300	2 300	2 300	8 800
销售及管理费用(表 3-10)	5 000	5 000	5 000	5 000	20 000
所得税费用	4 000	4 000	4 000	4 000	16 000
购买设备(表 3-11)	50 000			80 000	130 000
支付股利				8 000	8 000
现金支出合计	68 000	21 140	24 220	112 450	225 810
现金余缺	(41 800)	8 060	14 840	(71 810)	(100 010)
现金筹措及运用					
借入长期借款(表 3-11)	30 000			60 000	90 000
取得短期借款	20000			22 000	42 000
归还短期借款			6 800		6 800
短期借款利息(年利 10%)	500	500	500	880	2 380
长期借款利息(年利 12%)	4 500	4 500	4 500	6 300	19 800
期末现金余额	3 200	3 060	3 040	3 010	3 010

表中：可供使用现金＝期初现金余额＋现金收入

可供使用现金－现金支出＝现金余缺

现金余缺＋现金筹措－现金运用＝期末现金余额

其中：

"期初现金余额"是在编制预算时预计的,下一季度的期初现金余额等于上一季度的期末现金余额,全年的期初现金余额指的是年初的现金余额,所以等于第一季度的期初现金余额。

"现金收入"的主要来源是销货取得的现金收入,销货取得的现金收入数据来自销售预算。

"现金支出"部分包括预算期的各项现金支出。"直接材料""直接人工""制造费用""销售及管理费用""购买设备"的数据分别来自前述有关预算。此外,还包括所得税费用、股利分配等现金支出,有关的数据分别来自另行编制的专门预算(本项目略)。

财务管理部门应根据现金余缺与理想期末现金余额的比较,并结合固定的利息支出数额以及其他的因素,来确定预算期现金运用或筹措的数额。当现金余缺大于期末现金余额时,应将超过期末余额以上的多余现金进行投资;当现金余缺小于期末现金余额时,应出售有价证券或向银行借款等措施来筹措现金,直到现金总额达到期末要求的现金余额。

现金余缺＋现金筹措(现金不足时)＝期末现金余额

现金余缺－现金运用(现金多余时)＝期末现金余额

本例中理想的现金余额是 3 000 元,如果现金不足,可以取得短期借款,银行的要求是,借款额必须是 1 000 元的整数倍。本例中借款利息按季计算,作现金预算时假设新增借款发生在季度的期初,归还借款发生在季度的期末(如果需要归还借款,先归还短期借款,归还的数额为 100 元的整数倍)。本例中,H 公司上年末的长期借款余额为 120 000 元,所以,第一季度、第二季度、第三季度的长期借款利息均为(120 000＋30 000)×12％/4＝4 500(元),第四季度的长期借款利息＝(120 000＋30 000＋60 000)×12％/4＝6 300(元)。

由于第一季度的长期借款利息支出为 4 500 元,理想的现金余额是 3 000 元,所以,现金余缺＋借入长期借款(30 000 元)的结果只要小于 7 500 元,就必须取得短期借款,而第一季度的现金余缺是－41 800 元,所以,需要取得短期借款。本例中 H 公司上年末不存在短期借款,假设第一季度需要取得的短期借款为 X 元,则根据理想的期末现金余额要求可知：－41 800＋30 000＋X－X×10％/4－4 500＝3 000,解得：X＝19 794.88(元)。由于按照要求,短期借款额必须是 1 000 元的整数倍,所以,第一季度需要取得 20 000 元的短期借款,支付短期借款利息 20 000×12％/4＝500(元),期末现金余额＝－41 800＋30 000＋20 000－500－4 500＝3 200(元)。

第二季度的现金余缺是 8 060 元,如果既不增加短期借款也不归还短期借款,则需要支付 500 元的短期借款利息和 4500 元的长期借款利息,期末现金余额＝8 060－500－4 500＝3 060(元),刚好符合要求。如果归还借款,由于必须是 100 元的整数倍,所以,必然导致期末现金余额小于 3000 元,因此,不能归还借款。期末现金余额为 3 060 元。

第三季度的现金余缺是 14 840 元,固定的利息支出为 500+4 500=5 000(元),所以,按照理想的现金余额是 3 000 元的要求,最多可以归还 6 840(=14 840-5 000-3 000)元短期借款。由于归还借款额必须是 100 元的整数倍,所以,可以归还短期借款 6 800 元,期末现金余额=14 840-5 000-6 800=3 040(元)。

第四季度的现金余缺是-71 810 元,固定的利息支出=(20 000-6 800)×10%/4+6 300=6 630(元),第四季度的现金余缺与借入的长期借款之和(-11 810=-71 810+60 000)小于固定的利息支出与理想的现金余额之和(9 630=6 630+3 000),所以,需要取得短期借款。假如需要取得的短期借款为 X 元,则根据理想的期末现金余额要求可知:-11 810+X-X×10%/4-6 630=3 000,解得:X=21 989.74(元),由于必须是 1 000 元的整数倍,所以,第四季度应该取得短期借款 22 000 元,支付短期借款利息 880(=20 000-6 800+22 000)元,期末现金余额=-71 810+60 000+22 000-880-6 300=3 010(元)。

全年的期末现金余额指的是年末的现金余额,即第四季度末的现金余额,所以,应该是 3 010 元。

(二)预计利润表的编制

预计利润表用来综合反映公司在计划期的预计经营成果,是公司最主要的财务预算表之一。通过编制预计利润表,可以了解公司预期的盈利水平。如果预算利润与最初编制方针中的目标利润有较大的不一致,就需要调整部门预算,设法达到目标,或者经公司领导同意后修改目标利润。编制预计利润表的依据是各经营预算、专门决策预算和现金预算。

【例 3-14】 以前面所编制的各种预算为资料来源。编制 H 公司预计利润表见表 3-13。

表 3-13 　　　H 公司预计利润表　　　单位:元

项　目	金　额
销售收入(表 3-4)	1 260 000
减:销售成本(表 3-9)	56 700
毛利	69 300
减:销售及管理费用(表 3-10)	22 500
财务费用(利息)(表 3-12)	22 180
营业利润	24 620
减:所得税费用(估计)	16 000
净利润	8 620

其中,"销售收入"项目的数据来自销售预算;"销售成本"项目的数据来自产品成本预算;"毛利"项目的数据是前两项的差额;"销售及管理费用"项目的数据来自销售及管理费用预算;"财务费用(利息)"项目的数据来自现金预算;"所得税费用"项目的数据是在利润规划时估计的,并已列入现金预算。

(三)预计资产负债表的编制

预计资产负债表用来反映公司在计划期期末的预计财务状况。编制预计资产负债表的目的,在于判断预算反映的财务状况的稳定性和流动性。如果通过预计资产负债表的分析,发现某些财务比率不佳,必要时可修改有关预算。

预计资产负债表的编制需以计划期开始日的资产负债表为基础,结合计划期间各项经营预算、专门决策预算、现金预算和预计利润表来进行编制。它是全面预算的终点。

【例 3-15】 根据 H 公司期初资产负债表及计划期各项预算中的有关资料进行调整,编制出 2022 年期末的预计资产负债表见表 3-14。

表 3-14　　　　　　　　　　H 公司预计资产负债表　　　　　　　　　单位:元

资产	年初余额	年末余额	负债及权益	年初余额	年末余额
流动资产:			流动负债:		
货币资金(表3-12)	8 000	3 010	短期借款	0	35 200
应收账款(表3-4)	6 200	14 400	应付账款(表3-6)	2 350	4 640
存货(表3-6、表3-9)	2 400	3 800	流动负债合计	2 350	39 840
流动资产合计	16 600	21 210	非流动负债:		
非流动资产:			长期借款	120 000	210 000
固定资产	43 750	37 250	非流动负债合计	120 000	210 000
在建工程	100 000	230 000	负债合计	122 350	249 840
非流动资产合计	143 750	267 250	股东权益:		
			股本	20 000	20 000
			资本公积	5 000	5 000
			盈余公积	10 000	10 000
			未分配利润	3 000	3 620
			股东权益合计	38 000	38 620
资产总计	160 350	288 460	负债及股东权益合计	160 350	288 640

"货币资金"的数据来自表 3-12 中的"现金"的年初和年末余额。

"应收账款"的年初余额 6 200 元来自表 3-4 的"上年应收账款",年末余额=36 000−21 600 或=36 000×(1−60%)=14 400(元)。

"存货"包括直接材料和产成品,直接材料年初余额=300×5=1 500(元),年末余额=400×5=2 000(元);产成品成本年初余额=(20+630−640)×90=900(元),年末余额=20×90=1 800(元);存货年初余额=1 500+900=2 400(元),年末余额=2 000+1 800=3 800(元)。

"固定资产"的年末余额=43 750−6 500=37 250(元),其中 6 500=4 000+1 000+1 500,指的是本年计提的折旧,数据来自表 3-8 和表 3-10。

"在建工程"的年末余额=100 000+130 000=230 000(元),本年的增加额 130 000 元来自表 3-11(项目本年未完工)。

"固定资产"、"在建工程"的年初余额来自H公司上年末的资产负债表(略)。

"短期借款"本年的增加额=20 000－6 800＋22 000＝35 200(元)，来自表3-12。

"应付账款"的年初余额2 350元来自表3-6的"上年应付账款"，年末余额＝9 280－4 640或＝9 280×(1－50％)＝4 640(元)。

"长期借款"本年的增加额90 000元来自表3-11；"短期借款"、"长期借款"的年初余额，来自H公司上年末的资产负债表。

"未分配利润"本年的增加额＝本年的净利润－本年的股利＝8 620－8 000＝620(元)，数据来自表3-13和表3-12；股东权益各项目的期初余额均来自H公司上年末的资产负债表。各项预算中都没有涉及股本和资本公积的变动，所以，股本和资本公积的余额不变。H公司没有计提任意盈余公积，由于"法定盈余公积"达到股本的50％时可以不再提取，所以，H公司本年没有提取法定盈余公积，即"盈余公积"的余额不变。

项目小结

预算是公司在预测、决策的基础上，用数量和金额以表格的形式反映公司未来一定时期内经营、投资、财务等活动的具体计划，是为实现公司目标而对各种资源和公司活动的详细安排。

全面预算的编制主要包括经营预算的编制、专门决策预算的编制和财务预算的编制。

公司一般按照分级编制、逐级汇总的方式，采取自上而下、自下而上、上下结合或多维度相协调的流程编制预算。预算编制流程和编制方法的选择应与公司现有的管理模式相适应。常见的预算方法主要有增量预算法与零基预算法、固定预算法与弹性预算法、定期预算法与滚动预算法。

练习题

一、单项选择题

1. 总预算是指(　　)。
   A. 经营预算　　　B. 销售预算　　　C. 专门决策预算　　　D. 财务预算

2. 在成本习性分析的基础上，按照预算期内可能达到的一系列业务量水平编制的系列预算是指(　　)。
   A. 固定预算法　　　B. 弹性预算法　　　C. 增量预算法　　　D. 滚动预算法

3. 下列各项中，其预算期不与会计期间挂钩的预算方法是(　　)。
   A. 固定预算法　　　B. 弹性预算法　　　C. 滚动预算法　　　D. 零基预算法

4.下列各项费用预算项目中,最适宜采用零基预算法的是( )。
A.人工费　　　　B.培训费　　　　C.材料费　　　　D.折旧费

5.不受现有费用项目和开支水平限制,并能够克服增量预算方法缺点的预算方法是( )。
A.增量预算　　　B.弹性预算　　　C.滚动预算　　　D.零基预算

6.材料采购预算的主要编制基础是( )。
A.销售预算　　　B.现金预算　　　C.生产预算　　　D.单位生产成本预算

7.下列各项中,不能在销售预算中找到的内容是( )。
A.销售单价　　　B.生产数量　　　C.销售数量　　　D.回收应收账款

8.某公司预计计划年度期初应付账款余额为200万元,1至3月份采购金额分别为500万元、600万元和800万元,每月的采购款当月支付70%,次月支付30%。则预计第一季度现金支出额是( )万元。
A.2 100　　　　B.1 900　　　　C.1 860　　　　D.1 660

9.下列各项中,不会对预计资产负债表中存货金额产生影响的是( )。
A.生产预算　　　B.直接材料预算　　C.销售费用预算　　D.产品成本预算

10.不以生产预算为基础而直接编制的预算是( )。
A.材料采购预算　　　　　　　　　B.变动制造费用预算
C.管理费用预算　　　　　　　　　D.直接人工预算

11.编制工作量较大,但可以直接从表中查得各种业务量下的成本费用预算,不用另行计算的弹性预算编制方法是( )。
A.公式法　　　　B.列表法　　　　C.图示法　　　　D.因素法

12.下列各项中,能够同时以实物量指标和价值量指标分别反映公司经营收入和相关现金收支的预算是( )。
A.现金预算　　　B.销售预算　　　C.生产预算　　　D.产品成本预算

13.下列各项中,没有直接在现金预算中得到反映的是( )。
A.期初期末现金余额　　　　　　　B.现金投放与筹措
C.预算期产量和销量　　　　　　　D.预算期现金余缺

14.某公司每季度销售收入中,本季度收到现金60%,另外的40%要到下季度才能收回现金。若预算年度的第四季度销售收入为40 000元,则预计资产负债表中年末"应收账款"项目金额为( )元。
A.20 000　　　　B.16 000　　　　C.24 000　　　　D.40 000

15.某期现金预算中假定出现了正值的现金收支差额,且超过额定的期末现金余额时,单纯从财务预算调剂现金余缺的角度看,该期不宜采用的措施是( )。
A.偿还部分借款利息　　　　　　　B.偿还部分借款本金
C.抛售短期有价证券　　　　　　　D.购入短期有价证券

二、多项选择题
1.下列关于预算特征的表述中,正确的有( )。
A.预算与公司的战略目标保持一致

B.数量化和可执行性是预算最主要的特征
C.预算可以实现部门之间的协调
D.预算是业绩考核的依据

2.运用公司"$y=ax+b$"编制弹性预算,字母 x 所代表的预计业务量可能有(　　)。
A.生产量　　　　　　　　　　B.销售量
C.库存量　　　　　　　　　　D.材料消耗量

3.与生产预算有直接联系的预算是(　　)。
A.材料采购预算　　　　　　　B.变动制造费用预算
C.固定制造费用预算　　　　　D.直接人工预算

4.在编制生产预算时,计算某种产品预计生产量应考虑的因素包括(　　)。
A.预计材料采购量　　　　　　B.预计产品销售量
C.预计期初产品结存量　　　　D.预计期末产品结存量

5.下列各项中,属于业经营预算的有(　　)。
A.销售预算　　B.现金预算　　C.生产预算　　D.销售费用预算

6.下列各项中,能够在材料采购预算中找到的内容有(　　)。
A.材料耗用量　　　　　　　　B.材料采购单价
C.材料采购成本　　　　　　　D.应付材料款的支付情况

7.产品成本预算,是下列哪些预算的汇总(　　)。
A.生产预算　　　　　　　　　B.材料采购预算
C.直接人工预算　　　　　　　D.制造费用预算

8.在编制现金预算的过程中,可作为其编制依据的有(　　)。
A.经营预算　　　　　　　　　B.预计利润表
C.预计资产负债表　　　　　　D.专门决策预算

9.下列预算中,既反映经营业务又反映现金收支内容的有(　　)。
A.制造费用预算　　　　　　　B.销售预算
C.生产预算　　　　　　　　　D.直接材料预算

10.在编制现金预算时,计算某期现金余缺必须考虑的因素有(　　)。
A.期初现金余额　　　　　　　B.期末现金余额
C.当期现金支出　　　　　　　D.当期现金收入

三、判断题

1.经营预算和财务预算一般是以一年为期的长期预算。(　　)

2.编制弹性预算时,以手工操作为主的车间,可以选用人工工时作为业务量的计量单位。(　　)

3.滚动预算中的逐月滚动编制方法,是滚动编制的,编制时补充下一月份的预算即可,不需要对中间月份的预算进行调整。(　　)

4.公司在编制零基预算时,需要以现有的费用项目为依据,但不以现有的费用水平为基础。(　　)

5.生产预算是规定预算期内有关产品生产数量、产值和品种结构的一种预算。(　　)

6.全面预算的编制应以销售预算为起点,根据各种预算之间的勾稽关系,按顺序从前往后进行,直至编制出预计财务报表。   ( )

7.材料采购预算和直接人工预算均同时反映业务量消耗和成本消耗,但后一种预算的支出属于现金支出。   ( )

8.在财务预算的编制过程中,编制预计财务报表的正确顺序是:先编制预计资产负债表,再编制预计利润表。   ( )

四、计算分析题

1.某公司预算期间2022年度的简略销售情况见表3-15,若销售收入当季度收回货款60%,次季度收款35%,第三季度收款5%,预算年度期初应收账款金额为22 000元,其中包括上年度第三季度销售的应收账款4 000元,第四季度销售的应收账款18 000元。

表3-15　　　　　　　某公司2022年度销售情况预测表

项目	一季度	二季度	三季度	四季度	合计
预计销售量(件)	2 500	3 750	4 500	3 000	13 750
销售单价(元)	20	20	20	20	20

要求:根据上述资料编制该公司2022年度销售预算。

2.某公司根据销售预测,对某产品预算年度的销售量作如下预计:第一季度为5 000件,第二季度为6 000件,第三季度为8 000件,第四季度为7 000件,每个季度的期末结存量应为下一季度预计销售量的10%,若年初结存量为750件,年末结存量为600件,单位产品材料消耗定额为2千克/件,单位产品工时定额为5小时/件,单位工时的工资额为0.6元/小时。

要求:根据以上资料编制该公司的生产预算、材料消耗预算和直接人工预算。

3.某公司每季度的期末结存量为下一季度预计消耗量的10%,年初结存量为900千克,年末为1 000千克,计划单价为10元。材料款当季付70%,余款下季度再付,期初应收账款为40 000元。

要求:根据上述资料和计算分析题第2题的有关资料,编制材料采购预算。

4.某公司现着手编制2022年1月份的现金收支计划。预计2022年1月份月初现金余额为8 000元;月初应收账款4 000元,预计月内可收回80%;本月销货50 000元,预计月内收款比例为50%;本月采购材料8 000元,预计月内付款70%;月初应付账款余额5 000元需在月内全部付清;月内以现金支付工资8 400元;本月制造费用等间接费用付现16 000元;其他经营性现金支出900元;购买设备支付现金10 000元。公司现金不足时,可向银行借款,借款金额为1 000元的整数倍;现金多余时可购买有价证券。要求月末现金余额不低于5 000元。

要求:
(1)计算经营现金收入;
(2)计算经营现金支出;
(3)计算现金余缺;
(4)确定最佳资金筹措或运用数额;
(5)确定现金月末余额;
(6)编制现金预算表。

项目四
筹资管理

知识目标

- 了解公司筹资的动机和筹资管理的内容、原则;
- 掌握筹资的分类和资金需要量的预测方法;
- 熟悉股权筹资、债务筹资等筹资方式的内容及优缺点;
- 了解筹资实务创新的内容;
- 掌握资本成本的测算;
- 掌握经营杠杆、财务杠杆和总杠杆与风险的衡量;
- 掌握资本结构优化的方法。

能力目标

- 培养学生能科学预测公司的资金需要量;
- 培养学生能灵活运用资本成本和杠杆效应,确定公司的最佳资本结构。

思政目标

- 培养学生诚信、法治的社会主义核心价值观;
- 培养学生增强"制度自信"和"文化自信",创新金融理念。

案例导入

XD航空公司于2015年实行杠杆式收购后,负债比率一直居高不下。直至2021年底,公司的负债比率仍然很高,有近15亿元的债务将于2024年到期。为此,需要采用适当的筹资方式追加筹资,降低负债比率。

2022年初,公司董事长和总经理正在研究公司的筹资方式的选择问题。董事长和总经理两人都是主要持股人,也都是财务专家。他们考虑了包括增发普通股等筹资方式,并开始向投资银行咨询。

起初,投资银行认为,可按每股20元的价格增发普通股。但经分析得知,这是不切实际的,因为投资者对公司有关机票打折策略和现役机龄老化等问题顾虑重重,如此高价位发行,成功概率不大。最后,投资银行建议,公司可按每股13元的价格增发普通股 2000 万股,以提高股权资本比重,降低负债比率,改善资本结构。

XD 航空公司 2021 年年底和 2022 年年初增发普通股后(如果接受投资银行的咨询建议)筹资方式组合见表 4-1。

表 4-1　　　　　　　　XD 航空公司长期筹资方式情况表

长期筹资方式	2021 年年末实际数		2022 年年初估计数	
	金额(亿元)	百分比(%)	金额(亿元)	百分比(%)
长期债券	49.66	70.9	48.63	68.1
租赁	2.45	3.5	2.45	3.4
优先股	6.51	9.3	6.51	9.1
普通股	11.43	16.3	13.86	19.4
总计	70.05	100	71.45	100

案例分析要求:

1.你如何评价投资银行对公司的咨询建议?

2.假如你是该公司的财务总监,你将对公司提出怎样的筹资方式建议?

任务一　了解筹资的相关内容

公司筹资,是指公司为了满足其经营活动、投资活动、资本结构管理和其他需要,运用一定的筹资方式,通过一定的筹资渠道,筹措和获取所需资金的一种财务行为。

一　公司筹资的动机

筹资活动是公司一项重要的财务活动。如果说公司的财务活动是以现金收支为主的资金流转活动,那么筹资活动则是资金流转的起点。公司筹资最基本的目的,是维持公司的经营和发展,为公司的经营活动提供资金保障,但每次具体的筹资行为,往往受特定动机的驱使。如为提高技术水平购置新设备而筹资;为对外投资而筹资;为产品研发而筹资;为解决资金周转临时需要而筹资等。

总而言之,公司筹资的动机对公司的筹资行为和结果都会产生直接影响。在公司理财实务中,公司筹资的动机大体可分为五类:

(一)创立性筹资动机

创立性筹资动机,是指公司设立时,为取得资本金并形成开展经营活动的基本条件而产生的筹资动机。资金,是设立公司的第一道门槛。根据《公司法》《合伙企业法》《个人独资企业法》等相关法律的规定,任何一个公司在设立时都要求有符合公司章程规定的全体股东认缴的出资额。公司创建时,要按照公司经营规模核定长期资本需要量和流动资金需要量,购建厂房设备等,安排铺底流动资金,形成公司的经营能力。这样,就需要筹措股权资金,股权资金不足部分需要筹集银行借款等债务资金。

(二)支付性筹资动机

支付性筹资动机,是指为了满足经营活动的正常波动所形成的支付需要而产生的筹资动机。公司在开展经营活动过程中,经常会出现超出维持正常经营活动资金需求的季节性、临时性的交易支付需要,如原材料购买的大额支付、员工工资的集中发放、银行借款的提前偿还、股东股利的发放等。这些情况要求除了正常经营活动的资金投入以外,还需要通过经常的临时性筹资来满足经营活动的正常波动需求,维持公司的支付能力。

(三)扩张性筹资动机

扩张性筹资动机,是指公司因扩大生产经营规模或对外投资需要而产生的筹资动机。公司维持简单再生产所需要的资金是稳定的,通常不需要或很少追加筹资。一旦公司扩大再生产,经营规模扩张、开展对外投资,就需要大量追加筹资。一般而言,处于成长期或者具有良好发展前景的公司,往往会产生扩张性筹资动机。扩张性筹资活动,在筹资的时间和数量上都要服从于投资决策和投资计划的安排,避免资金的闲置和投资时机的贻误。扩张性筹资的直接结果,往往是公司资产总规模的增加和资本结构的明显变化。

(四)调整性筹资动机

调整性筹资动机,是指公司因调整资本结构而产生的筹资动机。资本结构调整的目的在于降低资本成本,控制财务风险,提升公司价值。公司产生调整性筹资动机的具体原因大致有二:一是优化资本结构,合理利用财务杠杆效应。公司现有资本结构不尽合理的原因为债务资本比例过高使公司具有较大的财务风险,或者股权资本比例较大使公司的资本成本负担较重。这样可以通过筹资增加股权或债务资金,达到调整、优化资本结构的目的。二是偿还到期债务,进行债务结构内部调整。如流动负债比例过大,使得公司近期偿还债务的压力较大,可以举借长期债务来偿还部分短期债务;又如一些债务即将到期,公司虽然有足够的偿债能力,但为了保持现有的资本结构,可以举借新债偿还旧债。调整性筹资是为了调整资本结构,而不是为公司经营活动追加资金,这类筹资活动通常不会增加公司的资本总额。

(五)混合性筹资动机

在公司理财实务中,公司筹资的目的可能不是单纯和唯一的,通过追加筹资,既满足了经营活动、投资活动的资金需要,又达到了调整资本结构的目的,可以称之为混合型筹资动机。比如,公司对外产权投资需要大额资金,其资金来源通过增加长期贷款或发行公司债券解决,这种情况既扩张了公司规模,又使得公司的资本结构有较大的变化。混合性筹资动机一般是基于公司规模扩张和调整资本结构两种目的,兼具扩张性筹资动机和调整性筹资动机的特性,同时增加了公司的资产总额和资本总额,也导致公司的资产结构和资本结构同时变化。

二、筹资管理的内容

筹资活动是公司资金流转运动的起点,筹资管理要求解决公司为什么要筹资、需要筹集多少资金、从什么渠道以什么方式筹集,以及如何协调财务风险和资本成本,合理安排资本结构等问题。

(一)科学预计资金需要量

资金是公司的血液,是公司设立、生存和发展的财务保障,是公司开展生产经营业务活动的基本前提。任何一个公司,为了形成生产经营能力、保证生产经营正常运行,必须拥有一定数量的资金。在正常情况下,公司资金的需求来源于两个基本目的:满足经营运转的资金需要,满足投资发展的资金需要。公司创立时,要按照规划的生产经营规模,核定长期资本需要量和流动资金需要量;公司正常营运时,要根据年度经营计划和资金周转水平,核定维持营业活动的日常资金需要量;公司扩张发展时,要根据扩张规模或对外投资对大额资金的需求,安排专项的资金。

(二)合理安排筹资渠道与选择筹资方式

有了资金需求后,公司要解决的问题是资金从哪里来及以什么方式取得,这就是筹资渠道的安排和筹资方式的选择问题。

安排筹资渠道和选择筹资方式是一项重要的财务工作,直接关系到公司所能筹措资金的数量、成本和风险。因此,需要深刻认识各种筹资渠道和筹资方式的特征、性质以及公司融资要求的适应性。在权衡不同性质资金的数量、成本和风险的基础上,按照不同的筹资渠道合理选择筹资方式,有效筹集资金。

(三)降低资本成本与控制财务风险

资本成本是公司筹集和使用资金所付出的代价。按不同方式取得的资金其资本成本是不同的。公司筹资的资本成本,需要通过资金使用所取得的收益与报酬来补偿,资本成本的高低,决定了公司资金使用的最低投资收益率要求。因此,公司在筹资管理中,要权衡债务清偿的财务风险,合理利用资本成本较低的资金种类,努力降低公司的资本成本率。

公司筹资在降低资本成本的同时,还要充分考虑财务风险,防范公司破产的财务危机。

三、筹资渠道与筹资方式

(一)筹资渠道

筹资渠道,是指公司筹集资金的来源方向与通道。具体地说,公司的筹资渠道主要有:(1)国家财政投资和财政补贴;(2)银行与非银行金融机构信贷;(3)资本市场筹集;(4)其他法人单位与自然人投入;(5)公司自身积累。

(二)筹资方式

筹资方式,是指公司筹集资金所采用的具体形式。它受到法律环境、经济体制、融资

市场等筹资环境的制约,特别是受国家在金融市场和融资行为方面出台的法律法规的制约。目前,公司的筹资方式主要包括:

1. 吸收直接投资

吸收直接投资,是指公司以投资合同、协议等形式定向地吸收国家、法人单位、自然人等投资主体资金的筹资方式。这种筹资方式不以股票这种融资工具为载体,而是通过签订投资合同或投资协议来规定双方的权利和义务,主要适用于非股份制公司筹集股权资本。吸收直接投资,是一种股权筹资方式。

2. 发行股票

发行股票,是指公司通过发售股票来取得资金的筹资方式,只有股份有限公司才能发行股票。股票是股份有限公司发行的,表明股东按其持有的股份享有权益和承担义务的可转让的书面投资凭证。股票的发售对象,可以是社会公众,也可以是定向的特定投资主体。这种筹资方式只适用于股份有限公司,而且必须以股票作为载体。发行股票,是一种股权筹资方式。

3. 发行债券

发行债券,是指公司通过发售公司债券来取得资金的筹资方式。按照中国证券监督管理委员会颁布的《公司债券发行与交易管理办法》,除了地方政府融资平台公司以外,所有公司制法人,均可以发行公司债券。公司债券是公司依照法定程序发行、约定还本付息期限、标明债权债务关系的有价证券。发行公司债券,适用于向法人单位和自然人两种渠道筹资。发行债券,是一种债务筹资方式。

4. 向金融机构借款

向金融机构借款,是指公司根据借款合同从有关银行或非银行金融机构取得资金的筹资方式。这种筹资方式广泛适用于各类公司,它既可以筹集长期资金,也可以融通短期资金,具有灵活、方便的特点。向金融机构借款,是一种债务筹资方式。

5. 租赁

租赁,是指在一定期间内,出租人将资产的使用权让与承租人以获取对价的合同。从承租方角度,租赁是指公司与出租人签订租赁合同,取得的租赁物资产,通过对租赁物的占有、使用取得资金的筹资方式。租赁方式不直接取得货币性资金,通过租赁信用关系,直接取得实物资产,快速形成生产经营能力,然后通过向出租人分期交付租金方式偿还资产的价款。租赁,是一种债务筹资方式。

6. 商业信用

商业信用,是指公司之间在商品或劳务交易中,由于延期付款或延期交货所形成的借贷信用关系。商业信用是由于业务供销活动而形成的,它是公司短期资金的一种重要和经常性的来源。商业信用,是一种债务筹资方式。

7. 留存收益

留存收益,是指公司按规定从税后利润中提取的盈余公积金以及从公司可供分配利润中留存的未分配利润。留存收益,是指公司将留存收益转化为股东对公司追加投资的过程,是一种股权筹资方式。

8. 发行可转换债券

可转换债券,是指由发行公司发行并规定债券持有人在一定期间内依据约定条件可将其转换为发行公司股票的债券。发行可转换债券,是指公司以发售可转换债券的方式取得资金的筹资方式。《上市公司证券发行管理办法》规定,可转换债券的期限最短为1年,最长为6年,自发行结束之日起6个月方可转换为公司股票。可转换债券兼有股权筹资和债务筹资性质,是一种混合筹资方式,也可称为衍生工具筹资。

9.发行优先股股票

优先股股票,是指有优先权的股票,优先股的股东优先于普通股股东分配公司的利润和剩余财产,但对公司事务无表决权。发行优先股股票,是指公司以发售优先股股票的方式取得资金的筹资方式。优先股的股息率通常事先固定,一般按面值的一定百分比来计算,有类似债券的特征。优先股股票筹资兼有股权筹资和债务筹资性质,是一种混合筹资方式,也可称为衍生工具筹资。

四 筹资的分类

公司采用不同方式筹集的资金,按照不同的分类标准,可分为不同的筹资类别。

(一)股权筹资、债务筹资及衍生工具筹资

按公司所取得资金的权益特性不同,公司筹资分为股权筹资、债务筹资及衍生工具筹资三类。股权筹资和债务筹资分别形成股权资本、债务资本。

股权资本,是股东投入的、公司依法长期拥有、能够自主调配运用的资本。股权资本在公司持续经营期间内,投资者不得抽回,因而也称之为公司的自有资本、主权资本或权益资本。股权资本是公司从事生产经营活动和偿还债务的基本保证,是代表公司基本资信状况的一个主要指标。公司的股权资本可通过吸收直接投资、发行普通股股票、利用留存收益等方式取得。股权资本由于一般不用偿还本金,形成公司的永久性资本,因而财务风险小,但付出的资本成本相对较高。

债务资本,是公司按合同向债权人取得的、在规定期限内需要清偿的债务。债务资金通过向金融机构借款、发行债券、租赁等方式取得。由于债务筹资到期要归还本金和支付利息,债权人对公司的经营状况不承担责任,因而具有较大的财务风险,但付出的资本成本较低。从经济意义上来说,债务筹资也是债权人对公司的一种投资,也要依法享有公司通过使用债务所取得的经济利益,因而也可以称之为债权人权益。随着金融改革的深入和金融创新的发展,永续债越来越多被市场关注。目前,国内已发行的永续债债券类型主要有可续期企业债、可续期定向融资工具、可续期公司债等。

衍生工具筹资,包括兼具股权筹资与债权筹资性质的混合融资和其他衍生工具融资。我国上市公司目前最常见的混合筹资方式是可转换债券融资和优先股筹资,最常见的其他衍生工具融资方式是认股权证融资。

(二)直接筹资和间接筹资

按其是否以金融机构为媒介来获取社会资金,公司筹资分为直接筹资和间接筹资两种类型。

直接筹资,是公司直接与资金供应者协商融通资金的筹资活动。直接筹资不需要通过金融机构来筹措资金,是公司直接从社会取得资金的方式。直接筹资方式主要有吸收

直接投资、发行股票和发行债券等。通过直接筹资既可以筹集股权资本,也可以筹集债务资金。相对来说,直接筹资的手续比较复杂,筹资费用较高;但筹资领域广阔,能够直接利用社会资金,有利于提高公司的知名度和资信度。

间接筹资,是公司借助银行和非银行金融机构融通资金的筹资活动。间接筹资的基本方式是向银行借款,此外还有租赁等筹资方式。间接筹资形成的主要是债务资金,主要用于满足公司资金周转的需要。间接筹资手续相对比较简便,筹资效率高,筹资费用较低,但容易受金融政策的制约和影响。

(三)内部筹资和外部筹资

按资金的来源范围不同,公司筹资分为内部筹资和外部筹资两种类型。

内部筹资,是指公司通过利润留存而形成的筹资来源。内部筹资数额的大小主要取决于公司可分配利润的多少和利润分配政策,一般无须花费筹资费用,从而降低了资本成本。内部筹资具有原始性、自主性、低成本性和抗风险性等特点,是公司生存和发展不可或缺的重要组成部分。

外部筹资,是指公司向外部筹措资金而形成的筹资来源。处于初创期的公司,内部筹资的可能性是有限的;处于成长期的公司,内部筹资往往难以满足资金需要,这就需要公司广泛地开展外部筹资,如发行股票、发行债券、向银行借款、取得商业信用等。公司向外部筹资大多需要花费一定的筹资费用,从而提高了资本成本。

(四)长期筹资和短期筹资

按所筹资金使用期限不同,公司筹资分为长期筹资和短期筹资两种类型。

长期筹资,是指公司筹集使用期限在1年以上的资金。长期筹资的目的主要在于形成和更新公司的生产和经营能力,或扩大公司的生产经营规模,或为对外投资筹集资金。长期筹资通常采取吸收直接投资、发行股票、发行公司债券、长期借款、租赁等方式,所形成的长期资金主要用于购建固定资产、形成无形资产、进行对外长期投资、垫支铺底流动资金、进行产品和技术研发等。从资金权益性质来看,长期资金可以是股权资本,也可以是债务资金。

短期筹资,是指公司筹集使用期限在1年以内的资金。短期筹资主要用于公司的流动资产和日常资金周转,一般在短期内需要偿还。短期筹资经常利用商业信用、短期借款等方式来筹集。

五 筹资管理的原则

公司筹资管理的基本要求,是要在严格遵守国家法律法规的基础上,分析影响筹资的各种因素,权衡资金的性质、数量、成本和风险,合理选择筹资方式,提升筹资效果。筹资的基本原则是从公司的筹资实践过程中提炼出来的,具有共同的、理性的认识。筹资原则贯穿于整个筹资过程。总体而言,公司筹资的原则体现在以下几个方面:

(一)筹措合法

筹措合法原则是指公司筹资要遵守国家法律法规,合法筹措资金。不论是直接筹资还是间接筹资,公司最终都是通过筹资行为向社会获取资金。公司的筹资活动不仅为自身的生产经营提供资金来源,而且也会影响投资者的经济利益,影响社会经济秩序。公司的筹资行为和筹资活动必须遵循国家的相关法律法规,依法履行法律法规和投资合同约定的责任,合法合规筹资,依法进行信息披露,维护各方的合法权益。

(二)规模适当

规模适当原则是指要根据生产经营及其发展需要,合理安排资金需求。公司筹集资金,首先要合理预测资金的需要量。筹资规模与资金需要量应当匹配一致,既可避免因筹资不足影响生产经营的正常进行,又可防止因筹资过多而造成资金闲置。

(三)取得及时

取得及时原则是指要合理安排筹资时间,适时取得资金。公司筹集资金,需要合理预测资金需要的时间,要根据资金需求的具体情况合理安排资金,使筹资和用资在时间上衔接起来,既要避免过早筹集资金,使资金在投放前闲置,又要防止取得资金的时间过于滞后,错过资金投放的最佳时间。

(四)来源经济

来源经济原则是指要充分利用各种筹资渠道,选择经济、可行的资金来源。公司要为所筹集的资金付出资本成本的代价,通过不同的筹资渠道和筹资方式所取得的资金,其资本成本各有差异。公司应当在考虑筹资难易程度的基础上,针对不同来源资金的成本进行分析,尽可能选择经济、可行的筹资渠道与方式,力求降低筹资成本。

(五)结构合理

结构合理原则是指筹资管理要综合考虑各种筹资方式,优化资本结构。公司筹资要综合考虑股权资本与债务资本的关系、长期资本与短期资本的关系、内部筹资与外部筹资的关系,合理安排资本结构,保持适当偿债能力,防范公司财务危机。

任务二 预测资金需要量

资金需要量是筹资的数量依据,必须科学合理地进行预测。预测资金需要量的基本目的,是保证筹集的资金既能满足生产经营的需要,又不会产生资金多余而闲置。

一、因素分析法

因素分析法又称分析调整法,是以有关项目基期年度的平均资金需要量为基础,根据预测年度的生产经营任务和资金周转加速的要求,进行分析调整,来预测资金需要量的一种方法。

这种方法计算简便,容易掌握,但预测结果不太精确。它通常用于品种繁多、规格复杂、资金用量较小的项目。因素分析法的计算公式为:

资金需要量=(基期资金平均占用额-不合理资金占用额)×(1+预测期销售增长率)÷(1+预测期资金周转速度增长率)

> 【例 4-1】 甲公司上年度资金平均占用额为 2 800 万元,经分析,其中不合理部分为 260 万元,预计本年度销售增长 6%,资金周转加速 2%。则
> 预测本年度资金需要量=(2 800-260)×(1+6%)÷(1+2%)=2 639.61(万元)

二 销售百分比法

(一)基本原理

销售百分比法,是假设某些资产和负债与销售额存在稳定的百分比关系,根据这个假设预测外部资金需要量的方法。公司的销售规模扩大时,要相应增加流动资产;如果销售规模扩大很多,还必须增加长期资产。为取得扩大销售所需增加的资产,公司需要筹措资金。这些资金,一部分来自随销售收入同比例增加的流动负债,还有一部分来自留存收益,另一部分通过外部筹资取得。通常,销售增长率较高时,仅靠留存收益不能满足资金需要,即使获利良好的公司也需外部筹资。因此,公司需要预先知道自己的筹资需求,提前安排筹资计划,否则就可能发生资金短缺问题。

销售百分比法,将反映生产经营规模的销售因素与反映资金占用的资产因素联系起来,根据销售与资产之间的数量比例关系,来预计公司的外部筹资需要量。

(二)基本步骤

1.确定随销售额而变动的资产和负债项目

随着销售额的变动,经营性资产项目将占用更多的资金。同时,随着经营性资产的增加,相应的经营性短期债务也会增加,如存货增加会导致应付账款增加,此类负债称为"自动性债务",可以为公司提供暂时性资金。经营性资产与经营性负债的差额通常与销售额保持稳定的比例关系。这里,经营性资产项目包括库存现金、应收账款、存货等项目;而经营性负债项目包括应付票据、应付账款等项目,不包括短期借款、短期融资券、长期负债等筹资性负债。

必须指出的是,固定资产作为资产项目与销售额的关系存在多种可能。在公司理财实务中,如果基期固定资产的利用已经饱和,那么增加销售就必须追加固定资产投资,且一般可以认为与销售增长成正比;如果基期固定资产的剩余生产能力足以满足销售增长的需要,则不必追加固定资产投资。

2.确定有关项目与销售额的稳定比例关系

如果公司资金周转的营运效率保持不变,经营性资产与经营性负债将会随销售额的变动而呈正比例变动,保持稳定的百分比关系。公司应当根据历史资料和同业情况,剔除不合理的资金占用,寻找与销售额的稳定百分比关系。

3.确定需要增加的筹资数量

预计由于销售增长而需要的资金需求增长额,扣除利润留存后,即为所需要的外部筹资额,则有

$$外部融资需求量 = \frac{A}{S_1} \cdot \Delta S - \frac{B}{S_1} \cdot \Delta S - P \cdot E \cdot S_2$$

式中:A 为随销售而变化的敏感性资产;B 为随销售而变化的敏感性负债;S_1 为基期销售额;S_2 为预测期销售额;ΔS 为销售变动额;P 为销售净利率;E 为利润留存率;$\frac{A}{S_1}$ 为敏感性资产与销售额的关系百分比;$\frac{B}{S_1}$ 为敏感性负债与销售额的关系百分比。

【例 4-2】 A 公司 2021 年 12 月 31 日的简要资产负债表见表 4-2。

表 4-2　　　　　　　资产负债表(简表)

编制单位:A 公司　　　　2021 年 12 月 31 日　　　　　　单位:万元

资产		负债与股东权益	
货币资金	500	短期借款	2 500
应收账款	1 500	应付账款	1 000
存　货	3 000	应付票据	500
固定资产	3 000	应付债券	1 000
		实收资本	2 000
		留存收益	1 000
资产总计	8 000	负债与股东权益总计	8 000

假定 A 公司 2021 年的销售收入为 10 000 万元,销售净利率为 10%,利润留存率为 40%,公司现有生产能力尚未饱和,增加销售无须追加固定资产投资。经预测,2022 年销售额预计增长 20%,公司销售净利率和利润分配政策不变。请预测 2022 年外部融资需求量。

预测程序说明如下:

(1)确定有关项目及其与销售额的关系百分比见表 4-3。

表 4-3　　　　　　　　A 公司销售额百分比表

资产	与销售额关系	负债与股东权益	与销售额关系
货币资金	5%	短期借款	不变动
应收账款	15%	应付账款	5%
存　货	30%	应付费用	10%
固定资产	不变动	公司债券	不变动
		实收资本	不变动
		留存收益	不变动
合计	50%	合计	15%

(2)确定需要增加的资金

从表 4-2 可以看出,销售收入每增加 100 元,必须增加 50 元的资金占用,但同时增加 15 元的资金来源。从 50% 的资金需求中减去 15% 自动产生的资金来源,还剩下

35%的资金需求。因此,每增加100元的销售收入,A公司必须取得35元的资金来源。

确定需要增加的资金=(12 000−10 000)×35%=700(万元)

(3)确定外部融资需求量

上述700万元的资金需求有些可通过公司内部来筹集。

公司留存利润=12 000×10%×40%=480(万元)

外部融资需求量=700−480=220(万元)

或运用公式直接计算,即

外部融资需求量=$\left(\dfrac{500+1\ 500+3\ 000}{10\ 000}-\dfrac{1\ 000+500}{10\ 000}\right)$×(12 000−10 000)− 12 000×10%×40%=220(万元)

销售百分比法的优点,是能为筹资管理提供短期预计的财务报表,以适应外部筹资的需要,且易于使用。但在有关因素发生变动的情况下,必须相应地调整原有的销售百分比。

任务三 熟悉股权筹资

股权筹资形成公司的股权资本,是公司最基本的筹资方式。股权筹资包括吸收直接投资、发行普通股股票和利用留存收益三种基本形式。

一、吸收直接投资

吸收直接投资,是指公司按照"共同投资、共同经营、共担风险、共享收益"的原则,直接吸收国家、法人、个人和外商投入资金的一种筹资方式。吸收直接投资是非股份制公司筹集权益资本的基本方式,采用吸收直接投资的公司,资本不划分为等额股份,无须公开发行股票。

吸收直接投资的实际出资额中,注册资本部分,形成实收资本;超过注册资本部分,属于资本溢价,形成资本公积。

(一)吸收直接投资的种类

1. 吸收国家投资

国家投资是指有权代表国家投资的政府部门或者机构,以国有资产投入公司,这种情况下形成的资本称为国家资本。

吸收国家投资一般具有以下特点:(1)产权属于国家;(2)资金的运用和处置受国家约束较大;(3)在国有公司中运用较为广泛。

2. 吸收法人投资

法人投资是指法人单位以其依法可以支配的资产投入公司,这种情况下形成的资本称为法人资本。

吸收法人投资一般具有以下特点：(1)发生在法人单位之间；(2)以参与公司利润分配或控制为目的；(3)出资方式灵活多样。

3.吸收外商投资

外商投资是指外国的自然人、企业或者其他组织（以下称外国投资者）直接或间接在中国境内进行的投资。外商投资企业，是指全部或者部分由外国投资者投资，依照中国法律在中国境内登记注册设立的企业。

4.吸收社会公众投资

社会公众投资是指社会个人或本公司职工以个人合法财产投入公司，这种情况下形成的资本称为个人资本。

吸收社会公众投资一般具有以下特点：(1)参加投资的人员较多；(2)每人投资的数额相对较少；(3)以参与公司利润分配为目的。

（二）吸收直接投资的出资方式

1.以货币资产出资

以货币资产出资是吸收直接投资中最重要的出资方式。公司有了货币资产，便可获取其他物质资源，支付各种费用，满足公司创建时的开支和随后的日常周转需要。因此，公司应尽量动员投资者采用货币资产出资方式。

2.以实物资产出资

以实物资产出资就是投资者以房屋、建筑物、设备等固定资产和原材料、燃料、商品等流动资产进行投资。

一般来说，公司吸收实物资产投资应符合如下条件：(1)确为公司生产、经营、研发等活动的需要；(2)技术性能比较好；(3)作价公平合理。

实物出资中实物的作价，应当评估作价，核实财产，不得高估或低估作价。法律、行政法规对评估作价有规定的，从其规定。国有及国有控股企业接受其他企业的非货币资产出资，必须委托有资格的资产评估机构进行资产评估。

3.以知识产权出资

以知识产权出资是指以专有技术、商标权、专利权、非专利技术等无形资产进行投资。

投资者以知识产权出资应符合以下条件：(1)有助于公司研究、开发和生产出新的高科技产品；(2)有助于公司提高生产率，改进产品质量；(3)有助于公司降低生产消耗、能源消耗等各种消耗；(4)作价公平合理。

吸收知识产权等无形资产出资的风险较大。因为以知识产权投资，实际上是把技术转化为资本，使技术的价值固定化了，而技术具有强烈的时效性，会因其不断老化落后而导致实际价值不断减少甚至完全丧失。

此外，国家相关法律法规对无形资产出资方式另有限制：股东或者发起人不得以劳务、信用、自然人姓名、商誉、特许经营权或者设定担保的财产等作价出资。

4.以土地使用权出资

土地使用权是指土地经营者对依法取得的土地在一定期限内有进行建筑、生产经营或其他活动的权利。土地使用权具有相对的独立性,在土地使用权存续期间,包括土地股东在内的其他任何单位和个人,不能任意收回土地和非法干预使用权人的经营活动。

公司吸收土地使用权投资应符合以下条件:(1)确为公司生产、销售、研发等活动需要;(2)交通、地理条件比较适宜;(3)作价公平合理。

5. 以特定债权出资

特定债权,是指公司依法发行的可转换债券以及按照国家有关规定可以转作股权的债权。在实践中,公司可以将特定债权转为股权的情形主要有:(1)上市公司依法发行的可转换债券,在满足约定条件的情况下,债券持有人可将债权转换为股权;(2)金融资产管理公司持有的国有及国有控股企业债权,经国家有关部门批准后,可以实行债权转股权,原公司相应的债权转为金融资产管理公司的股权,公司实收资本或资本公积相应增加;(3)企业实行公司制改建、资产重组时,经银行以外的其他债权人协商同意,可以按照有关协议和企业章程的规定,将其债权转为股权,企业实收资本或资本公积相应增加;(4)国有企业境内债权人将持有的债权转给外国投资者,企业通过债转股改组为外商投资企业;(5)国有企业改制时,账面原有应付工资余额中欠发职工工资部分,在符合国家政策、职工自愿的条件下,依法扣除个人所得税后可转为个人投资,未退还职工的集资款也可转为个人投资。

(三)吸收直接投资的程序

1. 确定筹资数量

公司在新建或扩大经营时,要先确定资金的需要量。资金的需要量应根据公司的生产经营规模和供销条件等来核定,确保筹资数量与资金需要量相适应。

2. 寻找投资单位

公司既要广泛了解有关投资者的资信、财力和投资意向,又要通过信息交流和宣传,使出资方了解公司的经营能力、财务状况以及未来预期,以便于公司从中寻找最合适的合作伙伴。

3. 协商和签署投资协议

找到合适的投资伙伴后,双方进行具体协商,确定出资数额、出资方式和出资时间。公司应尽可能吸收现金投资,如果投资方确有先进且符合公司需要的固定资产和无形资产,亦可采取非现金投资方式。对实物投资、工业产权投资、土地使用权投资等非货币资产投资,双方应按公平合理的原则协商定价。当出资数额、资产作价确定后,双方须签署投资协议或合同,以明确双方的权利和义务。

4. 取得所筹集的资金

签署投资协议后,公司应按规定或计划取得资金。如果采取现金投资方式,通常还要编制拨款计划,确定拨款期限、每期数额及划拨方式等。如为非货币资产投资,一个重要的问题就是核实财产。

(四)吸收直接投资的筹资特点

1. 能够尽快形成生产能力

吸收直接投资不仅可以取得一部分货币资金,而且还能够直接获得所需的先进设备和技术，尽快形成生产经营能力。

2. 容易进行信息沟通

吸收直接投资的投资者比较单一，股权没有社会化、分散化，甚至有的投资者直接担任公司管理层职务，公司与投资者易于沟通。

3. 资本成本较高

相对于发行普通股筹资来说，吸收直接投资的资本成本较高。当公司经营较好，盈利较多时，投资者往往要求将大部分盈余作为红利分配，因为公司向投资者支付的报酬是按其出资数额和公司实现利润的比率来计算的。不过，吸收直接投资的手续相对比较简便，筹资费用较低。

4. 公司控制权集中，不利于公司治理

采用吸收直接投资方式筹资，投资者一般都要求获得与投资数额相适应的经营管理权。如果某个投资者的投资额比例较大，则该投资者对公司的经营管理就会有相当大的控制权，容易损害其他投资者的利益。

5. 不利于产权交易

吸收直接投资由于没有证券为媒介，不利于产权交易，难以进行产权转让。

二 发行普通股股票

股票是指股份有限公司为筹措股权资本而发行的有价证券，是公司签发的证明股东持有公司股份的凭证，股票只能由股份有限公司发行。

（一）股票的特征与分类

1. 股票的特征

(1) 永久性。公司通过发行股票所筹集的资金属于公司的长期自有资金，没有期限，不需要归还。换言之，股东在购买股票之后，一般情况下不能要求发行公司退还股本。

(2) 流通性。股票作为一种有价证券，在资本市场上可以自由转让、买卖和流通，也可以继承、赠送或作为抵押品。特别是上市公司发行的股票具有很强的变现能力，流动性很强。

(3) 风险性。股东作为公司风险的主要承担者，其承担风险的表现形式有：股票价格的波动性、红利的不确定性、破产清算时股东处于剩余财产分配的最后顺序等。

(4) 参与性。股东作为股份公司的股东，拥有参与公司管理的权利，包括重大决策权、经营者选择权、财务监控权、公司经营的建议和质询权、股东大会召集权等。此外，股东还有收益分享权、股份转让权、优先认股权和剩余财产要求权。当然，股东也有承担有限责任、遵守公司章程的义务。

2. 股票的种类

(1) 按股东的权利和义务，分为普通股股票和优先股股票

普通股股票简称普通股，是公司依法发行的具有平等的权利、义务，不加特别限制的，股利不固定的股票。普通股是最基本的股票，股份有限公司通常情况下只发行普通股股票。

优先股股票简称优先股,是公司发行的相对于普通股具有一定优先权的股票。这种优先权主要体现在股利分配优先权和分配剩余财产权利优先权上。优先股股东在股东大会上无表决权,在参与公司经营管理上受到一定限制,仅对涉及优先股权利的问题有表决权。

(2)按股票票面有无记名,分为记名股票和无记名股票

记名股票是指在股票票面上记载有股东姓名或将其名称记入公司股东名册的股票。无记名股票不登记股东名称,公司只记载股票数量、编号及发行日期。

我国《公司法》规定,公司向发行人、法人发行的股票,应当为记名股票,并应当记载该发起人、法人的名称或者姓名,不得另立户名或者以代表人姓名记名。向社会公众发行的股票,可以为记名股票,也可以为无记名股票。

(3)按发行对象和上市地点,分为 A 股、B 股、H 股、N 股和 S 股等

A 股即人民币普通股票,由我国境内公司发行,境内上市交易,是以人民币标明票面金额并以人民币认购和交易的股票。

B 股即人民币特种股票,由我国境内公司发行,境内上市交易,是以人民币标明票面金额,以外币认购和交易的股票。

H 股是注册地在内地、在香港上市的股票,以此类推,N 股是在纽约上市的股票,S 股是在新加坡上市的股票。

(二)首次公开发行股票的条件

首次公开发行股票(IPO),是指一家公司第一次将其股票向公众发售的行为。

根据《证券法》规定,公司首次公开发行新股,应当符合下列条件:

(1)具备健全且运行良好的组织机构。
(2)具有持续经营能力。
(3)最近 3 年财务会计报告被出具无保留意见审计报告。
(4)发行人及其控股股东、实际控制人最近 3 年不存在贪污、贿赂、侵占财产、挪用财产或者破坏社会主义市场经济秩序的刑事犯罪。
(5)经国务院批准的国务院证券监督管理机构规定的其他条件。

因我国证券市场分为不同板块,对各板块公司的目标和要求不同,其首次公开发行股票的条件也存在差异。总体而言,科创板和创业板公司首次公开发行股票的条件相对宽松。各板块除遵循《证券法》规定的基本条件外,还要遵循相关法规规定的首次公开发行股票的相应条件:

1.主板首次公开发行股票的条件

对于主板公司首次公开发行股票,除符合《证券法》规定的基本条件外,还要符合我国《首次公开发行股票并上市管理办法》规定的条件:(1)发行人应当是依法设立且合法存续的股份有限公司。经国务院批准,有限责任公司在依法变更为股份有限公司时,可以采取募集设立方式公开发行股票。(2)发行人自股份有限公司成立后,持续经营时间应当在 3 年以上,但经国务院批准的除外。有限责任公司按原账面净资产值折股整体变更为股份有限公司的,持续经营时间可以从有限责任公司成立之日起计算。(3)发行人的注册资本已足额缴纳,发起人或者股东用作出资的资产的财产权转移手续已办理完

毕,发行人的主要资产不存在重大权属纠纷。(4)发行人的生产经营符合法律、行政法规和公司章程的规定,符合国家产业政策。(5)发行人最近3年内主营业务和董事、高级管理人员没有发生重大变化,实际控制人没有发生变更。(6)发行人的股权清晰,控股股东和受控股股东、实际控制人支配的股东持有的发行人股份不存在重大权属纠纷。

发行人财务与会计方面应当符合下列条件:(1)最近3个会计年度净利润均为正数且累计超过人民币3 000万元,净利润以扣除非经常性损益前后较低者为计算依据。(2)最近3个会计年度经营活动产生的现金流量净额累计超过人民币5 000万元;或者最近3个会计年度营业收入累计超过人民币3亿元。(3)发行前股本总额不少于人民币3 000万元。(4)最近一期末无形资产(扣除土地使用权、水面养殖权和采矿权等后)占净资产的比例不高于20%。(5)最近一期末不存在未弥补亏损。

2.创业板首次公开发行股票的条件

我国对首次公开发行并在创业板上市的股票由核准制改为试行注册管理制度。在创业板首次公开发行股票的发行人条件,我国《创业板首次公开发行股票注册管理办法(试行)》做出如下规定:(1)发行人是依法设立且持续经营3年以上的股份有限公司,具备健全且运行良好的组织机构,相关机构和人员能够依法履行职责。有限责任公司按原账面净资产值折股整体变更为股份有限公司的,持续经营时间可以从有限责任公司成立之日起计算。(2)发行人会计基础工作规范,财务报表的编制和披露符合《企业会计准则》和相关信息披露规则的规定,在所有重大方面公允地反映了发行人的财务状况、经营成果和现金流量,最近3年财务会计报告由注册会计师出具无保留意见的审计报告。发行人内部控制制度健全且被有效执行,能够合理保证公司运行效率、合法合规和财务报告的可靠性,并由注册会计师出具无保留结论的内部控制鉴证报告。(3)发行人业务完整,具有直接面向市场独立持续经营的能力:资产完整,业务及人员、财务、机构独立,与控股股东、实际控制人及其控制的其他企业间不存在对发行人构成重大不利影响的同业竞争,不存在严重影响独立性或者显失公平的关联交易;主营业务、控制权和管理团队稳定,最近2年内主营业务和董事、高级管理人员没有发生重大不利变化,控股股东和受控股股东、实际控制人支配的股东持有的发行人股份权属清晰,最近2年实际控制人没有发生变更,不存在导致控制权可能变更的重大权属纠纷;不存在涉及主要资产、核心技术、商标等的重大权属纠纷,重大偿债风险,重大担保、诉讼、仲裁等或有事项,经营环境已经或者将要发生重大变化等对持续经营有重大不利影响的事项。(4)发行人生产经营符合法律、行政法规和公司章程的规定,符合国家产业政策。最近3年内,发行人及其控股股东、实际控制人不存在贪污、贿赂、侵占财产、挪用财产或者破坏社会主义市场经济秩序的刑事犯罪,不存在欺诈发行、重大信息披露违法或者其他涉及国家安全、公共安全、生态安全、生产安全、公众健康安全等领域的重大违法行为。董事、监事和高级管理人员不存在最近3年内受到中国证监会行政处罚,或者因涉嫌犯罪正在被司法机关立案侦查或者涉嫌违法违规正在被中国证监会立案调查且尚未有明确结论意见等情形。

3.科创板首次公开发行股票的条件

我国对首次公开发行并在科创板上市的股票试行注册管理制度。首次公开发行股票并在科创板上市,应当符合发行条件、上市条件以及相关信息披露要求,依法经上海证券交易所发行上市审核并报经中国证监会履行发行注册程序。在科创板首次公开发行股票的发行人条件,我国《科创板首次公开发行股票注册管理办法(试行)》作出了规定,其规定的条件与在创业板首次公开发行股票的发行人条件相同。

(三)上市公司股票发行的条件

股份有限公司首次发行股票上市后成为上市公司,上市公司发行股票要符合我国相关法规规定。发行股票分为公开发行和非公开发行,相关法规对其规定了相应的条件。

1.公开发行股票的条件

我国《上市公司证券发行管理办法》对上市公司公开发行股票的条件做了更为具体详细的规定,条件如下:

其一,上市公司的组织机构健全、运行良好。

其二,上市公司的盈利能力具有可持续性,符合下列规定:(1)最近3个会计年度连续盈利。扣除非经常性损益后的净利润与扣除前的净利润相比,以低者作为计算依据。(2)业务和盈利来源相对稳定,不存在严重依赖于控股股东、实际控制人的情形。(3)现有主营业务或投资方向能够可持续发展,经营模式和投资计划稳健,主要产品或服务的市场前景良好,行业经营环境和市场需求不存在现实或可预见的重大不利变化。(4)高级管理人员和核心技术人员稳定,最近12个月内未发生重大不利变化。(5)公司重要资产、核心技术或其他重大权益的取得合法,能够持续使用,不存在现实或可预见的重大不利变化。(6)不存在可能严重影响公司持续经营的担保、诉讼、仲裁或其他重大事项。(7)最近24个月内曾公开发行证券的,不存在发行当年营业利润比上年下降50%以上的情形。

其三,上市公司的财务状况良好,符合下列规定:(1)会计基础工作规范,严格遵循国家统一会计制度的规定。(2)最近3年及一期财务报表未被注册会计师出具保留意见、否定意见或无法表示意见的审计报告;被注册会计师出具带强调事项段的无保留意见审计报告的,所涉及的事项对发行人无重大不利影响或者在发行前重大不利影响已经消除。(3)资产质量良好。不良资产不足以对公司财务状况造成重大不利影响。(4)经营成果真实,现金流量正常。营业收入和成本费用的确认严格遵循国家有关企业会计准则的规定,最近3年资产减值准备计提充分合理,不存在操纵经营业绩的情形。(5)最近3年以现金方式累计分配的利润不少于最近3年实现的年均可分配利润的30%。

其四,上市公司最近36个月内财务会计文件无虚假记载,且不存在下列重大违法行为:(1)违反证券法律、行政法规或规章,受到中国证监会的行政处罚,或者受到刑事处罚。(2)违反工商、税收、土地、环保、海关法律、行政法规或规章,受到行政处罚且情节严重,或者受到刑事处罚。(3)违反国家其他法律、行政法规且情节严重的行为。

其五,上市公司存在下列情形之一的,不得公开发行证券:(1)本次发行申请文件有虚假记载、误导性陈述或重大遗漏。(2)擅自改变前次公开发行证券募集资金的用途而未作纠正。(3)上市公司最近12个月内受到过证券交易所的公开谴责。(4)上市公司及其控股股东或实际控制人最近12个月内存在未履行向投资者做出的公开承诺的行为。(5)上市公司或其现任董事、高级管理人员因涉嫌犯罪被司法机关立案侦查或涉嫌违法违规被中国证监会立案调查。(6)严重损害投资者的合法权益和社会公共利益的其他情形。

2.非公开发行股票的条件

对于非公开发行股票,我国《上市公司证券发行管理办法》规定,非公开发行股票的特定对象应当符合下列规定:(1)特定对象符合股东大会决议规定的条件。(2)发行对象不超过35名。发行对象为境外战略投资者的,应当遵守国家的相关规定。上市公司非公开发行股票,应当符合下列规定:(1)发行价格不低于定价基准日前20个交易日公司股票均价的80%。(2)本次发行的股份自发行结束之日起,6个月内不得转让;控股股东、实际控制人及其控制的企业认购的股份,18个月内不得转让。(3)募集资金使用符合本办法的规定。(4)本次发行将导致上市公司控制权发生变化的,还应当符合中国证监会的其他规定。

(四)股票的发行方式

1.公开间接发行

公开间接发行股票,是指股份公司通过中介机构向社会公众公开发行股票。采用募集设立方式成立的股份有限公司,向社会公开发行股票时,必须由有资格的证券经营中介机构,如证券公司、信托投资公司等承销。这种发行方式的发行范围广,发行对象多,易于足额筹集资本。公开发行股票。同时还有利于提高公司的知名度,扩大其影响力,但公开发行方式审批手续复杂严格,发行成本高。

2.非公开直接发行

非公开直接发行股票,是指股份公司只向少数特定对象直接发行股票,不需要中介机构承销。用发起设立方式成立和向特定对象募集方式发行新股的股份有限公司,向发起人和特定对象发行股票,采用直接将股票销售给认购者的自销方式。这种发行方式弹性较大,公司能控制股票的发行过程,节省发行费用。但发行范围小,不易及时足额筹集资金,发行后股票的变现性差。

(五)股票的上市交易

1.股票上市的目的

公司股票上市的目的是多方面的,主要包括:(1)便于筹措新资金。证券市场是一个资本商品的买卖市场,证券市场上有众多的资金供应者。同时,股票上市经过了政府机构的审查批准并接受严格的管理,执行股票上市和信息披露的规定,容易吸引社会资本投资者。另外,公司上市后,还可以通过增发、配股、发行可转换债券等方式进行再融资。(2)促进股权流通和转让。股票上市后便于投资者购买,提高了股权的流动性和股票的变现力,便于投资者认购和交易。(3)便于确定公司价值。股票上市后,公司股价有市价可循,便于确定公司的价值。对于上市公司来说,即时的股票交易行情,就是对公司价值的市场评价。同时,市场行情也能够为公司收购兼并等资本运作提供询价基础。

但股票上市也有对公司不利的一面,这主要有:上市成本较高,手续复杂严格;公司将负担较高的信息披露成本;信息公开的要求可能会暴露公司的商业机密;股价有时会歪曲公司的实际情况,影响公司声誉;可能会分散公司的控制权,造成管理上的困难。

2.股票上市的条件

公司公开发行的股票进入证券交易所交易,必须受严格的条件限制。我国《证券法》

规定,申请证券上市交易,应当符合证券交易所上市规则规定的上市条件。证券交易所上市规则规定的上市条件,应当对发行人的经营年限、财务状况、最低公开发行比例和公司治理、诚信记录提出要求。

2022年1月7日,上海证券交易所发布、实施的《上海证券交易所股票上市规则(2022年1月修订)》规定,对发行人首次公开发行股票后申请其股票在上海证券交易所上市,应当符合下列条件:

(1)股票已公开发行。
(2)具备健全且运行良好的组织机构。
(3)具有持续经营能力。
(4)公司股本总额不少于人民币5 000万元。
(5)公开发行的股份达到公司股份总数的25%以上;公司股本总额超过人民币4亿元的,公开发行股份的比例为10%以上。
(6)公司及其控股股东、实际控制人最近3年不存在贪污、贿赂、侵占财产、挪用财产或者破坏社会主义市场经济秩序的刑事犯罪。
(7)最近3个会计年度财务会计报告均被出具无保留意见的审计报告。
(8)上海证券交易所要求的其他条件。

2020年12月31日,深圳证券交易所发布、实施的《深圳证券交易所股票上市规则(2020年修订)》规定,发行人首次公开发行股票后申请其股票在深圳证券交易所上市,应当符合下列条件:

(1)股票已公开发行。
(2)具备健全且运行良好的组织机构。
(3)具有持续经营能力。
(4)公司股本总额不少于人民币5 000万元。
(5)公开发行的股份达到公司股份总数的25%以上;公司股本总额超过人民币4亿元的,公开发行股份的比例为10%以上。
(6)公司及其控股股东、实际控制人最近3年不存在贪污、贿赂、侵占财产、挪用财产或者破坏社会主义市场经济秩序的刑事犯罪。
(7)最近3年财务会计报告均被出具无保留意见的审计报告。
(8)深圳证券交易所要求的其他条件。

(六)发行普通股股票的筹资特点

1. 两权分离,有利于公司自主经营管理

公司通过对外发行股票筹资,公司的所有权与经营权相分离,分散了公司控制权,有利于公司自主管理、自主经营。普通股筹资的股东众多,公司的日常经营管理事务主要由公司的董事会和经理层负责。但公司控制权分散,容易形成"内部人控制"。

2. 资本成本较高

由于股票投资的风险较大,收益具有不确定性,投资者就会要求较高的风险补偿。因此,股票筹资的资本成本较高。

3.能增强公司的社会声誉,促进股权流通和转让

普通股筹资使得股东大众化,由此给公司带来了广泛的社会影响。特别是上市公司,其股票的流通性强,有利于市场确认公司的价值。普通股筹资以股票作为媒介的方式便于股权的流通和转让,便于吸收新的投资者。但是,流通性强的股票交易,也容易在资本市场上被恶意收购。

4.不易尽快形成生产能力

普通股筹资吸收的一般是货币资金,还需要通过购置和建造固定资产、存货或无形资产等才能形成生产经营能力。

三 留存收益

(一)留存收益的性质

从性质上看,公司通过合法有效的经营所实现的税后利润,都属于公司的股东。因此,属于股东的利润包括分配给股东的利润和尚未分配留存于公司的利润。公司将本年度的利润部分甚至全部留存下来的原因很多,主要包括:第一,收益确认和计量是建立在权责发生制基础上的,公司有利润,但公司不一定有相应的现金净流量的增加,因而公司不一定有足够的现金将利润部分或全部分配给股东。第二,法律法规从保护债权人利益和公司可持续发展等角度出发,限制公司将利润全部分配出去。《公司法》规定,公司每年的税后利润,必须提取10%的法定盈余公积。第三,公司基于自身扩大再生产和筹资的要求,也会将一部分利润留存下来。

(二)留存收益的筹资途径

1.提取盈余公积金

盈余公积金,是指有指定用途的留存净利润,其提取基数是抵减年初累计亏损后的本年度利润。盈余公积金主要用于公司未来的经营发展,经投资者审议后也可以转增股本(实收资本)和弥补公司经营亏损。

2.未分配利润

未分配利润,是指未限定用途的留存净利润。未分配利润有两层含义:一是这部分净利润本年没有分配给公司的投资者;二是这部分净利润未指定用途,可以用于公司未来的经营发展、转增资本(实收资本)、弥补公司经营亏损及以后年度的利润分配。

(三)留存收益的筹资特点

1.不用发生筹资费用

与普通股筹资相比较,留存收益筹资不需要发生筹资费用,资本成本较低。

2.维持公司的控制权分布

留存收益筹资,不用对外发行新股或吸收新投资者,由此增加的权益资本不会改变公司的股权结构,不会稀释原有股东的控制权。

3.筹资数额有限

当期留存收益的最大数额是当期的净利润,不如外部筹资一次性可以筹集大量资金。如果公司经营亏损,则当年没有利润留存。另外,股东和投资者从自身利益出发,往往希望公司每年发放一定股利,保持一定的利润分配比例。

四 股权筹资的优缺点

(一)股权筹资的优点

1.股权筹资是公司稳定的资本基础

股权资本没有固定的到期日,无须偿还,是公司的永久性资本,除非公司清算时才有可能予以偿还。这对于保障公司对资本的最低需求,促进公司长期持续稳定经营具有重要意义。

2.股权筹资是公司良好的信誉基础

股权资本作为公司最基本的资本,代表了公司的资本实力,是公司与其他单位组织开展经营业务,进行业务活动的信誉基础。同时,股权资本也是其他方式筹资的基础,尤其可为债务筹资提供信用保障。

3.股权筹资的财务风险较小

股权资本不用在公司正常营运期内偿还,不存在还本付息的财务风险。相对于债务筹资而言,股权筹资限制少,资本使用上也无特别限制。另外,公司可以根据经营状况和业绩的好坏,决定向投资者支付报酬的多少。

(二)股权筹资的缺点

1.资本成本负担较重

一般而言,股权筹资的资本成本要高于债务筹资。这主要是由于投资者投资于股权特别是投资于股票的风险较高,投资者或股东相应要求得到较高的收益率。从公司成本开支的角度看,股利、红利从税后利润中支付,而债务筹资的资本成本允许税前扣除。此外,普通股发行、上市等方面的费用也十分庞大。

2.控制权变更可能影响公司长期稳定发展

利用股权筹资,由于引进了新的投资者或发行新股,必然会导致公司控制权结构的改变,分散了公司的控制权。控制权的频繁迭变,势必要影响公司管理层的人事变动和决策效率,影响公司的正常经营。

3.信息沟通与披露成本较大

投资者或股东作为公司的股东,有了解公司经营业务、财务状况、经营成果等的权利。公司需要通过各种渠道和方式加强与投资者的关系管理,保障投资者的权益。特别是上市公司,其股东众多而分散,只能通过公司公开披露的信息了解公司状况,这就需要公司花更多的精力,有些还需要设置专门的部门,用于公司的信息披露和投资者关系管理。

任务四　熟悉债务筹资

债务筹资是公司通过银行借款、向社会发行公司债券、租赁等方式筹集和取得的资金。银行借款、发行公司债券和租赁是债务筹资的三种基本形式。商业信用也是一种债务资金,但它是企业之间的商品或劳务交易形成的,故在"项目六营运资金管理"中予以介绍。

一、银行借款

银行借款是指公司向银行或其他金融机构借入的、需要还本付息的款项,包括偿还期超过 1 年的长期借款和不足 1 年的短期借款,主要用于公司购建固定资产和满足流动资金的需要。

(一)银行借款的种类

1. 按提供贷款的机构,分为政策性银行贷款、商业银行贷款和其他金融机构贷款

政策性银行贷款,是指执行国家政策性贷款业务的银行向公司发放的贷款,通常为长期贷款。所谓政策性银行,一般是指由政府设立的,以贯彻国家产业政策、区域发展政策为目的,为完成政府特定任务,满足社会经济发展需要而设立的金融机构。如国家开发银行贷款,主要满足企业承建国家重点建设项目的资金需要;中国进出口银行贷款,主要为大型设备的进出口提供买方信贷或卖方信贷;中国农业发展银行贷款,主要确保国家对粮、油、棉等政策性收购资金的供应。

商业银行贷款,是指由各商业银行,如中国工商银行、中国建设银行、中国农业银行、中国银行等,向公司提供的贷款,用以满足公司生产经营的资金需要,包括短期贷款和长期贷款。

其他金融机构贷款,如从信托投资公司取得实物或货币形式的信托投资贷款,从财务公司取得的各种中长期贷款,从保险公司取得的贷款。其他金融机构的贷款一般较商业银行贷款的期限要长,要求的利率较高,对借款公司的信用要求和担保的选择比较严格。

2. 按金融机构对贷款有无担保要求,分为信用贷款和担保贷款

信用贷款,是指以借款人的信誉或保证人的信用为依据而获得的贷款。公司取得这种贷款,无须以财产作抵押。对于这种贷款,由于风险较高,银行通常要收取较高的利息,往往还附加一定的限制条件。

担保贷款,是指由借款人或第三方依法提供担保而获得的贷款。担保包括保证责任、财产抵押、财产质押,由此,担保贷款包括保证贷款、抵押贷款和质押贷款。具体而言,保证贷款是指以第三方作为保证人承诺在借款人不能偿还借款时,按约定承担一定保证责任或连带责任而取得的贷款;抵押贷款是指以借款人或第三方的财产作为抵押而取得的贷款;质押贷款是指以借款人或第三方的动产或财产权利作为质押物而取得的贷款。

(二)银行借款的程序

1. 提出申请,银行审批

公司根据筹资需求向银行提出书面申请,按银行要求的条件和内容填报借款申请书。银行按照有关政策和贷款条件,对借款公司进行信用审查,依据审批权限,核准公司申请的借款金额和用款计划。

2. 签订合同,取得借款

借款申请获得批准后,银行与公司进一步协商贷款的具体条件,签订正式的借款合同,规定贷款的数额、利率、期限和一些约束性条款。借款合同签订后,公司在核定的贷款指标范围内,根据用款计划和实际需要,一次或分次将贷款转入公司的存款结算户,以便使用。

(三)银行借款的筹资特点

1. 筹资速度快

与发行公司债券、租赁等债权筹资方式相比,银行借款的程序相对简单,所花时间较短,公司可以迅速获得所需资金。

2. 筹资弹性较大

在借款之前,公司根据当时的资金需求与银行等贷款机构直接商定贷款的时间、数量和条件。在借款期间,若公司的财务状况发生某些变化,也可以与债权人再协商,变更借款数量、时间和条件,或提前偿还本息。因此,借款筹资对公司具有较大的灵活性,特别是短期借款更是如此。

3. 资本成本较低

利用银行借款筹资,比发行公司债券和租赁的利息负担要低。而且,无须支付证券发行费用、租赁手续费等筹资费用。

4. 限制条款多

与债券筹资相比,银行借款合同对借款用途有明确规定,通过借款的保护性条款,对公司资本支出额度、再筹资、股利支付等行为有严格的约束,公司以后的生产经营活动和财务政策必将受到一定程度的影响。

5. 筹资数额有限

银行借款的数额往往受到贷款机构资本实力的制约,难以像发行股票、债券那样一次筹集到大笔资金,无法满足公司大规模筹资的需要。

二 发行公司债券

公司债券是公司依照法定程序发行的、约定在一定期限内还本付息的有价证券。债券是持券人拥有公司债权的书面证书,它代表持券人同发债公司之间的债权债务关系。

公司债券可以公开发行,也可以非公开发行。

(一)发行债券的条件

在我国,根据《公司法》的规定,股份有限公司和有限责任公司,具有发行债券的资格。

根据《证券法》的规定,公开发行公司债券,应当符合下列条件:(1)具备健全且运行良好的组织机构;(2)最近3年平均可分配利润足以支付公司债券1年的利息;(3)国务院规定的其他条件。

公开发行公司债券筹集的资金,必须按照公司债券募集办法所列资金用途使用;改变资金用途,必须经债券持有人会议作出决议。公开发行债券筹措的资金,不得用于弥补亏损和非生产性支出。

(二)公司债券的种类

1. 按是否记名,分为记名公司债券和无记名公司债券

记名公司债券,应当在公司债券存根簿上载明持有人的姓名及住所、债券持有人取得债券的日期及债券编号、债券总额、票面金额、利率、还本付息的期限和方式、债券的发行日期等信息。

无记名公司债券,应当在公司债券存根簿上载明债券总额、利率、偿还期限和方式、发行日期及债券的编号。

2. 按是否能够转换为公司股权,分为可转换债券和不可转换债券

可转换债券,是指可以在规定的时间内按规定的价格转换为发债公司股票的债券。《公司法》规定,可转换债券的发行主体是股份有限公司中的上市公司。

不可转换债券,是指不能转换为发债公司股票的债券,大多数公司债券都属于这种类型。

3. 按有无特定财产担保,分为担保债券和信用债券

担保债券,是指以抵押方式担保发行人按期还本付息的债券,主要是指抵押债券。抵押债券按其抵押品不同,又分为不动产抵押债券、动产抵押债券和证券信托抵押债券。

信用债券,又称无担保债券,是指仅凭公司自身的信用发行的、没有抵押品作抵押担保的债券。在公司清算时,信用债券的持有人因无特定财产作担保品,只能作为一般债权人参与剩余财产的分配。

4. 按是否公开发行,分为公开发行债券和非公开发行债券

资信状况符合规定标准的公司债券可以向公众投资者公开发行,也可以自主选择仅面向专业投资者公开发行。未达到规定标准的公司债券公开发行应当面向专业投资者。

非公开发行的公司债券应当向专业投资者发行。

(三)公司债券发行的程序

1. 作出发债决议

拟发行公司债券的公司,需要由公司董事会制订公司债券发行的方案,并由公司股东大会批准,作出决议。

2. 提出发债申请

根据《证券法》规定,申请公开发行公司债券,应当向国务院授权的部门或者国务院

证券监督管理机构报送公司营业执照、公司章程、公司债券募集办法等正式文件及国务院授权的部门或者国务院证券监督管理机构规定的其他文件。依照《证券法》规定聘请保荐人的,还应当报送保荐人出具的发行保荐书。

3. 公告募集办法

公司发行债券的申请经批准后,要向社会公告公司债券的募集办法。公司债券的募集分为私募发行和公募发行。私募发行是以特定的少数投资者为指定对象发行债券,公募发行是在证券市场上以非特定的广大投资者为对象公开发行债券。

4. 委托证券经营机构发售

按照我国公司债券发行的相关法律规定,公司债券的公募发行采取间接发行方式。在这种发行方式下,发行公司与承销团签订承销协议。承销团由数家证券公司或投资银行组成,承销方式有代销和包销两种。

5. 交付债券,收缴债券款

债券购买人向债券承销机构付款购买债券,承销机构向购买人交付债券。然后,债券发行公司向承销机构收缴债券款,登记债券存根簿,并结算发行代理费。

(四)债券的偿还

债券偿还时间按其实际发生与规定的到期日之间的关系,分为提前偿还与到期偿还两类,其中后者又包括分批偿还和一次偿还两种。

1. 提前偿还

提前偿还又称提前赎回或收回,是指在债券尚未到期之前就予以偿还。只有在公司发行债券的契约中明确规定了有关允许提前偿还的条款,公司才可以进行此项操作。提前偿还所支付的价格通常要高于债券的面值,并随到期日的临近而逐渐下降。

2. 到期分批偿还

如果一个公司在发行同一种债券的当时就为不同编号或不同发行对象的债券规定了不同的到期日,这种债券就是分批偿还债券。因为各批债券的到期日不同,它们各自的发行价格和票面利率也可能不相同,从而导致发行费较高。但由于这种债券便于投资人挑选最合适的到期日,因而也便于发行。

3. 到期一次偿还

多数情况下,发行债券的公司在债券到期日,一次性归还债券本金,并结算债券利息。

(五)发行公司债券的筹资特点

1. 一次筹资数额大

利用发行公司债券筹资,能够筹集大额的资金,满足公司大规模筹资的需要。

2. 能提高公司的社会声誉

发行公司债券,往往是股份有限公司和有实力的有限责任公司所为,因此这对于扩大公司的社会影响是非常有利的。

3. 募集资金的使用限制条件少

与银行借款相比,发行公司债券筹资募集的资金的使用具有相对的灵活性和自主性。特别是发行债券所筹集的大额资金,能够用于流动性较差的公司长期资产上。比如用于公司扩展、增加大型固定资产和基本建设投资大多采用发行公司债券方式。

4.资本成本负担较高

相对于向银行借款筹资而言,发行公司债券的利息负担和筹资费用都比较高。不过,尽管公司债券的利息高于银行借款,但公司债券的期限长、利率相对固定。在预计市场利率持续上升的金融市场环境下,发行公司债券筹资,能锁定资本成本。

三 租赁

租赁,是指通过签订资产出让合同的方式,使用资产的一方(承租方)通过支付租金,向出让资产的一方(出租方)取得资产使用权的一种交易行为。在这项交易中,承租方通过得到所需资产的使用权,完成了筹集资金的行为。

(一)租赁的基本特征

1.所有权与使用权相分离

银行信用虽然也是所有权与使用权相分离,但其载体是货币资金,而租赁则是在资金与实物相结合的基础上的分离。

2.融资与融物相结合

租赁是通过商品形态与货币形态相结合来提供的信用活动,出租人在向公司出租资产的同时,解决了公司的资金需求,具有信用和贸易双重性质。租赁的这一特点使银行信贷和财产信贷融合在一起,成为公司融资的一种特定的形式。

3.租金分期支付

对于出租方而言,其资金是一次投入,分期收回。对于承租方而言,通过租赁可以提前获得资产的使用价值,分期支付租金便于分期规划未来的现金流出量。

(二)租赁的基本程序与形式

1.租赁的基本程序

进行租赁,首先应选择信誉高的租赁公司,向其提出申请并办理租赁委托,然后由承租公司与租赁公司的一方或双方共同选定设备,签署购货协议,再由承租公司与租赁公司签订租赁合同,由承租公司验收租赁设备,向保险公司办理投保事宜,并按合同规定的租金数额、支付方式等定期向租赁公司交付租金。合同期满,承租公司根据合同规定,对设备续租、退租或留购。

2.租赁的基本形式

(1)直接租赁。直接租赁是租赁的主要形式,承租方提出租赁申请时,出租方按照承租方的要求选购设备,然后再出租给承租方。

(2)售后回租。售后回租是指承租方由于急需资金等各种原因,将自己的资产出售给出租方,然后以租赁的形式从出租方原封不动地租回资产的使用权。在这种租赁合同中,除资产股东的名义改变之外,其余情况均无变化。

(3)杠杆租赁。杠杆租赁是指涉及承租人、出租人和资金出借人三方的租赁业务。一般来说,当所涉及的资产价值昂贵时,出租人自己只投入部分资金,通常为资产价值的20%~40%,其余资金则通过将该资产抵押担保的方式,向第三方(通常为银行)申请贷款解决。然后出租人(即租赁公司)将购进的设备出租给承租方,用收取的租金偿还贷款,该资产的所有权属于出租人。出租人既是债权人也是债务人,既要收取租金又要支付债务。

(三)租金的计算

1. 租金的构成

租赁租金由以下项目构成:(1)设备原价及预计残值,包括设备买价、运输费、安装调试费、保险费等,以及该设备租赁期满后,出售可得的收入。(2)利息,指租赁公司为承租人购置设备垫付资金所应支付的利息。(3)租赁手续费和利润,其中,手续费是指租赁公司承办租赁设备所发生的业务费用,包括业务人员工资、办公费、差旅费等。

2. 租金的支付方式

租金的支付有以下几种方式:(1)按支付间隔期长短,分为年付、半年付、季付和月付等。(2)按支付时点在期初还是期末,分为先付和后付。(3)按每次支付额相等与否,分为等额支付和不等额支付。

在公司理财实务中,承租人与租赁公司商定的租金支付方式,大多是后付等额年金。

3. 租金的计算

我国租赁实务中,租金的计算大多采用等额年金法。等额年金法下,通常要根据利率和租赁手续费率确定一个租费率,作为折现率。

【**例 4-3**】 某公司于 2022 年 1 月 1 日从租赁公司租入一套设备,价值 60 万元,租期 6 年,租赁期满时预计净残值为 5 万元,归租赁公司。年利率 8%,租赁手续费率每年 2%。租金每年年末支付一次,则

$$每年租金 = \frac{600\ 000 - 50\ 000 \times (P/F, 10\%, 6)}{(P/A, 10\%, 6)}$$
$$= 131\ 283(元)$$

为了便于有计划地安排租金的支付,承租公司可编制租金摊销计划表。根据本例的有关资料,编制租金摊销计划表见表 4-4。

表 4-4   租金摊销计划表   单位:元

年 份	期初本金 ①	支付租金 ②	应计租费 ③=①×10%	本金偿还额 ④=②-③	本金余额 ⑤=①-④
2022 年	600 000	131 283	60 000	71 283	528 717
2023 年	528 717	131 283	52 872	78 411	450 306
2024 年	450 306	131 283	45 031	86 252	364 054
2025 年	364 054	131 283	36 405	94 878	269 176
2026 年	269 176	131 283	26 918	104 365	164 811
2027 年	164 811	131 283	16 481	114 802	50 009
合 计		787 698	237 707	549 991	50 009*

* 50009 即为到期残值,尾数 9 系中间计算过程四舍五入的误差导致。

(五)租赁的筹资特点

1.无须大量资金就能迅速获得资产

在资金短缺的情况下,能迅速获得所需资产。租赁集"融资"与"融物"于一身,租赁使公司在资金短缺的情况下引进设备成为可能。特别是针对中小企业、创新企业而言,租赁是一条重要的融资渠道。

2.财务风险小,财务优势明显

租赁与购买设备的一次性支出相比,能够避免一次性支付的财务负担,而且租金支出是未来的、分期的,公司无须一次筹集大量资金偿还。还款时,租金还可以通过项目本身产生的收益来支付,是一种基于"借鸡生蛋、卖蛋还钱"的筹资方式。

3.筹资的限制条件较少

公司运用发行股票、发行债券和长期借款等筹资方式,都受到相当多的资格条件的限制,如足够的抵押品、银行贷款的信用标准、发行债券的政府管制等。相比之下,租赁筹资的限制条件很少。

4.能延长资金融通的期限

通常为购买设备而贷款的借款期限比该资产的物理寿命要短得多,而租赁的融资期限却可接近其全部使用寿命期限;并且其金额随设备价款金额而定,无融资额度的限制。

5.资本成本负担较高

租赁租金通常比向银行借款或发行公司债券所负担的利息高得多,租金总额通常要高于设备价值的30%。尽管与借款方式比,租赁能够避免到期一次性集中偿还的财务压力,但高额的固定租金也给各期的经营带来了分期的负担。

四 债务筹资的优缺点

(一)债务筹资的优点

1.筹资速度快

与股权筹资相比,债务筹资不需要经过复杂的审批手续和证券发行程序,如银行借款、租赁等,可以迅速地获得资金。

2.筹资弹性大

利用债务筹资,可以根据公司的经营情况和财务状况,灵活商定债务条件,控制筹资数量,安排取得资金的时间。

3.资本成本负担较轻

一般来说,债务筹资的资本成本要低于股权筹资。其一是取得资金的手续费等筹资费用较低;其二是利息、租金等占用费用比股权资本要低;其三是利息等资本成本可以在税前支付。

4.可以利用财务杠杆

当公司的资本收益率高于债务利率时,债务筹资会增加普通股股东的每股收益,提高净资产收益率,提升公司价值。

5.稳定公司的控制权

债权人无权参加公司的经营管理,利用债务筹资不会改变和分散股东对公司的控制权。在信息沟通与披露等公司治理方面,债务筹资的代理成本也较低。

(二)债务筹资的缺点

1.不能形成公司稳定的资本基础

债务资本有固定的到期日,到期需要偿还,只能作为公司的补充性资本来源。再加上取得债务往往需要进行信用评级,没有信用基础的公司和新创公司,往往难以取得足额的债务资本。现有债务资本在公司的资本结构中达到一定的比例后,往往由于财务风险升高而不容易再取得新的债务资金。

2.财务风险较大

债务资本有固定的到期日,有固定的利息负担,抵押、质押等担保方式取得的债务,资本使用上可能会有特别的限制。这些都对公司的财务状况提出了更高的要求,否则会给公司带来财务危机,甚至导致公司破产。

3.筹资数额有限

债务筹资的数额往往受到贷款机构资本实力的制约,除发行公司债券方式外,一般难以像发行股票那样一次筹集到大笔资金,无法满足公司大规模筹资的需要。

任务五　筹资实务创新

公司筹资方式和筹资渠道的变化与国家金融业的发展密切相关。随着经济的发展和金融政策的完善,我国公司筹资方式和筹资渠道呈现多元化趋势。

一、非公开定向债务融资工具(PPN)

非公开定向债务融资工具是指在银行间债券市场以非公开定向发行方式发行的债务融资工具(PPN)。非公开定向债务融资工具是具有法人资格的非金融企业,向银行间市场特定机构投资人发行债务融资工具取得资金的筹资方式,是一种债务筹资创新方式。非公开定向债务融资工具具有如下特点:

(1)简化的信息披露要求。非公开定向债务融资工具只需要定向投资人披露信息,无须履行公开披露信息义务;披露方式可协商约定。这将减轻发行人,尤其是非上市公司发行人的信息披露负担;同时,非公开定向发行有利于引入风险偏好型投资者,构建多元化的投资者群体。

(2)发行规模没有明确限制。《证券法》对非公开发行债券的规模并无明确规定,《银行间债券市场非金融企业债务融资工具非公开定向发行规则》对其发行规模没有限制。

(3)发行方案灵活。由于采取非公开方式发行,利率、规模、资金用途等条款可由发行人与投资者通过一对一的谈判协商确定。

(4)融资工具有限度流通。非公开定向债务融资工具的信息披露要求相对简化,限定在特定投资人范围内流通转让。

(5)发行价格存在流动性溢价。在市场定价方面,非公开定向工具的发行价格、发行利率、所涉费率遵循自律规则、按市场方式确定,因其流通性的限制,与公开发行债务融资工具相比存在着一定的流动性溢价,即定向工具的利率比公开发行的同类债券利率要高。

非公开定向债务融资工具因其发行方式具有灵活性强、发行相对便利、信息披露要求相对简化的特点,在实务中成为公司重要的新的直接融资方式。

二 私募股权投资

私募股权投资(PE)是指通过私募基金对非上市公司进行的权益性投资。PE 投资就是 PE 投资者寻找优秀的高成长性的未上市公司,注资其中,获得其一定比例的股份,推动公司发展、上市,此后通过转让股权获利。非上市公司获得私募股权投资,是一种股权筹资方式。

私募股权投资具有如下主要特点:

(1)在资金募集上,主要通过非公开方式面向少数机构投资者或高净值个人募集,它的销售和赎回都是基金管理人通过私下与投资者协商进行的。

(2)多采取权益型投资方式,绝少涉及债权投资。PE 投资机构也因此对被投资企业的决策管理享有一定的表决权。

(3)投资的企业一般是非上市企业,投资比较偏向于已形成一定规模和产生稳定现金流的成形企业。

(4)投资期限较长,一般可达 3~5 年或更长,属于中长期投资。

(5)流动性差,没有现成的市场供非上市公司的股权出让方与购买方直接达成交易。

(6)是被投资企业的重要股权筹资方式。

实务中优秀的高成长性的未上市公司不断得到创业投资基金(私募股权投资基金的一种表现形式)的融资并因此得到了快速发展,以百度、新浪、搜狐、携程、如家等为代表。

三 产业基金

产业基金一般指产业投资基金,向具有高增长潜力的未上市企业进行股权或准股权投资,并参与被投资企业的经营管理,以期所投资企业发育成熟后通过股权转让实现资本增值。产业投资基金主要投资于新兴的、有巨大增长潜力的企业。政府出资产业投资基金是我国产业基金的主要形式,国家发展改革委下发的《政府出资产业投资基金管理办法》中对其定义:政府出资产业投资基金,是指由政府出资,主要投资于非公开交易企业股权的股权投资基金和创业投资基金。企业获得产业投资基金,是一种股权筹资方式。

四 商业票据融资

商业票据是指通过商业票据进行融通资金。商业票据是一种商业信用工具,是由债务人向债权人开出的、承诺在一定时期内支付一定款项的支付保证书,即由无担保、可转让的短期期票组成。

商业票据融资具有融资成本较低、灵活方便等特点。

五 中期票据融资

中期票据是指具有法人资格的非金融类公司在银行间债券市场按计划分期发行的、约定在一定期限还本付息的债务融资工具。发行中期票据一般要求具有稳定的偿债资金来源;拥有连续3年的经审计的会计报表,且最近1个会计年度盈利;主体信用评级达到AAA;待偿还债券余额不超过公司净资产的40%;募集资金应用于公司生产经营活动,并在发行文件中明确披露资金用途;发行利率、发行价格和相关费用由市场化方式确定。

中期票据具有如下特点:

(1)发行机制灵活。中期票据发行采用注册制,一次注册通过后2年内可分次发行;可选择固定利率或浮动利率,到期还本付息;付息可选择按年或季等。

(2)用款方式灵活。中期票据可用于中长期流动资金、置换银行借款、项目建设等。

(3)融资额度大。公司申请发行中期票据,按规定发行额度最多可达公司净资产的40%。

(4)使用期限长。中期票据的发行期在1年以上,一般3~5年,最长可达10年。

(5)成本较低。根据公司信用评级和当时市场利率,中期票据利率较中长期贷款等融资方式往往低20%~30%。

(6)无须担保抵押。发行中期票据,主要依靠公司自身信用,无须担保和抵押。

中期票据因为有上述特点,在实务中得到了广泛的应用,尤其是近年来在我国上市公司应用颇多。

六 股权众筹融资

股权众筹融资主要是指通过互联网形式进行公开小额股权融资的活动。股权众筹融资必须通过股权众筹融资中介机构平台(互联网网站或其他类似的电子媒介)进行。股权众筹融资方应为小微企业,应通过股权众筹融资中介机构向投资人如实披露公司的商业模式、经营管理、财务、资金使用等关键信息,不得误导或欺诈投资者。股权众筹融资业务由证监会负责监管。

七 公司应收账款证券化

公司应收账款资产支持证券,是指证券公司、基金管理公司子公司作为管理人,通过设立资产支持专项计划开展资产证券化业务,以公司应收账款债权为基础资产或基础资产现金流来源所发行的资产支持证券。公司应收账款证券化是公司拓宽融资渠道、降低融资成本、盘活存量资产、提高资产使用效率的重要途径。

根据《应收账款质押登记办法》,应收账款是指权利人因提供一定的货物、服务或设施而获得的要求义务人付款的权利以及依法享有的其他付款请求权,包括现有的和未来的金钱债权,但不包括因票据或其他有价证券而产生的付款请求权,以及法律、行政法规禁止转让的付款请求权。

上述质押登记办法所称的应收账款包括下列权利:1.销售、出租产生的债权,包括销售货物,供应水、电、气、暖,知识产权的许可使用,出租动产或不动产等;2.提供医疗、教育、旅游等服务或劳务产生的债权;3.能源、交通运输、水利、环境保护、市政工程等基础设施和公用事业项目收益权;4.提供贷款或其他信用活动产生的债权;5.其他以合同为基础的具有金钱给付内容的债权。

八 租赁债权资产证券化

租赁债权资产支持证券,是指证券公司、基金管理公司子公司作为管理人,通过设立资产支持专项计划开展资产证券化业务,以租赁债权为基础资产或基础资产现金流来源所发行的资产支持证券。

租赁债权是指租赁公司依据租赁合同对债务人(承租人)享有的租金债权、附属担保权益(如有)及其他权利(如有)。

九 商圈融资

商圈融资模式包括商圈担保融资、供应链融资、商铺经营权、租赁权质押、仓单质押、存货质押、动产质押、中小企业集合债券等。发展商圈融资是缓解中小商贸企业融资困难的重大举措。改革开放以来,我国以商品交易市场、商业街区、物流园区、电子商务平台等为主要形式的商圈发展迅速,已成为我国中小商贸服务企业生存与发展的重要载体。但是,由于商圈内多数商贸经营主体属中小企业,抵押物少、信用记录不健全,"融资难"问题较为突出,亟须探索适应中小商贸服务企业特点的融资模式。发展商圈融资有助于增强中小商贸经营主体的融资能力,缓解融资困难,促进中小商贸企业健康发展;有助于促进商圈发展,增强经营主体集聚力,提升产业关联度,整合产业价值链,推进商贸服务业结构调整和升级,从而带动税收、就业增长和区域经济发展,实现搞活流通、扩大消费的战略目标。同时,也有助于银行业金融机构和融资性担保机构等培养长期稳定的优质客户群体,扩大授信规模,降低融资风险。

十 供应链融资

供应链融资,是将供应链核心企业及其上下游配套企业作为一个整体,根据供应链中相关企业的交易关系和行业特点制定基于货权和现金流控制的"一揽子"金融解决方案的一种融资模式。供应链融资解决了上下游企业融资难、担保难的问题,而且通过打通上下游融资瓶颈,还可以降低供应链条融资成本,提供核心企业及配套企业的竞争力。

十一 绿色信贷

绿色信贷，也称可持续融资或环境融资。它是指银行业金融机构为支持环保产业、倡导绿色文明、发展绿色经济而提供的信贷融资。绿色信贷重点支持节能环保、清洁生产、清洁能源、生态环境、基础设施绿色升级和绿色服务六大类产业。

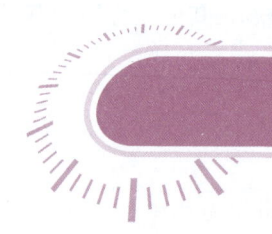

任务六　测算资本成本

资本成本是衡量资本结构优化程度的标准，也是对投资获得经济效益的最低要求，通常用资本成本率表示。公司将筹得的资本付诸使用以后，只有投资收益率高于资本成本，才能表明所筹集的资本取得了较好的经济效益。

一 资本成本的含义

资本成本，是指公司为筹集和使用资本而付出的代价，包括筹资费用和占用费用。资本成本是资本所有权与资本使用权分离的结果。对出资者而言，由于让渡了资本使用权，必须要求取得一定的补偿，资本成本表现为由让渡资本使用权而带来的投资收益。对筹资者而言，由于取得了资本使用权，必须付出一定的代价，资本成本表现为取得资本使用权所付出的代价。

（一）筹资费用

筹资费用，是指公司在资本筹措过程中为获取资本而付出的代价，如向银行支付的借款手续费，因发行股票、公司债券而支付的发行费等。筹资费用通常在资本筹集时一次性发生，在资本使用过程中不再发生，因此，将其视为筹资数额的一项扣减。

（二）占用费用

占用费用，是指公司在资本使用过程中因占用资本而付出的代价，如向银行等债权人支付的利息，向股东支付的股利等。占用费用具有经常性、定期性支付的特征，它与占用资本的期限成正比关系，是资本成本的主要内容。

二 资本成本的作用

1. 资本成本是比较筹资方式、选择筹资方案的依据

各种资本的资本成本率，是比较、评价各种筹资方式的依据。在评价各种筹资方式时，一般会考虑的因素包括对公司控制权的影响、融资的风险、资本成本的高低等，而资本成本是其中的重要因素。在其他条件相同时，公司筹资应选择资本成本率最低的方式。

2. 平均资本成本是衡量资本结构是否合理的重要依据

公司价值是公司资产带来的未来经济利益的现值。计算现值时采用的贴现率通常会选择公司的平均资本成本,当平均资本成本最小时,公司价值最大,此时的资本结构是公司理想的资本结构。

3. 资本成本是评价投资项目可行性的主要标准

任何投资项目,如果它预期的投资收益率超过该项目使用资金的资本成本率,则该项目在经济上就是可行的。因此,资本成本率是公司用以确定项目需要达到的投资收益率的最低标准。

4. 资本成本是评价公司整体业绩的重要依据

一定时期公司资本成本率的高低,不仅反映公司筹资管理的水平,还可以作为评价公司整体业绩的标准。公司的生产经营活动,实际上就是所筹集资本经过投放后形成的资产营运,只有公司的总资产税后收益率率高于其平均资本成本率,才能带来剩余收益。

三 个别资本成本的计算

个别资本成本是指单一融资方式的资本成本,包括银行借款资本成本、公司债券资本成本、租赁资本成本、普通股资本成本和留存收益成本等,其中前三类是债务资本成本,后两类是权益资本成本。个别资本成本的高低,用相对数即资本成本率表达。

(一)个别资本成本的计算模式

1. 一般模式

为了便于分析比较,资本成本通常用不考虑货币时间价值的一般通用模型计算。计算时,将初期的筹资费用作为筹资额的一项扣除,扣除筹资费用后的筹资额称为净筹资额,通用的计算公式是:

$$资本成本率 = \frac{年资金占用费}{筹资总额 - 筹资费用}$$

$$= \frac{年资金占用费}{筹资总额 \times (1 - 筹资费用率)}$$

2. 贴现模式

对于金额大、时间超过 1 年的长期资本,更准确一些的资本成本计算方式是采用贴现模式,即将债务未来还本付息或股权未来股利分红的贴现值与目前筹资净额相等时的贴现率作为资本成本率。即

由　　　筹资净额现值 - 未来资本清偿额现金流量现值 = 0

得　　　资本成本率 = 所采用的贴现率

(二)银行借款资本成本率

银行借款资本成本包括借款利息和借款手续费用,手续费用是筹资费用的具体表现。利息费用税前支付,可以起抵税作用,一般计算税后资本成本率,税后资本成本率与权益资本成本率具有可比性。银行借款的资本成本率按一般模式计算为:

$$K_L = \frac{年利率 \times (1-所得税税率)}{1-筹资费用率} \times 100\%$$

$$= \frac{i(1-T)}{1-f} \times 100\%$$

式中，K_L 为银行借款资本成本率；i 为银行借款年利率；f 为筹资费用率；T 为所得税税率。

对于长期借款，考虑货币时间价值问题，还可以用贴现模式计算资本成本率。

【例 4-4】 某公司取得 5 年期长期借款 200 万元，年利率为 10%，每年付息一次，到期一次还本，借款手续费率为 0.2%，公司所得税税率为 25%，该项借款的资本成本率为：

$$K_L = \frac{10\% \times (1-25\%)}{1-0.2\%} = 7.52\%$$

考虑货币时间价值，该项长期借款的资本成本率计算如下（M 为债务面值）：

$$M(1-f) = M \times i \times (1-T) \times (P/A, K_L, n) + M \times (P/F, K_L, n)$$

即

$$200 \times (1-0.2\%) = 200 \times 10\% \times (1-25\%) \times (P/A, K_L, 5) + 200 \times (P/F, K_L, 5)$$

按插值法计算，得：$K_L = 7.56\%$

（三）公司债券资本成本率

公司债券资本成本包括债券利息和债券发行费用。债券可以溢价发行，也可以折价发行，其资本成本率按一般模式计算为：

$$K_b = \frac{债券面值 \times 票面年利率 \times (1-所得税税率)}{债券筹资总额 \times (1-筹资费用率)} \times 100\%$$

$$= \frac{B \times i \times (1-T)}{B_0 \times (1-f)} \times 100\%$$

式中，B 为公司债券面值；i 为公司债券票面利率；T 为所得税税率；B_0 为公司债券筹资总额；f 为筹资费用率。

【例 4-5】 某公司以 1 100 元的价格，溢价发行面值为 1 000 元、期限为 5 年、票面利率为 7% 的公司债券一批。每年付息一次，到期一次还本，发行费用率为 3%，所得税税率为 25%，该批公司债券的资本成本率为：

$$K_b = \frac{1\,000 \times 7\% \times (1-25\%)}{1100 \times (1-3\%)} = 4.92\%$$

考虑时间价值，该项公司债券的资本成本计算如下：

$$1\,100 \times (1-3\%) = 1\,000 \times 7\% \times (1-25\%) \times (P/A, K_b, 5) + 1\,000 \times (P/F, K_b, 5)$$

按插值法计算，得：$K_b = 3.76\%$。

（四）普通股资本成本率

普通股资本成本主要是向股东支付的各期股利。由于各期股利并不固定，随公司各期收益及财务分配政策波动,因此普通股资本成本只能按折现模式计算,并假定各期股利的变化具有一定的规律性。如果是上市公司普通股,其资本成本还可以根据该公司股票收益率与市场收益率的相关性,用资本资产定价模型法来估计。

1.股利增长模型法

假定资本市场有效,股票市场价格与价值相等。假定某股票本期支付的股利为 D_0,未来各期股利按 g 速度增长。目前股票市场价格为 P_0,则普通股资本成本率为:

$$K_S = \frac{D_0(1+g)}{P_0(1-f)} + g = \frac{D_1}{P_0(1-f)} + g$$

【例 4-6】 某公司普通股市价为 30 元,筹资费用率为 2%,本年发放现金股利每股 0.6 元,预期股利年增长率为 10%。则:

$$K_S = \frac{0.6 \times (1+10\%)}{30 \times (1-2\%)} + 10\% = 12.24\%$$

2.资本资产定价模型法

假定资本市场有效,股票市场价格与价值相等。假定无风险收益率为 R_f,市场平均收益率为 R_m,某股票贝塔系数为 β,则普通股资本成本为:

$$K_S = R_f + \beta(R_m - R_f)$$

【例 4-7】 某公司普通股 β 系数为 1.5,此时一年期国债利率为 5%,市场平均收益率为 15%,则该普通股资本成本率为:

$$K_S = 5\% + 1.5 \times (15\% - 5\%) = 20\%$$

(五)留存收益资本成本率

留存收益是由公司税后利润形成的,是一种股东权益,其实质是股东向公司的追加投资。公司利用留存收益筹资无须发生筹资费用。如果公司将留存收益用于再投资,所获得的收益率低于股东自己进行一项风险相似的投资项目的收益率,公司就应该将其分配给股东。留存收益的资本成本率,表现为股东追加投资要求的收益率,其计算与普通股资本成本相同,也分为股利增长模型法和资本资产定价模型法,不同点在于留存收益资本成本率不考虑筹资费用。

四 平均资本成本的计算

平均资本成本,是指多元化融资方式下的综合资本成本,反映了公司资本成本整体水平的高低。在衡量和评价单一融资方案时,需要计算个别资本成本;在衡量和评价公司筹资总体的经济性时,需要计算公司的平均资本成本。

公司平均资本成本,是以各项个别资本成本在公司总资本中的比重为权数,对各项个别资本成本进行加权平均而得到的平均资本成本。计算公式为:

$$K_W = \sum_{j=1}^{n} K_j w_j$$

式中，K_w 为平均资本成本；K_j 为第 j 种个别资本成本；W_j 为第 j 种个别资本在全部资本中的比重。

> 【例 4-8】 某公司 2021 年期末的长期资本账面总额为 1 000 万元，其中：银行长期贷款 400 万元，占 40%；长期债券 150 万元，占 15%；普通股 450 万元，占 45%。银行长期贷款、长期债券和普通股的个别资本成本分别为 5%、6% 和 9%。则该公司的平均资本成本为：
> $$K_w = 5\% \times 40\% + 6\% \times 15\% + 9\% \times 45\% = 6.95\%$$

五 边际资本成本

边际资本成本是公司追加筹资的成本。公司的个别资本成本和平均资本成本，是公司过去筹资的单项资本的成本和目前使用全部成本的成本。然而，公司在追加筹资时，不能仅仅考虑目前所使用资本的成本，还要考虑新筹集资金的成本，即边际资本成本。边际资本成本，是公司进行追加筹资的决策依据。

> 【例 4-9】 某公司设定的目标资本成本结构为：银行借款 20%、公司债券 15%、普通股 65%。现拟追加筹资 300 万元，按此资本结构来筹资。个别资本成本率预计：银行借款为 7%，公司债券为 12%，普通股为 15%。追加筹资 300 万元的边际资本成本见表 4-5。
>
> 表 4-5　　　　　　　　　边际资本成本计算表
>
> | 资本种类 | 目标资本结构(%) | 追加筹资额(万元) | 个别资本成本(%) | 边际资本成本(万元) |
> |---|---|---|---|---|
> | 银行借款 | 20 | 60 | 7 | 1.4 |
> | 公司债券 | 15 | 45 | 12 | 1.8 |
> | 普通股 | 65 | 195 | 15 | 9.75 |
> | 合　计 | 100 | 300 | — | 12.95 |

任务七　衡量杠杆收益与风险

阿基米德曾经说过："给我一个支点，我就能撬起整个地球。"这是对杠杆作用的生动表述。公司理财中存在着类似于物理学中的杠杆效应，表现为：由于特定固定支出或费用的存在，导致当某一财务变量以较小幅度变动时，另一相关财务变量会以较大幅度变动。公司理财中的杠杆效应，包括经营杠杆、财务杠杆和总杠杆三种效应形式。杠杆效应既可以产生杠杆利益，也可能带来杠杆风险。

一、经营杠杆效应

（一）经营杠杆

经营杠杆，是指由于固定性经营成本的存在，使得公司的资产收益（息税前利润）变动率大于业务量变动率的现象。经营杠杆反映了资产收益的波动性，用以评价公司的经营风险。用息税前利润（EBIT）表示资产总收益，则：

$$EBIT = S - V - F = (P - V_C)Q - F = M - F$$

式中，$EBIT$ 为息税前利润；S 为销售额；V 为变动性经营成本；F 为固定性经营成本；P 为销售单价；V_C 为单位变动成本；Q 为产销业务量；M 为边际贡献。

上式中，影响 $EBIT$ 的因素包括产品售价、产品需求、产品成本等因素。当产品成本中存在固定成本时，如果其他条件不变，产销业务量的增加虽然不会改变固定成本总额，但会降低单位产品分摊的固定成本，从而提高单位产品利润，使息税前利润的增长率大于产销业务量的增长率，进而产生经营杠杆效应。当不存在固定性经营成本时，所有成本都是变动性经营成本，边际贡献等于息税前利润，此时息税前利润的变动率与产销业务量的变动率完全一致。

（二）经营杠杆系数

只要公司存在固定性经营成本，就存在经营杠杆效应。但对于不同的产销业务量，其经营杠杆效应的大小程度是不一致的。测算经营杠杆效应程度，常用指标为经营杠杆系数。

经营杠杆系数（DOL），是息税前利润变动率与产销业务量变动率的比，计算公式为：

$$DOL = \frac{息税前利润变动率}{产销量变动率} = \frac{\Delta EBIT}{EBIT} \Big/ \frac{\Delta Q}{Q}$$

式中，DOL 为经营杠杆系数；$\Delta EBIT$ 为息税前利润变动额；ΔQ 为产销业务量变动值。

上式经整理，经营杠杆系数的计算也可以简化为：

$$DOL = \frac{基期边际贡献}{基期息税前利润} = \frac{M}{M-F} = \frac{EBIT+F}{EBIT}$$

【例 4-10】 某公司产销某种产品，固定成本 500 万元，变动成本率 70%。当年产销额为 5 000 万元时，变动成本为 3 500 万元，固定成本为 500 万元，息税前利润 1 000 万元；当年产销额为 7 000 万元时，变动成本为 4 900 万元，固定成本仍为 500 万元，息税前利润为 1 600 万元。可以看出，该公司产销量增长了 40%，息税前利润增长了 60%，产生了 1.5 倍的经营杠杆效应。

$$DOL = \frac{\Delta EBIT}{EBIT} \Big/ \frac{\Delta Q}{Q} = \frac{600}{1\,000} \Big/ \frac{2\,000}{5\,000} = 1.5$$

或

$$DOL = \frac{M}{EBIT} = \frac{5\,000 \times 30\%}{1\,000} = 1.5$$

(三)经营杠杆与经营风险

经营风险,是指公司由于生产经营上的原因而导致的资产收益波动的风险。引起公司经营风险的主要原因是市场需求和生产成本等因素的不确定性,经营杠杆本身并不是资产收益不确定的根源,只是资产收益波动的表现。但是,经营杠杆放大了市场和生产等因素变化对利润波动的影响。经营杠杆系数越高,表明息税前利润受产销量变动的影响程度越大,经营风险也就越大。根据经营杠杆系数的计算公式,有:

$$DOL = \frac{EBIT + F}{EBIT} = 1 + \frac{F}{EBIT} = 1 + \frac{基期固定成本}{基期息税前利润}$$

上式表明,在息税前利润为正的前提下,经营杠杆系数最低为1,不会为负数;只要有固定性经营成本存在,经营杠杆系数总是大于1。

从上式可知,固定成本比重越高、成本水平越高、产品销售数量和销售价格水平越低,则经营杠杆效应越大,反之则相反。

【例4-11】 某公司生产A产品,固定成本100万元,变动成本率60%,当销售额分别为1 000万元,500万元,250万元时,经营杠杆系数分别为:

$$DOL_{1\,000} = \frac{1\,000 - 1\,000 \times 60\%}{1\,000 - 1\,000 \times 60\% - 100} = 1.33$$

$$DOL_{500} = \frac{500 - 500 \times 60\%}{500 - 500 \times 60\% - 100} = 2$$

$$DOL_{250} = \frac{250 - 250 \times 60\%}{250 - 250 \times 60\% - 100} \to \infty$$

上例计算结果表明:在其他因素不变的情况下,销售额越小,经营杠杆系数越大,经营风险也就越大,反之亦然。如销售额为1 000万元时,DOL为1.33;销售额为500万元时,DOL为2。显然,后者的不稳定性大于前者,经营风险也大于前者。在销售额处于盈亏临界点250万元时,经营杠杆系数趋于无穷大,此时公司销售额稍有减少便会导致更大的亏损。

二、财务杠杆效应

(一)财务杠杆

财务杠杆,是指由于固定性资本成本的存在,而使得公司的普通股收益(或每股收益)变动率大于息税前利润变动率的现象。财务杠杆反映了股权资本收益的波动性,用以评价公司的财务风险。用每股收益表示普通股权益资本收益,则:

$$EPS = (EBIT - I)(1 - T)/N$$

式中,EPS为每股收益;I为债务资本利息;T为所得税税率;N为普通股股数。

从上式中可以看出,当有固定利息费用等资本成本存在时,如果其他条件不变,息税前利润的增加虽然不改变固定利息费用总额,但会降低每一元息税前利润分摊的利息费用,从而提高每股收益,使得每股收益的增长率大于息税前利润的增长率,进而产生财务杠杆效应。当不存在固定利息、股息等资本成本时,息税前利润就是利润总额,此时利润总额变动率与息税前利润变动率完全一致。如果两期所得税税率和普通股股数保持不变,每股收益的变动率与利润总额变动率也完全一致,进而与息税前利润变动率一致。

(二)财务杠杆系数

只要公司融资方式中存在固定性资本成本,就存在财务杠杆效应。如固定利息、固定租赁费等的存在,都会产生财务杠杆效应。在同一固定的资本成本支付水平上,不同的息税前利润水平,对固定的资本成本的承受负担是不一样的,其财务杠杆效应的大小程度是不一致的。测算财务杠杆效应程度,常用指标为财务杠杆系数。

财务杠杆系数(DFL),是每股收益变动率与息税前利润变动率的倍数,计算公式为:

$$DFL = \frac{每股收益变动率}{息税前利润变动率} = \frac{\Delta EPS/EPS}{\Delta EBIT/EBIT}$$

上式经整理,财务杠杆系数的计算也可以简化为:

$$DFL = \frac{息税前利润总额}{息税前利润总额 - 利息} = \frac{EBIT}{EBIT - I}$$

【例 4-12】 有 A、B、C 三家公司,资本总额均为 1 000 万元,所得税税率均为 25%,每股面值均为 1 元。A 公司资本全部由普通股组成;B 公司债务资本 300 万元(利率 10%),普通股 700 万元;C 公司债务资本 500 万元(利率 10.8%),普通股 500 万元。三个公司 2020 年 EBIT 均为 200 万元,2021 年 EBIT 均为 300 万元,EBIT 增长了 50%。有关财务指标见表 4-6。

表 4-6　　　　　　　普通股收益及财务杠杆的计算　　　　　　　单位:万元

利润项目		A公司	B公司	C公司
普通股股数		1 000 万股	700 万股	500 万股
利润总额	2020 年	200	170	146
	2021 年	300	270	246
	增长率	50%	58.82%	68.49%
净利润	2020 年	150	127.5	109.5
	2021 年	225	202.5	184.5
	增长率	50%	58.82%	68.49%
普通股收益	2020 年	150	127.5	109.5
	2021 年	225	202.5	184.5
	增长率	50%	58.82%	68.49%
每股收益	2020 年	0.15	0.1821	0.219
	2021 年	0.225	0.2893	0.369
	增长率	50%	58.82%	68.49%
财务杠杆系数		1.000	1.176	1.370

DFL=普通股收益变动率/息税前利润变动率

则:

A 公司财务杠杆系数=50.00%/50.00%=1.000

B 公司财务杠杆系数＝58.82%/50.00%＝1.176
C 公司财务杠杆系数＝68.49%/50.00%＝1.370

可见，固定性成本所占的比重越高，财务杠杆系数就越大。A 公司由于不存在固定资本成本，所以没有财务杠杆效应；B 公司存在债务成本，其普通股每股收益增长幅度是息税前利润增长幅度的 1.176 倍；C 公司存在债务成本，其普通股每股收益增长幅度是息税前利润增长幅度的 1.370 倍。

（三）财务杠杆与财务风险

财务风险，是指公司由于筹资原因产生的资本成本负担而导致的普通股收益波动的风险。引起公司财务风险的主要原因是资产收益的不利变化和资本成本的固定负担。由于财务杠杆的作用，当公司的息税前利润下降时，公司仍然需要支付固定的资本成本，导致普通股每股收益以更快的速度下降。财务杠杆放大了资产收益变化对普通股收益的影响，财务杠杆系数越高，表明普通股收益的波动程度越大，财务风险也就越大。只要有固定性资本成本存在，财务杠杆系数总是大于 1。

【例 4-13】 在【例 4-12】中，三个公司 2021 年的财务杠杆系数分别为 A 公司 1.000，B 公司 1.176，C 公司 1.370。这意味着，如果 EBIT 下降，A 公司的 EPS 与之同步下降，而 B 公司和 C 公司的 EPS 会以更大的幅度下降。导致各公司 EPS 不为负数的 EBIT 最大降幅见表 4-7。

表 4-7　　三家公司 2021 年财务指标比较

公司	DFL	EPS 降低	EBIT 降低
A	1.000	100%	100%
B	1.176	100%	85.03%
C	1.370	100%	72.99%

上述结果意味着，2021 年在 2020 年的基础上，C 公司 EBIT 降低 72.99%，普通股收益会出现亏损；B 公司 EBIT 降低 85.03%，普通股收益会出现亏损；A 公司 EBIT 降低 100%，普通股收益会出现亏损。显然，C 公司不能支付利息、不能满足普通股股利的要求，财务风险远高于其他公司。

三　总杠杆效应

（一）总杠杆

经营杠杆和财务杠杆可以独自发挥作用，也可以综合发挥作用，总杠杆是用来反映两者之间共同作用的结果的，即权益资本收益与产销业务量之间的变动关系。如前所述，由于固定性经营成本的存在，产生经营杠杆效应，导致产销业务量变动对息税前利润变动的放大作用；同样，由于存在固定性资本成本的存在，产生财务杠杆效应，导致息税前利润变动对普通股每股收益的放大作用。两种杠杆共同作用，将导致产销业务量的变动引起普通股每股收益更大的变动。

总杠杆,是指由于固定性经营成本和固定性资本成本的存在,导致普通股每股收益变动率大于产销业务量变动率的现象。

(二)总杠杆系数

总杠杆效应就是产销量变动通过息税前利润的变动,传导至普通股每股收益,使得每股收益发生更大的变动。用总杠杆系数(DTL)表示总杠杆效应程度,可见,总杠杆系数是经营杠杆系数和财务杠杆系数的乘积,是普通股每股收益变动率相当于产销量变动率的倍数,计算公式为:

$$DTL = \frac{普通股每股收益变动率}{产销量变动率}$$

上式经整理,总杠杆系数的计算也可以简化为:

$$DTL = DOL \times DFL = \frac{基期边际贡献}{基期利润总额} = \frac{M}{M-F-I}$$

【例 4-14】 某公司有关资料见表 4-8,可以分别计算其 2021 年经营杠杆系数、财务杠杆系数和总杠杆系数。

表 4-8　　　　　　　杠杆效应计算表　　　　　金额单位:万元

项 目	2020 年	2021 年	变动率
销售收入(售价 10 元)	1 000	1200	20%
边际贡献(单位 4 元)	400	480	20%
固定成本	200	200	—
息税前利润(EBIT)	200	280	40%
利息	50	50	—
利润总额	150	230	53.33%
净利润(税率 25%)	112.5	172.5	53.33%
每股收益(200 万股,元)	0.5625	0.8625	53.33%
经营杠杆系数(DOL)			2.00
财务杠杆系数(DFL)			1.33
总杠杆系数(DTL)			2.66

(三)总杠杆与公司风险

公司风险包括公司的经营风险和财务风险。总杠杆系数反映了经营杠杆和财务杠杆之间的关系,用以评价公司的整体风险水平。在总杠杆系数一定的情况下,经营杠杆系数与财务杠杆系数此消彼长。总杠杆效应的意义在于:第一,能够说明产销业务量变动对普通股收益的影响,据以预测未来的每股收益水平;第二,揭示了公司理财的风险管理策略,即要保持一定的风险状况水平,需要维持一定的总杠杆系数,经营杠杆和财务杠杆可以有不同的组合。

一般来说,固定资产比重较大的资本密集型公司,经营杠杆系数高,经营风险大,公司筹资主要依靠权益资本,以保持较小的财务杠杆系数和财务风险;变动成本比重较大的劳动密集型公司,经营杠杆系数低,经营风险小,公司筹资主要依靠债务资本,保持较大的财务杠杆系数和财务风险。

一般来说,在公司初创阶段,产品市场占有率低,产销业务量小,经营杠杆系数大,此时公司筹资主要依靠权益资本,在较低程度上使用财务杠杆;在公司扩张成熟期,产品市场占有率高,产销业务量大,经营杠杆系数小,此时,公司资本结构中可扩大债务资本,在较高程度上使用财务杠杆。

任务八　合理确定资本结构

资本结构及其管理是公司筹资管理的核心问题。如果公司现有资本结构不合理,应通过筹资活动优化调整资本结构,使其趋于科学合理。

一、资本结构概述

资本结构,是指公司资本总额中各种资本的构成及其比例关系。筹资管理中,资本结构有广义和狭义之分。广义的资本结构是指全部债务资本与股东权益资本的构成比例;狭义的资本结构则指长期负债与股东权益资本构成比例。本教材所指的资本结构通常仅是狭义的资本结构。资本结构问题实际上也就是债务资本的比例问题,即债务资本在公司全部资本中所占的比重。

不同的资本结构会给公司带来不同的后果。公司利用债务资本进行举债经营具有双重作用,既可以发挥财务杠杆作用,也可能带来财务风险。因此,公司必须权衡财务风险与资本成本的关系,确定最佳的资本结构。公司资本结构的最佳状态应该是能够提高股权收益或降低资本成本,最终目的是提升企业价值。根据资本结构理论,当公司平均资本成本最低时,企业价值最大。所谓最佳资本结构,是指在一定条件下使公司平均资本成本最低、公司价值最大的资本结构。

从理论上讲,最佳资本结构是存在的,但由于公司内部条件和外部环境的经常性变化,动态地保持最佳资本结构十分困难。因此在实践中,目标资本结构通常是公司结合自身实际进行适度负债经营所确立的资本结构。

二、影响资本结构的因素

(一)公司经营状况的稳定性和成长率

公司产销业务量的稳定程度对资本结构有重大影响;如果产销业务量稳定,公司可较多地负担固定的财务费用;如果产销业务量和盈余有周期性,则会由于负担固定的财务费用而承担较大的财务风险。经营发展能力表现为未来产销业务量的增长率,如果产销业务量能够以较高水平增长,公司可以采用高负债的资本结构,以提升权益资本的收益。

(二)公司的财务状况和信用等级

公司财务状况良好,信用等级高,债权人愿意向公司提供信用,公司容易获得债务资本。相反,如果公司财务情况欠佳,信用等级不高,债权人投资风险大,这样会降低公司获得信用的能力,加大债务资本筹资的资本成本。

(三)公司资产结构

资产结构是公司筹集资本后进行资源配置和使用后的资金占用结构,包括长短期资产构成和比例,以及长短期资产内部的构成和比例。资产构成对公司资本结构的影响主要包括:拥有大量固定资产的公司主要通过长期负债和发行股票筹集资金;拥有较多流动资产的公司更多地依赖流动负债筹集资金;资产适用于抵押贷款的公司负债较多;以技术研发为主的公司则负债较少。

(四)公司投资人和管理当局的态度

从股东的角度看,如果公司股权分散,公司可能更多地采用权益资本筹资以分散公司风险。如果公司为少数股东所控制,股东通常重视公司控股权问题,为防止控股权稀释,公司一般尽量避免通过发行普通股筹资,而是采用优先股或债务资本筹资。从公司管理当局的角度看,高负债资本结构的财务风险高,一旦经营失败或出现财务危机,管理当局将面临市场接管的威胁或者被董事会解聘。因此,稳健的管理当局偏好于选择低负债比例的资本结构。

(五)行业特征和公司发展周期

不同行业的资本结构差异很大。产品市场稳定的成熟产业经营风险低,因此可提高债务资本比重,发挥财务杠杆作用。高新技术企业的产品、技术、市场尚不成熟,经营风险高,因此可降低债务资本比重,控制财务风险。在同一公司不同发展阶段,资本结构安排也不同。公司初创阶段,经营风险高,在资本结构安排上应控制负债比例;公司发展成熟阶段,产品产销业务量稳定且持续增长,经营风险降低,可适度增加债务资本比重,发挥财务杠杆效应;公司收缩阶段,市场占有率下降,经营风险逐步加大,应逐步降低债务资本比重,保证经营现金流量能够偿付到期债务,保持公司持续经营能力,减少破产风险。

(六)经济环境下的税务政策和货币政策

资本结构决策必然要研究理财环境因素,特别是宏观经济状况。政府调控经济的手段包括财政税收政策和货币金融政策,当所得税税率较高时,债务资本的抵税作用大,公司可以充分利用这种作用来提高企业价值。货币金融政策影响资本供给,从而影响利率水平的变动,当国家执行紧缩的货币政策时,市场利率较高,公司债务资本成本增大。

三 资本结构优化

资本结构优化,要求公司权衡负债的低资本成本和高财务风险的关系,确定合理的资本结构。资本结构优化的目标,是降低平均资本成本率或提高公司价值。

(一)平均资本成本比较法

平均资本成本比较法,是通过计算和比较各种可能的筹资组合方案的平均资本成本,从而选择平均资本成本最低的方案。这种方法侧重于从资本投入的角度对筹资方案和资本结构进行优化分析。

【例 4-15】 某公司需筹集 10 000 万元长期资本,可以用长期借款、发行债券和发行普通股三种方式筹集,其个别资本成本率已分别测定,有关资料见表 4-9。

表 4-9 　　　　　　某公司资本成本与资本结构数据表

筹资方式	资本结构 A方案	资本结构 B方案	资本结构 C方案	个别资本成本率
长期借款	40%	30%	20%	6%
发行债券	10%	15%	20%	8%
发行普通股	50%	55%	60%	9%
合计	100%	100%	100%	

首先,分别计算三个方案的平均资本成本 K_W。

A 方案：　$K_W = 6\% \times 40\% + 8\% \times 10\% + 9\% \times 50\% = 7.7\%$
B 方案：　$K_W = 6\% \times 30\% + 8\% \times 15\% + 9\% \times 55\% = 7.95\%$
C 方案：　$K_W = 6\% \times 20\% + 8\% \times 20\% + 9\% \times 60\% = 8.2\%$

其次,根据公司筹资评价的其他标准,考虑公司的其他因素,对各个方案进行修正之后,再选择其中成本最低的方案。

本例中,我们假设其他因素对方案选择影响甚小,则 A 方案的综合资本成本最低。这样,该公司的最优资本结构为长期借款 4 000 万元,发行债券 1 000 万元,发行普通股 5 000 万元。

(二)每股收益分析法

可以利用每股收益的变化来判断资本结构是否合理,即能够提高普通股每股收益的资本结构就是合理的资本结构。

每股收益受到经营利润水平、债务资本成本水平等因素的影响,分析每股收益与资本结构的关系,可以找到每股收益无差别点。所谓每股收益无差别点,是指不同筹资方式下每股收益都相等时的息税前利润或业务量水平。根据每股收益无差别点,可以分析判断在什么样的息税前利润水平或产销业务量水平前提下,适合采用何种筹资组合方式,进而确定公司的资本结构安排。

在每股收益无差别点上,无论是采用债务筹资还是股权筹资方案,每股收益都是相等的。当预期息税前利润或业务量水平大于每股收益无差别点时,应当选择债务筹资方案,反之,则选择股权筹资方案。

在每股收益无差别点上,不同筹资方案的 EPS 是相等的,用公式表示如下：

$$\frac{(\overline{EBIT} - I_1)(1-T)}{N_1} = \frac{(\overline{EBIT} - I_2)(1-T)}{N_2}$$

$$\overline{EBIT} = \frac{I_1 \times N_2 - I_2 \times N_1}{N_2 - N_1}$$

式中，$\overline{EBIT}$ 为息税前利润平衡点，即每股收益无差别点；I_1、I_2 为两种筹资方式下的债务利息；N_1、N_2 为两种筹资方式下的普通股股数；T 为所得税税率。

【例 4-16】 某公司目前资本结构为：总资本 1 000 万元，其中债务资本 400 万元（年利息 40 万元），普通股资本 600 万元（600 万股，面值 1 元，市价 5 元）。公司由于有一个较好的新投资项目，需要追加筹资 300 万元，有两种筹资方案：

甲方案：向银行取得长期借款 300 万元，利息率 16%。

乙方案：增发普通股 300 万股，每股发行价 3 元。

根据财务人员测算，追加筹资后销售额可望达到 1 200 万元，变动成本率为 60%，固定成本为 200 万元，所得税税率为 25%，不考虑筹资费用因素。根据上述数据，代入每股收益无差别点公式：

$$\frac{(\overline{EBIT} - 40) \times (1 - 25\%)}{600 + 100} = \frac{(\overline{EBIT} - 40 - 48) \times (1 - 25\%)}{600}$$

得

$$\overline{EBIT} = 376(万元)$$

或

$$\overline{EBIT} = \frac{40 \times 600 - (40 + 48) \times (600 + 100)}{600 - (600 + 100)} = 376(万元)$$

这里，$\overline{EBIT}$ 为 376 万元是两个筹资方案的每股收益无差别点。在此点上，两个筹资方案的每股收益相等，均为 0.384 元。公司预期追加筹资后销售额 1 200 万元，预期获利 280 万元，低于每股收益无差别点 376 万元，应当采用财务风险较小的方案，即增发普通股方案。在 1 200 万元销售额水平上，甲方案的 EPS 为 0.256 元，乙方案的 EPS 为 0.274 元。

项目小结

公司筹资，是指公司为了满足其经营活动、投资活动、资本结构管理和其他需要，运用一定的筹资方式，通过一定的筹资渠道，筹措和获取所需资金的一种财务行为。

资金需要量是筹资的数量依据，应当科学合理地进行预测，销售百分比法是最为常见的一种预测方法。

股权筹资形成公司的股权资本，也称其为权益资本，是公司最基本的筹资方式。股权筹资包括吸收直接投资、发行股票和留存收益三种主要形式。

债务筹资是公司筹资的另一重要方式，包括向银行借款、发行公司债券和租赁三种主要形式。

公司筹资方式和筹资渠道的变化与国家金融业的发展密切相关。随着经济的发展和金融政策的完善，我国公司筹资方式和筹资渠道呈现多元化趋势。其方式主要有：非公开定向债务融资工具、私募股权投资、产业基金、商业票据融资、中期票据融资、股权众筹融资、公司应收账款证券化、融资租赁债权资产证券化、商圈融资、供应链融资和绿色信贷。

资本成本是衡量资本结构优化程度的标准,也是对投资获得经济效益的最低要求。资本成本包括个别资本成本、平均资本成本和边际资本成本。个别资本成本是指单一融资方式的资本成本,包括银行借款资本成本、公司债券资本成本、租赁资本成本、普通股资本成本和留存收益资本成本等,其中前三类是债务资本成本,后两类是权益资本成本。个别资本成本可用于比较和评价各种筹资方式。在衡量和评价公司筹资总体的经济性时,需要计算公司的平均资本成本。边际资本成本,是公司进行追加筹资的决策依据。

公司理财中的杠杆效应,包括经营杠杆、财务杠杆和总杠杆三种效应形式。杠杆和风险有着密切的关系,在发挥杠杆作用的同时要尽量规避风险。

资本结构及其管理是公司筹资管理的核心问题。公司资本结构优化的主要方法有平均资本成本比较法和每股收益分析法。

练习题

一、单项选择题

1. 当一些债务即将到期时,公司虽然有足够的偿债能力,但为了保持现有的资本结构,仍然举新债还旧债。这种筹资的动机是( )。
   A. 扩张性筹资动机　　　　　　　　B. 支付性筹资动机
   C. 调整性筹资动机　　　　　　　　D. 创立性筹资动机

2. 筹资按照资金的来源范围不同,可分为( )。
   A. 股权筹资和负债筹资　　　　　　B. 直接筹资和间接筹资
   C. 内部筹资和外部筹资　　　　　　D. 短期筹资和长期筹资

3. 下列各项中,不属于吸收直接投资方式的是( )。
   A. 吸收国家投资　　　　　　　　　B. 吸收法人投资
   C. 合作经营　　　　　　　　　　　D. 吸收社会公众投资

4. 在下列各项中,能够引起公司权益资本增加的筹资方式是( )。
   A. 吸收直接投资　　　　　　　　　B. 发行公司债券
   C. 利用商业信用　　　　　　　　　D. 留存收益转增资本

5. 下列筹资方式中,既可以筹集长期资金,也可以融通短期资金的是( )。
   A. 银行借款　　　　　　　　　　　B. 发行普通股股票
   C. 利用商业信用　　　　　　　　　D. 吸收直接投资

6. 公司在创立时首先选择的筹资方式是( )。
   A. 向银行借款　　　　　　　　　　B. 发行公司债券
   C. 租赁　　　　　　　　　　　　　D. 吸收直接投资

7. 相对于股票筹资而言,向银行借款的缺点是( )。
   A. 筹资速度慢　　　　　　　　　　B. 筹资成本高
   C. 筹资限制少　　　　　　　　　　D. 财务风险大

8.下列筹资方式中,常用来筹措短期资金的是( )。
A.商业信用　　　　　　　　　　B.发行股票
C.发行债券　　　　　　　　　　D.租赁

9.相对于借款购置设备而言,租赁设备的主要缺点是( )。
A.获得资产速度较慢　　　　　　B.资本成本较高
C.到期还本负担重　　　　　　　D.设备淘汰风险大

10.下列各项中,不属于租赁租金构成项目的是( )。
A.租赁设备价款　　　　　　　　B.租赁期间利息
C.租赁手续费　　　　　　　　　D.租赁设备维护费

11.出租人既出租某项资产,又以该项资产为担保借入资金的租赁方式是( )。
A.经营租赁　　　　　　　　　　B.售后回租
C.直接租赁　　　　　　　　　　D.杠杆租赁

12.债券成本一般要低于普通股成本,这主要是因为( )。
A.债券的发行量小　　　　　　　B.债券的筹资费用少
C.债券的利息固定　　　　　　　D.债券利息可以税前支付,具有抵税效应

13.在不考虑筹资限制的前提下,下列筹资方式中个别资本成本最高的通常是( )。
A.发行公司债券　　　　　　　　B.向银行借款
C.发行普通股股票　　　　　　　D.留存收益筹资

14.公司在追加筹资时,需要计算( )。
A.综合资本成本　　　　　　　　B.边际资本成本
C.个别资本成本　　　　　　　　D.变动成本

15.在息税前利润大于0的情况下,只要公司存在固定性经营成本,那么经营杠杆系数必( )。
A.大于1　　　　　　　　　　　B.与销售量同向变动
C.与固定成本反向变动　　　　　D.与风险成反向变动

16.如果公司的资金来源全部为自有资本,且没有优先股存在,则公司财务杠杆系数( )。
A.等于0　　B.等于1　　C.大于1　　D.小于1

17.假定某公司的权益资本与负债资本的比例为60:40,据此可断定该公司( )。
A.只存在经营风险　　　　　　　B.经营风险大于财务风险
C.同时存在经营风险和财务风险　D.经营风险小于财务风险

18.某公司全部资本为150万元,权益资本占55%,不存在优先股,负债利率为12%,当销售额为100万元时,息税前利润为20万元,则该公司的财务杠杆系数为( )。
A.2.5　　B.1.68　　C.1.15　　D.2.0

19.某公司的经营杠杆系数为2,预计息税前利润将增长10%,在其他条件不变的情况下,销售量将增长( )。
A.5%　　B.10%　　C.15%　　D.20%

20.下列关于经营杠杆系数的说法,正确的是(　　)。

A.在产销量的相关范围内,提高固定性经营成本,能够降低公司的经营风险

B.在相关范围内,经营杠杆系数与产销量呈反方向变动

C.对于某一特定公司而言,经营杠杆系数是固定的,不随产销量的变动而变动

D.在相关范围内,经营杠杆系数与变动成本呈反方向变动

21.经营杠杆系数(DOL)、财务杠杆系数(DFL)和总杠杆系数(DTL)之间的关系是(　　)。

A.$DTL=DOL+DFL$ 　　　　　B.$DTL=DOL-DFL$

C.$DTL=DOL\times DFL$ 　　　　D.$DTL=DOL/DFL$

22.某公司的财务杠杆系数为2,经营杠杆系数为3,则公司的销售量每增加1%,公司的每股利润增加(　　)。

A.2%　　　　　　B.3%　　　　　　C.5%　　　　　　D.6%

23.某公司本期财务杠杆系数为1.5,本期息税前利润为450万元,不存在优先股,则本期实际利息费用为(　　)万元。

A.100　　　　　　　　　　　　B.675

C.300　　　　　　　　　　　　D.150

24.在其他条件不变的情况下,公司的产销量变动越大,则公司总杠杆系数将(　　)。

A.不变　　　　　　　　　　　B.减少

C.变动越大　　　　　　　　　D.变动越小

25.如果公司一定时期内的固定性经营成本和固定资本成本均不为零,则由上述因素共同作用而导致的杠杆效应属于(　　)。

A.经营杠杆效应　　　　　　　B.财务杠杆效应

C.总杠杆效应　　　　　　　　D.风险杠杆效应

二、多项选择题

1.下列关于直接筹资和间接筹资的说法中,正确的有(　　)。

A.租赁属于间接筹资方式

B.直接筹资是指直接在资本市场取得货币资金的筹资方式

C.发行股票、发行债券属于直接筹资

D.间接筹资的基本方式是向银行借款

2.下列筹资方式中,属于股权筹资的基本形式有(　　)。

A.吸收直接投资　　　　　　　B.租赁

C.发行公司债券　　　　　　　D.利用留存收益

3.可以筹措长期资金的筹资方式有(　　)。

A.利用商业信用　　　　　　　B.吸收直接投资

C.发行公司债券　　　　　　　D.租赁

4.吸收直接投资相比较普通股筹资的优点包括(　　)。

A.有利于降低公司资本成本　　B.有利于产权交易

C.能够尽快形成生产能力　　　D.容易进行信息沟通

5.留存收益筹资区别于普通股筹资的特点有(   )。

　　A.比普通股资本成本低　　　　　　B.保持普通股股东的控制权

　　C.筹资数额有限　　　　　　　　　D.能增强公司的社会信誉

6.与普通股筹资相比,负债筹资的特点有(   )。

　　A.筹集的资金需到期归还　　　　　B.不论经营好坏,需固定支付债务利息

　　C.可参与公司经营管理　　　　　　D.不会分散企业的控制权

7.租赁租金中的租赁手续费内容包括(   )。

　　A.购置成本　　　B.业务人员工资　　C.业务人员差旅费　　D.利息

8.下列各项费用中属于筹资费用的有(   )。

　　A.支付的借款手续费　　　　　　　B.向股东支付股利

　　C.支付的股票发行费　　　　　　　D.支付借款利息

9.普通股的资本成本高于债券资本成本的原因有(   )。

　　A.股利不能抵税

　　B.普通股股东的投资风险大于债券持有人的风险

　　C.普通股筹资要考虑筹资费

　　D.普通股筹资有固定的股利负担

10.在计算个别资本成本时,需要考虑筹资费用的有(   )。

　　A.普通股资本成本　　　　　　　　B.公司债券资本成本

　　C.银行借款资本成本　　　　　　　D.留存收益资本成本

11.在计算个别资本成本时,不需考虑所得税影响的有(   )。

　　A.公司债券资本成本　　　　　　　B.普通股资本成本

　　C.银行借款资本成本　　　　　　　D.留存收益资本成本

12.关于留存收益资本成本,正确的说法是(   )。

　　A.它不存在成本问题

　　B.它的成本计算不考虑筹资费用

　　C.在公司理财实务中一般不予考虑

　　D.它相当于股东追加投资要求的收益率

13.在事先确定公司资本规模的前提下,吸收一定比例的债务资本,可能产生的结果有(   )。

　　A.降低公司资本成本　　　　　　　B.降低公司财务风险

　　C.加大公司财务风险　　　　　　　D.提高公司经营能力

14.关于经营杠杆系数的表述,正确的有(   )。

　　A.其他因素不变时,固定成本越大,经营杠杆系数越大

　　B.当固定成本趋于0时,经营杠杆系数趋于1

　　C.在其他因素一定的条件下,产销量越大,经营杠杆系数越大

　　D.经营杠杆系数同固定成本成反比

15.若某一公司的息税前利润为零,正确的说法有(   )。

　　A.此时公司的销售收入与总成本(不含利息)相等

B.此时的经营杠杆系数趋近于无穷小

C.此时的销售收入等于变动成本和固定成本之和

D.此时的边际贡献等于固定成本

16.下列筹资活动会加大财务杠杆作用的有(　　)。

A.增发普通股　　　　　　　　B.利用留存收益

C.增发公司债券　　　　　　　D.增加银行借款

17.下列各项中,影响总杠杆系数变动的因素有(　　)。

A.固定经营成本　　　　　　　B.边际贡献

C.变动成本　　　　　　　　　D.固定利息

18.确定公司资本结构时,(　　)。

A.如果公司产销业务稳定,可适度增加债务资本比重

B.若公司处于初创期,可适当增加债务资本比重

C.若公司处于发展成熟阶段,应逐步降低债务资本比重

D.若公司处于收缩阶段,应逐步降低债务资本比重

三、判断题

1.与普通股筹资相比,发行公司债券筹资的资本成本低,财务风险高。（　　）

2.发行普通股筹资,既能为公司带来杠杆利益,又具有抵税效应,所以公司在筹资时应优先考虑发行普通股。（　　）

3.从承租人的角度看,杠杆租赁与售后租回或直接租赁并无区别。（　　）

4.租赁方式下,租赁期满,设备必须作价转让给承租人。（　　）

5.资本成本是投资人对投入资金所要求的最低收益率,也可作为评价投资项目是否可行的主要标准。（　　）

6.在不考虑筹资费用的情况下,银行借款资本成本一般模式可以简化为:银行借款利率×(1-所得税税率)。（　　）

7.在计算公司债券资本成本时,债券筹资额应按发行价格确定,而不应按面值确定。（　　）

8.通过发行普通股筹资,可以不付利息,因此其资本成本比银行借款筹资的资本成本低。（　　）

9.在个别资本成本一定的情况下,公司综合资本成本的高低取决于资本总额。（　　）

10.留存收益是公司利润自动转移形成的,所以留存收益没有资本成本。（　　）

11.最佳资本结构是使企业筹资能力最强、财务风险最小的资本结构。（　　）

12.在其他因素不变的情况下,固定性经营成本越小,经营杠杆系数也就越小,而经营风险则越大。（　　）

13.当公司的经营杠杆系数等于1时,公司的固定成本为零,此时公司仍然存在经营风险。（　　）

14.经济危机时期,由于公司经营环境恶化、销售下降,公司应当逐步降低债务水平,以减少破产风险。（　　）

15.在各种资金来源中,凡是须支付固定性占用费的资金都能产生财务杠杆作用。
( )

16.由于经营杠杆的作用,当息税前利润下降时,普通股每股收益会下降得更快。
( )

17.当经营杠杆系数和财务杠杆系数都为 1.5 时,总杠杆系数为 3。 ( )

18.在经营杠杆、财务杠杆与总杠杆中,作用最大的是总杠杆。 ( )

四、计算分析题

1.某公司 2018 年 1 月 1 日从租赁公司租入一套设备,价值为 300 万元,租期 5 年,租赁期满时预计净残值为 10 万元,归租赁公司所有。年利率为 8.5%,租赁手续费率每年 1.5%,合同约定租金每年年末支付一次。

要求:
(1)计算每年应支付的租金;
(2)编制租金摊销计划表,见表 4-10。

表 4-10　　　　　　　　　　租金摊销计划表　　　　　　　　单位:万元

年　份	期初本金	支付租金	应计租费	本金偿还额	本金余额
2018					
2019					
2020					
2021					
2022					
合计					

2.已知 ABC 公司 2021 年销售收入为 25 000 万元,销售净利率为 10%,净利润的 70% 分配给投资者。2021 年 12 月 31 日的资产负债表见表 4-11。

表 4-11　　　　　　　　　　资产负债表(简表)
2021 年 12 月 31 日　　　　　　　　　　单位:万元

资　产	期末余额	负债及股东权益	期末余额
货币资金	2 000	应付账款	2 000
应收账款净额	3 000	应付票据	4 000
存货	7 000	长期借款	10 000
固定资产净值	9 000	实收资本	4 000
无形资产	1 000	留存收益	2 000
资产总计	22 000	负债及股东权益总计	22 000

该公司 2022 年计划销售收入比上年增长 20%,为实现这一目标,公司需新增一台价值 200 万元的设备。据历年财务数据分析,公司流动资产与流动负债随销售额同比率增减。假定该公司 2022 年的销售净利率和利润分配政策与上年保持一致。

要求:预测 2022 年需要对外筹集的资金量。

3.某公司计划筹集资金 100 万元,所得税税率为 25%。有关资料如下:
(1)向银行借款 30 万元,借款年利率为 8%,手续费为 0.5%。

(2)按溢价发行债券,债券面值为14万元,溢价发行价格为15万元,票面利率为9%,期限为5年,每年支付一次利息,其筹资费率为3%。

(3)发行普通股40万元,每股发行价格10元,筹资费率为5%。预计第一年每股股利为1.2元,以后每年按6%递增。

(4)其余所需资金通过留存收益取得。

要求:

(1)计算个别资本成本率;

(2)计算该公司综合资本成本。

4.某公司2021年的净利润为750万元,所得税税率为25%。该公司全年固定性经营成本总额为1 500万元,公司年初发行了一种债券,数量为1万张,每张面值为1 000元,发行价格为1 100元,债券年利息为当年利息总额的10%,发行费用占发行价格的2%,计算确定的财务杠杆系数为2。

要求:根据上述资料计算如下指标:

(1)2021年利润总额;

(2)2021年利息总额;

(3)2021年公司债券资本成本(采用一般模式,计算结果保留两位小数);

(4)该公司经营杠杆系数。

5.某公司目前发行在外普通股100万股(每股1元),已发行利率为10%的公司债券400万元,目前的息税前利润为100万元。该公司打算为一个新的投资项目融资500万元,新项目投产后公司每年的息税前利润会增加100万元。现有两个方案可供选择。方案1:按12%的利率发行公司债券;方案2:按每股20元发行新股。公司适用所得税税率为25%。

要求:

(1)计算两个方案的每股收益;

(2)计算两个方案的每股收益无差别点息税前利润;

(3)计算两个方案的财务杠杆系数;

(4)对最优方案做出选择。

6.某公司上年度的普通股和长期债券资金分别为20 000万元和8 000万元,资本成本分别为16%和9%。本年度拟增加资金2 000万元,现有两个方案可供选择。方案1:保持原有资本结构,预计普通股资本成本为16%,债券资本成本仍为9%;方案2:发行长期债券2 000万元,年利率为9.016%,筹资费用率为2%;预计债券发行后公司的股票价格为每股18元,每股股利2.7元,股利增长率为3%。公司适用的所得税税率为25%。

要求:利用平均资本成本比较法判断该公司应采用哪一个方案。

项目五
投资管理

知识目标

- 熟悉公司投资的分类、公司投资管理的特点及原则；
- 掌握投资项目现金流量的测算；
- 掌握投资项目财务可行性评价指标的测算；
- 掌握项目投资决策方法；
- 掌握证券投资的风险及其管理。

能力目标

- 培养学生能熟练运用项目投资决策方法进行项目投资决策；
- 培养学生学会理性进行证券投资，慎重理财。

思政目标

- 培养学生树立"实业报国"的企业家精神和为国担当、为国分忧的使命感和责任感；
- 培养学生树立创新精神及创业思维，激发学生创新创业的愿望。

案例导入

在李克强总理提出"大众创业、万众创新"号召后，很多年轻人都希望闯出自己的一片天。小王在高等职业院校学习酒店管理专业，毕业后在一家大型酒店工作。在积攒了一些经验后，于2020年辞职准备创业。他看中了一个项目，准备加盟三品王公司。三品王是一家米粉餐饮连锁企业，多年来以经营三品王原汤牛肉粉为主，截至2020年8月，在广西、广东两地共有162家连锁店，日服务顾客超过10万人，年售出米粉近4 000万碗。小王本人也是南宁人，对广西各类的老友粉、螺蛳粉、桂林米粉等都非常喜欢，但是对三品王则情有独钟。经过初步洽谈，他了解到加盟初始费为5万元，新店投资约75万元（装修设备约55万元、开业前费用约10万元、贷款保证金10万元），同时按照销售额支付10%~15%的特许使用费和广告费。目前拟选定的粉店面积约为 60 平方米，租金大概 3 万元/月（租金需一次性预付半年），同时需要招聘员工 4 名，主要客户面向附近的居民和学生，日均销售额 400~500 碗米粉，平均单价 14 元。投资总额约为 100 万元，资金来源为小王自有资金 15 万元，父母无息借款 45 万元，大学的 3 位室友投资入股 40 万元，小王为控股股东。

案例分析要求：

如果你是小王，你如何对该项目进行可行性分析？你会选择投资该项目吗？

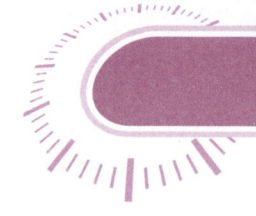

任务一　了解投资管理

一、投资管理概述

(一) 公司投资的概念

投资，广义地讲，是指特定经济主体（包括政府、公司和个人）以回收本金并获利为基本目的，将货币、实物资产等作为资本投放于某一个具体对象，以在未来较长期间内获取预期经济利益的经济行为。从特定的角度看，公司投资就是公司为了获取未来长期收益而向一定对象投放资金的经济行为。例如，购建厂房设备、购买股票、债券、基金等经济行为，均属于投资行为。

(二) 公司投资管理的特点

公司的投资活动与经营活动是不相同的，投资活动的结果对公司在经济利益上有较长期的影响。与日常经营活动相比，公司投资的主要特点表现在：

1. 属于公司的战略性决策

公司的投资活动一般涉及公司未来的经营发展方向、生产能力规模等问题，如厂房设备的新建与更新、新产品的研制与开发、对其他企业的股权控制等。这些投资活动，直接影响公司未来的经营发展规模和方向，是公司简单再生产得以顺利进行并实现扩大再生产的前提条件。公司的投资活动先于经营活动，这些投资活动往往需要一次性地投入大量的资金，并在一段较长的时期内发生作用，对公司经营活动的方向产生重大影响。

2. 属于公司的非程序化管理

公司有些经济活动往往不会经常性地重复出现，如新产品的开发、设备的更新等，称为非例行性活动。对这类非重复性特定经济活动进行的管理，称为非程序化管理，而投资管理属于非程序化管理，体现在涉及资金数额较大、投资项目影响的时间较长、涉及公司的未来经营发展方向和规模等重大问题几个方面。

3.投资价值的波动性大

由于投资标的物资产的形态不断转换,使得投资活动未来收益的获得具有较强的不确定性,加之外部因素如市场利率、物价等的变化,使其价值也具有较强的波动性。因此,公司投资管理决策时,要充分考虑投资项目的时间价值和风险价值。

(三)公司投资的分类

1.直接投资与间接投资

按投资活动与公司本身的生产经营活动的关系,公司投资可以划分为直接投资和间接投资。

直接投资,是将资金直接投放于形成生产经营能力的实体性资产,直接谋取经营利润的公司投资。通过直接投资,购买并配置劳动力、劳动资料和劳动对象等具体生产要素,开展生产经营活动。

间接投资,是将资金投放于股票、债券等资产上的公司投资。之所以称为间接投资,是因为股票、债券的发行方,在筹集到资金后,再把这些资金投放于形成生产经营能力的实体性资产,获取经营利润。而间接投资方不直接介入具体生产经营过程,通过股票、债券上约定的收益分配权利,获取股利或利息收入,分享直接投资的经营利润。基金投资也是一种间接投资,通过投资于股票、债券等的投资组合获取收益。

2.项目投资与证券投资

按投资对象的存在形态和性质,公司投资可以分为项目投资和证券投资。

公司可以通过投资,购买具有实质内涵的经营资产,包括有形资产和无形资产,形成具体的生产经营能力,开展实质性的生产经营活动,谋取经营利润。这类投资,称为项目投资。项目投资的目的在于改善生产条件、扩大生产能力,以获取更多的经营利润。项目投资属于直接投资。

公司可以通过投资,购买证券资产,通过证券资产上所赋予的权利,间接控制被投资企业的生产经营活动,获取投资收益。这类投资,称为证券投资。证券投资的目的在于通过持有权益性证券,获取投资收益,或控制其他企业的财务或经营政策,并不直接从事具体生产经营过程。因此,证券投资属于间接投资。

直接投资与间接投资、项目投资与证券投资,两种投资分类方式的内涵和范围是一致的,只是分类角度不同。直接投资与间接投资强调的是投资的方式性,项目投资与证券投资强调的是投资的对象性。

3.发展性投资与维持性投资

按投资活动对公司未来生产经营前景的影响,公司投资可以划分为发展性投资与维持性投资。

发展性投资是指对公司未来的生产经营发展全局有重大影响的公司投资。发展性投资也可以称为战略性投资,如公司兼并合并的投资、转换新行业和开发新产品投资、大幅度扩大生产规模的投资等。发展性投资项目实施后,往往可以改变公司的经营方向和经营领域。或者明显地扩大公司的生产经营能力,或者实现公司的战略重组。

维持性投资是为了维持公司现有的生产经营正常顺利进行,不会改变公司未来生产经营发展全局的公司投资。维持性投资也可以称为战术性投资,如更新替换旧设备的投资、配套流动资金投资等。维持性投资项目所需资金不多,对公司生产经营的前景影响不大,投资风险相对也较小。

4. 对内投资与对外投资

按投资活动资金投出的方向,公司投资可以划分为对内投资和对外投资。

对内投资,是指在本公司范围内部的资金投放,用于购买和配置各种生产经营所需的经营性资产。

对外投资,是指向本公司范围以外的其他单位的资金投放。对外投资多以现金、有形资产、无形资产等资产形式,通过联合投资、合作经营、换取股权、购买证券资产等投资形式,向公司外部其他单位投放资金。

对内投资都是直接投资,对外投资主要是间接投资,也可能是直接投资。

5. 独立投资与互斥投资

按投资项目之间的相互关联关系,公司投资可以划分为独立投资和互斥投资。

独立投资是相容性投资,各个投资项目之间互不关联、互不影响,可以同时并存。对于一个独立投资项目而言,其他投资项目是否被采纳或放弃,对本项目的决策并无影响。因此,独立投资项目决策考虑的是方案本身是否满足某种决策标准。

互斥投资是非相容性投资,各个投资项目之间相互关联、相互替代,不能同时并存。如对公司现有设备进行更新,购买新设备就必须处置旧设备,它们之间是互斥的。对一个互斥投资项目而言,其他投资项目是否被采纳或放弃,直接影响本项目的决策,其他项目被采纳,本项目就不能被采纳。因此,互斥投资项目决策考虑的是各方案之间的排斥性,也许每个方案都是可行方案,但互斥决策需要从中选择最优方案。

二 投资管理的原则

为了适应投资项目的特点和要求,实现投资管理的目标,做出合理的投资决策,需要制定项目投资管理的原则,据以保证投资活动的顺利进行。

(一) 可行性分析原则

投资项目的金额大,资金占用时间长,一旦投资后就有不可逆转性,对公司的财务状况和经营前景影响重大。因此,在投资决策时,必须建立严密的投资决策程序,进行科学的可行性分析。

投资项目可行性分析是项目投资管理的重要组成部分,其主要任务是对投资项目实施的可行性进行科学的论证,主要包括环境可行性、技术可行性、市场可行性、财务可行性等方面。项目可行性分析将对项目实施后未来的运行和发展前景进行预测,通过定性分析和定量分析比较项目的优劣,为投资决策提供参考。

环境可行性,要求投资项目对环境的不利影响最小,并能带来有利影响,包括对自然环境、社会环境和生态环境的影响。

技术可行性,要求投资项目形成的生产经营能力,具有技术上的适应性和先进性,包括工艺、装备等。

市场可行性,要求投资项目形成的产品能够被市场所接受,具有市场占有率,进而才能带来财务上的可行性。

财务可行性,要求投资项目在经济上具有效益性,这种效益性是明显的和长期的。财务可行性分析是投资项目可行性分析的主要内容,因为投资项目的根本目的是经济效益,市场和技术可行性的落脚点也是经济上的效益性,项目实施后的业绩绝大部分表现在价值化的财务指标上,如项目现金流量、净现值等项目经济性效益指标。

(二)结构平衡原则

由于投资往往是一个综合性的项目,不仅涉及固定资产等生产能力和生产条件的购建,还涉及使生产能力和生产条件正常发挥作用所需要的流动资产的配置。所以说,项目投资的资金既要投放于主要生产设备,又要投放于辅助设备;既要满足长期资产的需要,又要满足流动资产的需要。因此,投资项目在资金投放时,要遵循结构平衡的原则,合理分布资金。

投资项目在实施后,资金就较长期地固化在具体项目上,退出和转向都不太容易。只有遵循结构平衡原则,投资项目实施后才能正常顺利进行,才能避免资源的闲置和浪费。

(三)动态监控原则

投资的动态监控,是指对投资项目实施过程中的进程控制。特别是对于那些工程量大、工期长的建造项目来说,有一个具体的投资过程,需要按工程预算实施有效的动态监控。

建设性投资项目应当按工程进度,对分项工程、分步工程、单位工程的完成情况,逐步进行资金拨付和资金结算,控制工程的资金耗费,防止资金浪费。在项目建设完工后,通过工程决算,全面清点所建造的资产数额和种类,分析工程造价的合理性,合理确定工程资产的账面价值。

对于间接投资而言,投资前首先要认真分析投资对象的投资价值,根据风险与收益均衡原则合理选择投资对象。在持有金融资产过程中,要广泛收集投资对象和资本市场的相关信息,全面了解被投资单位的财务状况和经营成果,保护自身的投资权益。有价证券类金融资产投资,其投资价值不仅由被投资对象的经营业绩决定,还受资本市场制约。这就需要分析资本市场上资本的供求关系状况,预计市场利率的波动和变化趋势,动态地估算投资价值,寻找转让证券资产和收回投资的最佳时机。

任务二 测算投资项目的现金流量

一、现金流量的概念

现金流量是指一项长期投资方案所引起的在未来一定期间所发生的现金收支。其中,现金收入称为现金流入量,现金支出称为现金流出量。

在一般情况下,投资决策中的现金流量是指现金净流量。现金净流量又称净现金流量(记作 NCF),是指在项目计算期内由建设项目每年现金流入量与每年现金流出量之间的差额所形成的序列指标。现金净流量的计算公式为:

$$某年现金净流量(NCF)＝该年现金流入量－该年现金流出量$$

这里的"现金"是广义的现金,既指库存现金、银行存款等货币性资产,也可以指相关非货币性资产(如原材料、设备等)的变现价值。

公司无论是把资金投在公司内部形成各种资产,还是投向公司外部形成对外投资,均是以现金流量为对象对投资项目的可行性进行分析。利润只是期间财务报告的结果,对于投资方案财务可行性来说,项目的现金流量状况比会计期间的盈亏状况更为重要。因此,现金流量是评价投资方案是否可行时必须事先计算的一个基础性数据。

二 现金流量的内容

投资项目从整个经济寿命周期来看,大致可以分为三个阶段:投资期、营业期、终结期,现金流量的各个项目也可归属于各个阶段之中。

(一)投资期现金流量

投资期现金流量主要是现金流出量,即在该投资项目上的原始投资,包括在长期资产上的投资和垫支的营运资金。如果该项目的筹建费、开办费较高,也可以作为初始投资的现金流出量计入递延资产。在一般情况下,初始阶段中固定资产的原始投资通常在年内一次性投入(如购买设备),如果原始投资不是一次性投入(如工程建造),则应把投资归属于不同投入年份之中。

1. 长期资产投资

它包括在固定资产、无形资产、递延资产等长期资产上的购入、建造、运输、安装、试运行等方面所需的现金支出,如购置成本、运输费、安装费等。对于投资实施后导致固定资产性能改进而发生的改良支出,属于固定资产的后期投资。

2. 营运资金垫支

它是指投资项目形成了生产能力,需要在流动资产上追加的投资。由于扩大了公司的生产能力,原材料、在产品、产成品等流动资产规模也随之扩大,需要追加投入日常营运资金。同时,公司营业规模扩充后,应付账款等结算性流动负债也随之增加,自动补充了一部分日常营运资金的需要。因此,为该投资垫支的营运资金是追加的流动资产扩大量与结算性流动负债扩大量的净差额。为简化计算,垫支的营运资金在营业期的流入流出过程可忽略不计,只考虑投资期投入与终结期收回对现金流量的影响。

(二)营业期现金流量

营业阶段是投资项目的主要阶段,该阶段既有现金流入量,也有现金流出量。现金流入量主要是营运各年的营业收入,现金流出量主要是营运各年的付现营运成本。

在正常营业阶段,由于营运各年的营业收入和付现营运成本数额比较稳定,如不考虑所得税因素,营业阶段各年现金流量一般为:

营业期现金净流量(NCF)＝营业收入－付现成本＝营业利润＋非付现成本

式中,非付现成本主要是固定资产年折旧费用、长期资产摊销费用、资产减值损失等。其中,长期资产摊销费用主要有跨年的大修理摊销费用、改良工程折旧摊销费用、筹建开办费摊销费用等。

所得税是投资项目的现金支出,即现金流出量。考虑所得税对投资项目现金流量的影响,投资项目正常营运阶段所获得的营业现金流量,可按下列公式进行测算：

营业期现金净流量(NCF)＝营业收入－付现成本－所得税
　　　　　　　　　　＝税后营业利润＋非付现成本

(三)终结期现金流量

终结阶段的现金流量主要是现金流入量,包括固定资产变价净收入、固定资产变现净损益和垫支营运资金的收回。

1. 固定资产变价净收入

投资项目在终结阶段,原有固定资产将退出生产经营,公司对固定资产进行清理处置。固定资产变价净收入,是指固定资产出售或报废时的出售价款或残值收入扣除清理费用后的净额。

2. 固定资产变现净损益对现金流量的影响

固定资产变现净损益对现金流量的影响用公式表示如下：

固定资产变现净损益对现金流量的影响＝(账面价值－变价净收入)×所得税税率

如果(账面价值－变价净收入)＞0,则意味着发生了变现净损失,可以抵税,减少现金流出,增加现金净流量。如果(账面价值－变价净收入)＜0,则意味着实现了变现净收益,应该纳税,增加现金流出,减少现金净流量。

3. 垫支营运资金的收回

伴随着固定资产的出售或报废,投资项目的经济寿命结束,公司将与该项目相关的存货出售,应收账款收回,应付账款也随之偿付。营运资金恢复到原有水平,项目开始垫支的营运资金在项目结束时得到回收。

三　现金净流量的计算

在公司理财实务中,各项目的现金净流量,可分别采用列表法和简化法两种方法予以反映。列表法是指通过编制现金流量表来确定项目现金净流量的方法,又称一般方法,这是无论在什么情况下都可以采用的方法;简化法是指在特定条件下直接利用公式来确定项目现金净流量的方法,又称特殊方法或公式法。

(一)列表法

在项目投资决策中使用的现金流量表,是用于全面反映某投资项目在其未来项目计算期内每年的现金流入量和现金流出量的具体构成内容,以及现金净流量水平的分析报表。它与财务会计使用的现金流量表在具体用途、反映对象、时间特征、表格结构和信息属性等方面都存在较大差异。

【例 5-1】 某公司有一投资项目,原始投资 250 万元,均为自有资金。其中设备投资 220 万元,开办费 6 万元,垫支流动资金 24 万元。该项目建设期 1 年,建设期资本化利息 10 万元。设备投资和开办费于建设起点投入,流动资金于设备投产日垫支。该项目寿命期为 5 年,按直线法折旧,预计残值为 10 万元;开办费于投产后分 3 年摊销。预计项目投产后第 1 年可获息税前利润 80 万元,以后每年递增 6.67 万元。该公司适用的所得税税率为 25%,基准折现率为 10%。要求运用列表法计算该投资项目各年的现金净流量,见表 5-1。

表 5-1 现金流量计算表 单位:万元

项目	年限						
	0	1	2	3	4	5	6
设备投资	(220)						
开办费投资	(6)						
垫支流动资金		(24)					
税后利润			60	65	70	75	80
年折旧			44	44	44	44	44
开办费摊销			2	2	2		
残值收入							10
收回流动资金							24
现金净流量	(226)	(24)	106	111	116	119	158

表 5-1 中,税后利润(投产后):

投产后第 1 年税后利润 $=80×(1-25\%)=60$(万元)

投产后第 2 年税后利润 $=(80+6.67)×(1-25\%)=65$(万元)

以此类推,第 3 年为 70 万元,第 4 年为 75 万元,第 5 年为 80 万元。

$$年折旧额=\frac{(220+10)-10}{5}=44(万元)$$

(二)简化法

(1)建设期现金净流量的简化计算公式:

$$建设期某年的现金净流量(NCF_t)=-该年发生的原始投资额$$
$$=-I_t(t=0,1,2,\cdots s,s\geqslant 0)$$

(2)经营期现金净流量的简化计算公式:

$$经营期某年的现金净流量(NCF)=该年净利润+折旧$$

或

$$经营期某年的现金净流量(NCF)=该年营业收入-付现成本-所得税$$

注意:在项目终止的时候,该年的现金净流量还应包括固定资产的残值收入和收回的原始投入的流动资金;在完整的工业项目投资中,某年发生的无形资产和开办费的摊销额,也应包括在公式中,增加该年的现金净流量。

【例 5-2】 某公司某个投资项目需要原始投资 500 万元,其中固定资产投资 400 万元,开办费投资 20 万元,流动资金投资 80 万元。建设期为 1 年,建设期资本化利息 40 万元。固定资产在建设起点投入,流动资金于建设期期末投入。该项目寿命期为 10 年,固定资产按直线法计提折旧,期满有 40 万元的净残值。预计投产后第 1 年获得净利润 20 万元,以后每年递增 10 万元;流动资金于终结点一次收回。根据以上资料运用简化法计算该公司各年的现金净流量。

(1)项目计算期=1+10=11(年)
(2)固定资产原值=400+40=440(万元)
(2)固定资产的年折旧额=(440-40)÷10=40(万元)
(4)终结点回收额=40+80=120(万元)
(5)该项目计算期各年的现金净流量分别为:

$NCF_0 = -(400+20) = -420$(万元)

$NCF_1 = -80$(万元)

$NCF_2 = 20+40 = 60$(万元)

$NCF_3 = 30+40 = 70$(万元)

$NCF_4 = 40+40 = 80$(万元)

$NCF_5 = 50+40 = 90$(万元)

$NCF_6 = 60+40 = 100$(万元)

$NCF_7 = 70+40 = 110$(万元)

$NCF_8 = 80+40 = 120$(万元)

$NCF_9 = 90+40 = 130$(万元)

$NCF_{10} = 100+40 = 140$(万元)

$NCF_{11} = 110+40+120 = 270$(万元)

任务三　测算投资项目财务评价指标

一、财务评价指标的类型

财务评价指标是指用于衡量投资项目财务效益大小和评价投入产出关系是否合理,以及评价其是否具有财务可行性所依据的一系列量化指标的统称。由于这些指标不仅可用于评价投资方案的财务可行性,而且可以与不同的决策方法相结合,作为多方案比较与选择决策的量化标准与尺度,因此在实践中又称为财务投资决策评价指标,简称评价指标。

财务评价指标有很多,主要包括静态投资回收期、总投资收益率、净现值、年金净流量、年金净流量现值指数和内含收益率六个指标。

上述评价指标可以按以下标准进行分类:

(1)按照是否考虑货币时间价值,可分为静态评价指标和动态评价指标

静态评价指标是指在计算过程中不考虑货币时间价值因素的指标,简称静态指标,包括静态投资回收期和总投资收益率;动态评价指标是指在计算过程中充分考虑和利用货币时间价值因素的指标,简称动态指标,包括净现值、年金净流量、现值指数和内含收益率。

(2)按指标性质不同,可分为正指标和反指标

正指标是指评价指标值在一定范围内越大越好;反指标是指评价指标值在一定范围内越小越好。上述指标中只有静态投资回收期属于反指标。

(3)按指标在决策中的重要性,可分为主要指标、次要指标和辅助指标

净现值、年金净流量、现值指数和内含收益率等为主要指标;静态投资回收期为次要指标;总投资收益率为辅助指标。

二 静态评价指标的计算方法及特征

(一)静态投资回收期

静态投资回收期(简称回收期),是指以投资项目经营现金净流量抵偿原始投资所需要的全部时间。它有"包括建设期的投资回收期(记作 PP)"和"不包括建设期的投资回收期(记作 PP')"两种形式。

确定静态投资回收期指标可分别采取公式法和列表法计算。

1.公式法

公式法又称为简化方法。如果某一项目运营期内前若干年(假定为 $s+1 \sim s+m$ 年,共 m 年)每年现金净流量相等,且其合计等于或大于建设期发生的原始投资合计,可按以下简化公式直接求出投资回收期。

$$不包括建设期的回收期(PP') = \frac{建设期发生的原始投资合计}{运营期内前若干年每年相等的现金净流量}$$

$$= \frac{\sum_{t=0}^{s} I_t}{NCF_{(s+1) \sim (s+m)}}$$

$$包括建设期的回收期(PP) = 不包括建设期的回收期 + 建设期 = PP' + s$$

式中,I_t 为建设期第 t 年发生的原始投资。

如果全部流动资金投资均不发生在建设期内,则上式中分子应调整为建设投资合计。

【例 5-3】 某投资项目的现金净流量如下:NCF_0 为 $-1\,000$ 万元,NCF_1 为 0,$NCF_{2\sim10}$ 为 200 万元,NCF_{11} 为 300 万元。

根据上述资料,计算静态投资回收期如下:

建设期 $s=1$ 年,投产后 $2\sim10$ 年现金净流量相等,$m=9$ 年

运营期前 9 年每年现金净流量 $NCF_{2\sim10}=200$ 万元

建设期发生的原始投资合计 $\sum_{t=0}^{s}I_t=1\,000$ 万元

因为

$m\times$ 运营期前 m 年每年相等的现金净流量

$=9\times200=1\,800>$ 原始投资($1\,000$ 万元)

所以可以使用简化公式计算静态投资回收期

不包括建设期的投资回收期 $PP'=\dfrac{1\,000}{200}=5$(年)

包括建设期的投资回收期 $PP=PP'+s=5+1=6$(年)

公式法所要求的应用条件比较特殊,包括运营期前若干年内每年的现金净流量必须相等,这些年内的现金净流量之和应大于或等于建设期发生的原始投资合计。如果不能满足上述条件,就无法采用这种方法,必须采用列表法。

2.列表法

所谓列表法,是指通过列表计算"累计现金净流量"的方式,来确定包括建设期的投资回收期,进而再推算出不包括建设期的投资回收期的方法。因为不论在什么情况下,都可以通过这种方法来确定静态投资回收期,所以此法又称为一般方法。

该法的原理是:按照回收期的定义,包括建设期的投资回收期 PP 满足以下关系式:

$$\sum_{t=0}^{PP}NCF_t=0$$

这表明在财务现金流量表的"累计现金净流量"一栏中,包括建设期的投资回收期 PP 恰好是累计现金净流量为零的年限。

【例 5-4】 仍按【例 5-3】的数据。据此按列表法编制的表格见表 5-2。

表 5-2　　　　　　　某固定资产投资项目现金流量表　　　　　　单位:万元

项目计算期 (第 t 年)	建设期		经营期								合计
	0	1	2	3	4	5	6	…	10	11	
现金净流量	(1 000)	0	200	200	200	200	200	…	200	300	1 100
累计现金净流量	(1 000)	(1 000)	(800)	(600)	(400)	(200)	0	…	(800)	(1 100)	—

因为第 6 年的累计现金净流量为零,所以 $PP=6$(年)。

$$PP'=6-1=5(年)$$

本例表明,按列表法计算的结果与按公式法计算的结果相同。

如果无法在"累计现金净流量"栏上找到0,则必须按照以下公式计算包括建设期的投资回收期 PP:

包括建设期的投资回收期(PP) = 最后一项为负值的累计现金净流量对应的年数 + $\dfrac{\text{最后一项为负值的累计现金净流量绝对值}}{\text{下一年度现金净流量}}$

或

= 累计现金净流量第一次出现正值的年份 − 1 + $\dfrac{\text{该年初尚未回收的投资}}{\text{该年现金净流量}}$

【例5-5】 某投资项目的现金净流量如下:NCF_0 为 −1 000 万元,NCF_1 为 0,NCF_2 为 150 万元,NCF_3 为 160 万元,NCF_4 为 180 万元,NCF_5 为 150 万元,NCF_6 为 200 万元,NCF_7 为 170 万元,NCF_8 为 180 万元,NCF_9 为 210 万元。

根据上述资料,列表计算静态投资回收期,见表5-3。

表5-3　　　　　某固定资产投资项目现金流量表　　　　　单位:万元

项目计算期(第 t 年)	建设期		经营期							
	0	1	2	3	4	5	6	7	8	9
现金净流量	(1 000)	0	150	160	180	150	200	170	180	210
累计现金净流量	(1 000)	(1 000)	(850)	(690)	(510)	(360)	(160)	+10	+190	+400

因为第6年的累计现金净流量小于0

第7年的累计现金净流量大于0

所以包括建设期的投资回收期

$$PP = 6 + \dfrac{|-160|}{170} = 6.94 \text{(年)}$$

不包括建设期的投资回收期

$$PP' = 6.94 - 1 = 5.94 \text{(年)}$$

运用静态投资回收期进行决策时,应当首先将投资方案的投资回收期与决策者期望的投资回收期进行比较,如果方案的投资回收期小于期望投资回收期,方案可行;如果方案的投资回收期大于期望投资回收期,方案不可行。如果同时存在几个可行的投资方案,则应比较各个方案的投资回收期,选择回收期最短的方案。

一般来讲,静态投资回收期至少要小于项目运行期间的一半,才具有财务上的可行性。具体来讲,包括建设期的静态投资回收期小于或等于项目计算期的 $\dfrac{1}{2}$,不包括建设期的静态投资回收期要小于或等于项目运营期的 $\dfrac{1}{2}$。

静态投资回收期的优点是能够直观地反映原始投资的返本期限,便于理解,计算也不难,可以直接利用回收期之前的现金净流量信息。缺点是没有考虑货币时间价值因素和回收期满后继续发生的现金净流量,不能正确反映投资方式不同对项目的影响。

(二) 总投资收益率

总投资收益率(记作 ROI),是指达产期正常年份的年息税前利润或运营期年均息税前利润占项目总投资的百分比。其计算公式为:

$$总投资收益率(ROI) = \frac{年息税前利润或年均息税前利润}{项目总投资} \times 100\%$$

式中,当各年息税前利润不相等时,采用年均息税前利润计算;项目总投资等于原始投资加上建设期的资本化利息。

【例 5-6】 某公司有一工业项目原始投资为 600 万元,建设期 2 年,建设期发生与购建固定资产有关的资本化利息 100 万元,项目运营期 5 年,项目投产后每年息税前利润分别为 100 万元、200 万元、245 万元、290 万元、250 万元。

根据上述资料,计算该项目的总投资收益率如下:

$$总投资收益率 = \frac{(100+200+245+290+250) \div 5}{600+100} \times 100\% = 31\%$$

总投资收益率的优点是计算公式简单,便于计算;缺点是没有考虑货币时间价值因素,不能正确反映建设期长短及投资方式不同和回收额的有无等条件对项目的影响,分子、分母的计算口径的可比性较差,无法直接利用现金净流量信息。

只有总投资收益率指标大于或等于基准总投资收益率指标的投资项目才具有财务可行性。

三、动态评价指标的计算方法及特征

(一) 净现值

1. 基本原理

净现值(记作 NPV)是指一个投资项目,其未来现金净流量现值与原始投资额现值的差额。其计算公式为:

$$净现值(NPV) = 未来现金净流量现值 - 原始投资额现值$$

计算净现值时,要按预定的贴现率对投资项目的未来现金流量进行贴现。预定贴现率是投资者所期望的最低投资收益率。净现值为正,方案可行,说明方案的实际收益率高于所要求的收益率;净现值为负,方案不可行,说明方案的实际收益率低于所要求的收益率。

当净现值为零时,说明方案的投资收益刚好达到所要求的投资收益,方案也可行。其他条件相同时,净现值越大,方案越好。

2.净现值的计算

(1)净现值计算的一般方法

本方法是指根据净现值的定义,直接利用理论计算公式来完成该指标计算的方法。

【例 5-7】 某投资项目的现金净流量如下:NCF_0 为 $-1\,100$ 万元,NCF_1 为 0,$NCF_{2\sim10}$ 为 200 万元,NCF_{11} 为 300 万元。假定该投资项目的基准折现率为 10%。

根据上述资料,计算该项目的净现值如下:

$$NPV = -1\,100 \times 1 - 0 \times 0.909\,1 + 200 \times 0.826\,4 + 200 \times 0.751\,3 + 200 \times$$
$$0.683\,0 + 200 \times 0.620\,9 + 200 \times 0.564\,5 + 200 \times 0.513\,2 + 200 \times$$
$$0.466\,5 + 200 \times 0.424\,1 + 200 \times 0.385\,5 + 300 \times 0.350\,5$$
$$\approx 52.23(万元)$$

(2)净现值计算的特殊方法

本方法是指在特殊条件下,当项目投产后现金净流量表现为普通年金时,可以利用计算普通年金现值的方法直接计算出净现值的方法,又称简化方法。

由于项目各年的现金净流量 $NCF_t(t=0,1,\cdots n)$ 属于系列款项,所以当项目的全部原始投资均于建设期投入,运营期不再追加投资,投产后的现金净流量表现为普通年金形式时,就可视情况不同分别按不同的简化公式计算净现值指标。

特殊方法一:当建设期为零,投产后的现金净流量表现为普通年金形式时,公式为:

$$NPV = NCF_0 + NCF_{1\sim n} \cdot (P/A, i_c, n)$$

【例 5-8】 某投资项目的现金净流量如下:NCF_0 为 100 万元,$NCF_{1\sim10}$ 为 20 万元;假定该项目的基准折现率为 10%。则按照简化方法计算的该项目的净现值如下:

$$NPV = -100 + 20 \times (P/A, 10\%, 10)$$
$$= -100 + 20 \times 6.144\,6$$
$$\approx 22.89(万元)$$

特殊方法二:当建设期为零,运营期 $1\sim n$ 年每年不含回收额的现金净流量相等,但终结点第 n 年有回收额 R_n(如残值)时,可按两种方法求净现值。

第一,将运营期 $1\sim(n-1)$ 年每年相等的不含回收额的现金净流量视为普通年金,第 n 年的现金净流量视为第 n 年终值。公式如下:

$$NPV = NCF_0 + NCF_{1\sim(n-1)} \cdot (P/A, i_c, n-1) + NCF_n \cdot (P/F, i_c, n)$$

第二,将运营期 $1\sim n$ 年每年相等的不含回收额的现金净流量按普通年金处理,第 n 年发生的回收额单独作为该年终值。公式如下:

$$NPV = NCF_0 + 不含回收额 NCF_{1\sim n} \cdot (P/A, i_c, n) + R_n \cdot (P/F, i_c, n)$$

【例 5-9】 某投资项目的现金净流量如下:NCF_0 为 -100 万元,$NCF_{1\sim9}$ 为 19 万元,NCF_{10} 为 29 万元;假定该项目的基准折现率为 10%。则按照简化方法计算该项目的净现值如下:

$$NPV = -100 + 19 \times (P/A, 10\%, 9) + 29 \times (P/F, 10\%, 10)$$
$$= -100 + 19 \times 5.759 + 29 \times 0.385\ 5$$
$$\approx 20.61(万元)$$

或
$$= -100 + 19 \times (P/A, 10\%, 10) + 10 \times (P/F, 10\%, 10)$$
$$= -100 + 19 \times 6.144\ 6 + 10 \times 0.385\ 5$$
$$\approx 20.61(万元)$$

3. 对净现值的评价

净现值法简便易行,其主要优点在于:

(1)适应性强,能基本满足项目年限相同的互斥投资方案的决策。

(2)净现值法在所设定的贴现率中包含投资风险收益率要求,能有效地考虑投资风险。

净现值也具有明显的缺陷,主要表现在:

(1)所采用的贴现率不易确定。如果两方案采用不同的贴现率贴现,采用净现值法不能够得出正确结论。同一方案中,如果要考虑投资风险,要求的风险收益率不易确定。

(2)不适宜于独立投资方案的比较决策。如果两方案的原始投资额现值不相等,有时无法做出正确决策。

(3)净现值有时也不能对寿命期不同的互斥投资方案进行直接决策。某项目尽管净现值小,但其寿命期短;另一项目尽管净现值大,但它是在较长的寿命期内取得的。两项目由于寿命期不同,因而净现值是不可比的。要采用净现值法对寿命期不同的投资方案进行决策,需要将各方案转化为相等寿命期进行比较。

(二)年金净流量

投资项目的未来现金净流量与原始投资额的差额,构成该项目的现金净流量总额。项目期间内全部现金净流量总额的总现值或总终值折算为等额年金的平均现金净流量,称为年金净流量($ANCF$)。其计算公式为:

$$年金净流量 = \frac{现金净流量总现值}{年金现值系数} = \frac{现金净流量总终值}{年金终值系数}$$

与净现值指标一样,年金净流量指标的结果大于零,说明每年平均的现金流入能抵补现金流出,投资项目的净现值(或净终值)大于零,方案的收益率大于所要求的收益率,方案可行。在两个以上寿命期不同的投资方案比较时,年金净流量越大,方案越好。

【例 5-10】 甲、乙两个投资方案,甲方案需一次性投资 10 000 元,可用 8 年,残值 2 000 元,每年取得净利润 3 500 元;乙方案需一次性投资 10 000 元,可用 5 年,无残值,第一年获利 3 000 元,以后每年递增 10%。如果资本成本率为 10%,应采用哪种方案?

两项目使用年限不同,净现值是不可比的,应考虑它们的年金净流量。

甲方案每年的 $NCF = 3\ 500 + (10\ 000 - 2\ 000)/8 = 4\ 500$(元)

乙方案各年的 NCF:

第 1 年 $NCF = 3\ 000 + 10\ 000/5 = 5\ 000$(元)

第 2 年 $NCF = 3\ 000 \times (1 + 10\%) + 10\ 000/5 = 5\ 300$(元)

第 3 年 $NCF = 3\ 000 \times (1 + 10\%)^2 + 10\ 000/5 = 5\ 630$(元)

第 4 年 $NCF = 3\ 000 \times (1 + 10\%)^3 + 10\ 000/5 = 5\ 993$(元)

第 5 年 $NCF = 3\ 000 \times (1 + 10\%)^4 + 10\ 000/5 = 6\ 392.30$(元)

甲方案净现值 $= 4\ 500 \times (P/A, 10\%, 8) + 2\ 000 \times (P/F, 10\%, 8) - 10\ 000$
$= 4\ 500 \times 5.334\ 9 + 2\ 000 \times 0.466\ 5 - 10\ 000$
$= 14\ 940.05$(元)

乙方案净现值 $= 5\ 000 \times 0.909\ 1 + 5\ 300 \times 0.826\ 4 + 5\ 630 \times 0.751\ 3 + 5\ 993 \times 0.683\ 0 + 6\ 392.30 \times 0.620\ 9 - 10\ 000 = 11\ 217.44$(元)

甲方案年金净流量 $= \dfrac{14\ 940.05}{5.334\ 9} = 2\ 801$(元)

乙方案年金净流量 $= \dfrac{11\ 217.44}{3.790\ 9} = 2\ 959$(元)

尽管甲方案的净现值大于乙方案,但它是 8 年内取得的。而乙方案年金净流量高于甲方案,如果按 8 年计算可取得 15 785.97 元($2\ 959 \times 5.334\ 9$)的净现值,高于甲方案。因此,乙方案优于甲方案。

年金净现值法是净现值法的辅助方法,在各方案寿命期相同时,实质上就是净现值法。因此它适用于期限不同的投资决策方案。但同时,它具有与净现值法同样的缺点,不便于对原始投资额不相等的独立投资方案进行决策。

(三)现值指数

现值指数(记作 PVI)是指投资项目的未来现金净流量现值与原始投资额现值之比。其计算公式为:

$$现值指数 = \dfrac{未来现金净流量现值}{原始投资额现值}$$

从现值指数的计算公式可见,现值指数的计算结果有三种:大于 1,等于 1,小于 1。若现值指数大于或等于 1,方案可行,说明方案实施后的投资收益率高于或等于必要收益率;若现值指数小于 1,方案不可行,说明方案实施后的投资收益率低于必要收益率。现值指数越大,方案越好。

【例 5-11】 有两个独立投资方案,有关资料见表 5-4。

表 5-4　　　　　　　　净现值计算表　　　　　　　单位:元

项　目	方案 A	方案 B
原始投资额现值	30 000	3 000
未来现金净流量现值	31 500	4 200
净现值	1 500	1 200

从净现值的绝对数来看,方案 A 大于方案 B,似乎应采用方案 A;但从投资额来看,方案 A 的原始投资额现值远远大于方案 B。所以,在这种情况下,如果仅用净现值来判断方案的优劣,就难以做出正确的比较和评价。

按现值指数计算:

$$\text{方案 A 现值指数} = \frac{31\ 500}{30\ 000} = 1.05$$

$$\text{方案 B 现值指数} = \frac{4\ 200}{3\ 000} = 1.40$$

计算结果表明,方案 B 的现值指数大于方案 A,应当选择方案 B。

现值指数法也是净现值法的辅助方法,在各方案原始投资额相同时,实质上就是净现值法。由于现值指数是一个相对数指标,所以,用来评价独立投资方案时,可以克服净现值指标不便于对原始投资额现值不同的独立投资方案进行比较和评价的缺点,从而使对投资方案的分析评价更加合理、客观。

(四)内含收益率

1.基本原理

内含收益率(记作 IRR),是指对投资方案未来的每年现金净流量进行贴现,使所有的现值恰好与原始投资额现值相等,从而使投资方案的净现值等于零时的贴现率。

内含收益率的基本原理:在计算投资方案的净现值时,以必要投资收益率为贴现率计算,净现值的结果往往是大于零或小于零,这就说明方案的实际可能达到的投资收益率大于或小于必要投资收益率;而当净现值为零时,说明两种收益率相等。根据这个原理,内含收益率就是计算出使净现值等于零时的贴现率,这个贴现率就是投资方案的实际可能达到的投资收益率。

2.内含收益率的计算

第一种方法:内含收益率指标计算的特殊方法

该法是指当项目投产后的现金净流量表现为普通年金的形式时,可以直接利用年金现值系数计算内含收益率的方法,又称为简便算法。

该法所要求的充分而必要的条件是:项目的全部投资均于建设起点一次投入,建设期为零,建设起点第零期现金净流量等于全部原始投资的负值,即:$NCF_0 = -I$;投产后每年现金净流量相等,第 1 期到第 n 期每期现金净流量取得了普通年金的形式。

应用本方法的条件十分苛刻,只有当项目投产后的现金净流量表现为普通年金的形式时才可以直接利用年金现值系数计算内含收益率,在此法下,内含收益率 IRR 可按下式确定:

$$(P/A, IRR, n) = \frac{I}{NCF}$$

式中,I 为在建设起点一次投入的原始投资;$(P/A, IRR, n)$ 是 n 期、设定折现率为 IRR 的年金现值系数;NCF 为投产后 $1 \sim n$ 年每年相等的现金净流量($NCF_1 = NCF_2 = \cdots = NCF_n = NCF$,$NCF$ 为一常数,$NCF \geq 0$)。

特殊方法的具体程序如下:

(1)按上式计算$(P/A, IRR, n)$的值,假定该值为 C,则 C 值必然等于该方案不包括建设期的回收期;

(2)根据计算出来的年金现值系数 C,查 n 年的年金现值系数表;

(3)若在 n 年系数表上恰好能找到等于上述数值 C 的年金现值系数$(P/A, r_m, n)$,则该系数所对应的贴现率 r_m 即为所求的内含收益率 IRR;

(4)若在系数表上找不到事先计算出来的系数值 C,则需要找到系数表上同期略大及略小于该数值的两个临界值 C_m 和 C_{m+1} 及相对应的两个贴现率 r_m 和 r_{m+1},然后应用插值法计算近似的内含收益率。即,如果以下关系成立:

$$(P/A, r_m, n) = C_m > C$$
$$(P/A, r_{m+1}, n) = C_{m+1} < C$$

就可按下列具体公式计算内含收益率 IRR:

$$IRR = r_m + \frac{C_m - C}{C_m - C_{m+1}} \cdot (r_{m+1} - r_m)$$

为缩小误差,按照有关规定,r_{m+1} 与 r_m 之间的差不得大于 5%。

【例 5-12】 某投资项目在建设起点一次性投资 254 580 元,当年完工并投产,投产后每年可获得现金净流量 50 000 元,运营期 15 年。

根据上述资料,判断并用特殊方法计算该项目的内含收益率如下:

由于 $NCF_0 = -254\ 580$,$NCF_{1 \sim 15} = 50\ 000$

所以,此题可采用特殊方法。

$$(P/A, IRR, 15) = \frac{254\ 580}{50\ 000} = 5.091\ 6$$

查 15 年的年金现值系数表:

因为 $(P/A, 18\%, 15) = 5.091\ 6$

所以 $IRR = 18\%$

【例 5-13】 某投资项目的现金净流量如下：NCF_0 为 -100 万元，$NCF_{1\sim10}$ 为 20 万元。依据上述资料，可用特殊方法计算内含收益率如下：

$$(P/A, IRR, 10) = \frac{100}{20} = 5.0000$$

查 10 年的年金现值系数表：
因为 $(P/A, 15\%, 10) = 5.0188 > 5.0000$
$(P/A, 16\%, 10) = 4.8332 < 5.0000$
所以 $15\% < IRR < 16\%$
应用插值法，可得：

$$IRR = 15\% + \frac{5.0188 - 5.0000}{5.0188 - 4.8332} \times (16\% - 15\%) = 15.10\%$$

第二种方法：内含收益率指标计算的一般方法

该法是指通过计算项目不同设定贴现率的净现值，然后根据内含收益率的定义所揭示的净现值与设定贴现率的关系，采用一定的技巧，最终设法找到能使净现值等于零的贴现率——内含收益率 IRR 的方法，又称为逐次测试逼近法（简称逐次测试法）。若项目不符合直接应用简便算法的条件，必须按此法计算内含收益率。

一般方法的具体应用步骤如下：

第一，先自行设定一个贴现率 r_1，代入计算净现值的公式，求出按 r_1 为贴现率的净现值 NPV_1，并进行下面的判断。

第二，若净现值 $NPV_1 = 0$，则内含收益率 $IRR = r_1$，计算结束；若净现值 $NPV_1 > 0$，则内含收益率 $IRR > r_1$，应重新设定 $r_2 > r_1$，再将 r_2 代入有关计算净现值的公式，求出按 r_1 为贴现率的净现值 NPV_2，继续进行下一轮的判断；若净现值 $NPV_1 < 0$，则内含收益率 $IRR < r_1$，应重新设定 $r_3 < r_1$，再按 r_3 计算出 NPV_3，继续进行下一轮的判断。

第三，经过逐次测试判断，有可能找到内含收益率 IRR。每一轮判断的原则相同。若设 r_j 为第 j 次测试的贴现率，NPV_j 为按 r_j 计算的净现值，则有：

当 $NPV_j > 0$ 时，$IRR > r_j$，继续测试；
当 $NPV_j < 0$ 时，$IRR < r_j$，继续测试；
当 $NPV_j = 0$ 时，$IRR = r_j$，测试完成。

第四，若经过有限次测试，已无法继续利用有关货币时间价值系数表，仍未求得内含收益率 IRR，则可利用最为接近零的两个净现值正负临界值 NPV_m 和 NPV_{m+1} 及相对应的两个贴现率 r_m 和 r_{m+1} 四个数据，应用插值法计算近似的内含收益率。

如果以下关系成立：

$$NPV_m > 0$$
$$NPV_{m+1} < 0$$
$$r_m < r_{m+1}$$
$$r_{m+1} - r_m \leq d(2\% \leq d < 5\%)$$

就可按下列具体公式计算内含收益率 IRR：

$$IRR = r_m + \frac{NPV_m - 0}{NPV_m - NPV_{m+1}} \cdot (r_{m+1} - r_m)$$

【例5-14】 某公司有一投资方案,需一次性投资120 000元,使用年限为4年,每年现金净流量分别为:30 000元,40 000元,50 000元,35 000元。计算该投资方案的内含收益率。

由于该方案每年的现金净流量不相同,需逐次测试方案的内含收益率。测算过程见表5-5。

表5-5　　　　　　　　净现值的逐次测试　　　　　　　　单位:元

年份	每年现金净流量	第一次测算8%		第二次测算12%		第三次测算10%	
1	30 000	0.925 9	27 777	0.892 9	26 787	0.909 1	27 273
2	40 000	0.857 3	34 292	0.797 2	31 888	0.826 4	33 056
3	50 000	0.793 8	39 690	0.711 8	35 590	0.751 3	37 565
4	35 000	0.735 0	25 725	0.635 5	22 243	0.683 0	23 905
未来现金净流量现值合计			127 484		116 508		121 799
减:原始投资额现值			120 000		120 000		120 000
净现值			7 484		(3 492)		1 799

第一次测算,采用贴现率8%,净现值为正数,说明该投资方案的内含收益率高于8%。第二次测算,采用贴现率12%,净现值为负数,说明该投资方案的内含收益率低于12%。第三次测算,采用贴现率10%,净现值为正数,但已经接近于零。因而可以估算,投资方案的内含收益率为10%~12%。

因为
$$NPV_m = +1\ 799 > NPV_{m+1} = -3\ 492$$
$$r_m = 10\% < r_{m+1} = 12\%$$
$$12\% - 10\% = 2\% < 5\%$$

所以
$$10\% < IRR < 12\%$$

应用插值法:
$$IRR = 10\% + \frac{1\ 799 - 0}{1\ 799 - (-3\ 492)} \times (12\% - 10\%) \approx 10.68\%$$

3.对内含收益率法的评价

内含收益率法的主要优点在于:

(1)内含收益率反映了投资项目可能达到的收益率,易于被高层决策人员所理解。

(2)对于独立投资方案的比较决策,如果各方案原始投资额现值不同,可以通过计算各方案的内含收益率,反映各独立投资方案的获利水平。

内含收益率法的主要缺点在于:

(1)计算复杂,不易直接考虑投资风险大小。

(2)在互斥投资方案决策时,如果各方案的原始投资额现值不相等,有时无法做出正确的决策。

任务四　掌握项目投资管理

项目投资,是指将资金直接投放于生产经营实体性资产,以形成生产能力,如购置设备、建造厂房、修建设施等。项目投资一般是公司的对内投资,也包括以实物性资产投资于其他企业的对外投资。

一、独立投资方案的决策

独立投资方案,是指两个或两个以上项目互不依赖,可以同时存在,各方案的决策也是独立的。独立投资方案的决策属于筛分决策,评价各方案本身是否可行,即方案本身是否达到某种预期的可行性标准。独立投资方案之间比较时,决策要解决的问题是如何确定各种可行方案的投资顺序,即各独立方案之间的优先次序。排序分析时,以各独立方案的获利程度作为评价标准,一般采用内含收益率进行比较决策。

【例 5-15】某公司有足够的资金准备投资于三个独立投资项目。A 项目原始投资额为 10 000 元,期限 5 年;B 项目原始投资额为 18 000 元,期限 5 年;C 项目原始投资额为 18 000 元,期限 8 年。贴现率为 10%,其他有关资料见表 5-6。问:如何安排投资顺序?

表 5-6　　　　　　　独立投资方案的可行性指标　　　　　　　单位:元

项　　目	A 项目	B 项目	C 项目
原始投资额	(10 000)	(18 000)	(18 000)
每年 NCF	4 000	6 500	5 000
期限	5 年	5 年	8 年
净现值(NPV)	+5 164	+6 642	+8 675
现值指数(PVI)	1.52	1.37	1.48
内含收益率(IRR)	28.68%	23.61%	22.28%
年金净流量(ANCF)	+1 362	+1 752	+1 626

将上述三个方案的各种决策指标加以对比,见表 5-7。

表 5-7　　　独立投资方案的比较决策

净现值(NPV)	C>B>A
现值指数(PVI)	A>C>B
内含收益率(IRR)	A>B>C
年金净流量(ANCF)	B>C>A

从两个表的数据可以看出:

(1)A 项目与 B 项目比较:两项目原始投资额不同但期限相同,尽管 B 项目净现值和年金净流量均大于 A 项目,但 B 项目原始投资额高,获利程度低。因此,应优先安排内含收益率和现值指数较高的 A 项目。

(2) B 项目与 C 项目比较:两项目原始投资额相等但期限不同,尽管 C 项目净现值和现值指数高,但它需要经历 8 年才能获得。B 项目期限 5 年,项目结束后,所收回的投资可以进一步投资于其他后续项目。因此,应优先安排内含收益率和年金净流量较高的 B 项目。

(3) A 项目与 C 项目比较:两项目原始投资额和期限都不相同,A 项目内含收益率较高,但净现值和年金净流量都较低。C 项目净现值高,但期限长;C 项目年金净流量也较高,但它是依靠较大的投资额取得的。因此,从获利的角度来看,A 项目是优先项目。

综上所述,在对独立投资方案进行比较决策时,内含收益率指标综合反映了各方案的获利程度,在各种情况下的决策结论都是正确的。本例中,投资应该按 A、B、C 顺序实施。现值指数指标也反映了方案的获利程度,除了期限不同的情况外,其结论也是正确的。但在项目的原始投资额相同而期限不同的情况下(如 B 项目和 C 项目的比较),现值指数实质上就是净现值的表达形式。至于净现值指标和年金净流量指标,它们反映的是各方案的获利数额,要结合内含收益率指标进行决策。

二 互斥投资方案的决策

互斥投资方案,方案之间相互排斥,不能并存,因此决策的实质在于选择最优方案,属于选择决策。选择决策要解决的问题是应该淘汰哪个方案,即选择最优方案。从选定经济效益最大的要求出发,互斥方案以方案的获利数额作为评价标准。因此,一般采用净现值法和年金净流量法进行选优决策。但由于净现值指标受投资项目寿命期的影响,因而年金净流量法是互斥投资方案最恰当的决策方法。

从【例 5-15】可知,A、B 两项目寿命期相同,而原始投资额不等;B、C 两项目原始投资额相等而寿命期不同。如果【例 5-15】中三个项目是互斥方案,那么三个项目只能采纳一个,不能同时并存。

(一)项目的寿命期相同时

A 项目与 B 项目比较,两项目寿命期相同而原始投资额不等。尽管 A 项目的内含收益率和现值指数都较高,但互斥方案应考虑获利数额,因此净现值高的 B 项目是最优方案。两项目的期限是相同的,年金净流量指标的决策结论与净现值指标的决策结论是一致的。

B 项目比 A 项目原始投资额多 8 000 元,按 10% 的贴现率水平要求,分 5 年按年金形式回收,每年应回收 2 110 元(8 000/3.790 8)。但 B 项目每年现金净流量比 A 项目多取得 2 500 元(6 500−4 000),扣除增加的回收额 2 110 元后,每年还可以多获得投资收益 390 元。这个差额,正是两项目年金净流量指标的差额(1 752 元−1 362 元)。所以,在原始投资额不等、寿命期相同的情况下,净现值与年金净流量指标的决策结论一致,应采用年金净流量较大的 B 项目。

(二)项目的寿命期不相同时

B 项目与 C 项目比较,寿命期不相同。尽管 C 项目净现值较大,但它是 8 年内取得的。按每年平均的获利数额来看,B 项目的年金净流量(1 752 元)高于 C 项目(1 626 元),如果 B 项目 5 年寿命期届满后,所收回的投资重新投入原有方案,达到与 C 项目同样的投资年限,取得的经济效益也高于 C 项目。

实际上,在对两个寿命期不同的互斥投资项目比较时,需要将两项目转化成同样的投资期限,才具有可比性。因为按照持续经营假设,寿命期短的项目,收回的投资将重新进行投资。针对各项目寿命期不相同的情况,可以找出各项目寿命期的最小公倍期数,作为共同的有效寿命期。

【例 5-16】 现有甲、乙两个机床购置方案,所要求的最低投资收益率为 10%。甲机床投资额 10 000 元,可用 2 年,无残值,每年产生 8 000 元的现金净流量。乙机床投资额 20 000 元,可用 3 年,无残值,每年产生 10 000 元的现金净流量。问:两方案何者为优?

将两方案的期限调整为最小公倍期数 6 年,即甲机床 6 年内周转 3 次,乙机床 6 年内周转 2 次。未调整之前,两方案的相关评价指标见表 5-8。

表 5-8　　　互斥投资方案的选优决策　　　单位:元

项　目	甲方案	乙方案
净现值(NPV)	3 888	4 870
年金净流量(ANCF)	2 238	1 958
内含收益率(IRR)	38%	23.39%

尽管甲方案的净现值低于乙方案,但年金净流量和内含收益率均高于乙方案。按最小公倍期数测算,甲方案经历了 3 次投资循环,乙方案经历了 2 次投资循环。各方案的相关评价指标为:

(1)甲方案

净现值 = 8 000×(P/A,10%,6) − 10 000×(P/F,10%,4) − 10 000×
　　　　(P/F,10%,2) − 10 000
　　　= 8 000×4.355 3 − 10 000×0.683 0 − 10 000×0.826 4 − 10 000
　　　= 9 748(元)

年金净流量 = 9 748/4.355 3 = 2 238(元)

(2)乙方案

净现值 = 10 000×(P/A,10%,6) − 20 000×(P/F,10%,3) − 20 000
　　　= 10 000×4.355 3 − 20 000×0.751 3 − 20 000
　　　= 8 527(元)

年金净流量 = 8 527/4.355 3 = 1 958(元)

上述计算说明,延长寿命期后,两方案投资期限相同,甲方案净现值 9 748 元高于乙方案净现值 8 527 元,故甲方案优于乙方案。

至于内含收益率指标,可以测算出:当 i=38% 时,甲方案净现值=0;当 i=23.39% 时,乙方案净现值=0。这说明,只要方案的现金流量状态不变,按公倍期数延长寿命后,方案的内含收益率并不会变化。

同样,只要方案的现金流量状态不变,按公倍期数延长寿命后,方案的年金净流量指标也不会改变。甲方案仍为 2 238 元,乙方案仍为 1 958 元。由于寿命期不同的项目,换算为最小公倍期数比较麻烦,而按各方案本身期限计算的年金净流量与换算公倍期限后的结果一致。因此,实务中对于期限不同的互斥方案比较,无须换算寿命期限,直接按原始期限的年金净流量指标决策。

综上所述,互斥投资方案的选优决策中,年金净流量全面反映了各方案的获利数额,是最佳的决策指标。净现值指标在寿命期不同的情况下,需要按各方案最小公倍期限调整计算,在其余情况下的决策结论也是正确的。

一 固定资产更新决策

固定资产反映了公司的生产经营能力,固定资产更新决策是项目投资决策的重要组成部分。从决策性质上看,固定资产更新决策属于互斥投资方案的决策类型。因此,固定资产更新决策所采用的决策方法是净现值法和年金净流量法,一般不采用内含收益率法。

(一)寿命期相同的设备重置决策

一般来说,用新设备来替换旧设备如果不改变公司的生产能力,就不会增加公司的营业收入,即使有少量的残值变价收入,也不是实质性收入的增加。因此,大部分以旧换新进行的设备重置都属于替换重置。在替换重置方案中,所发生的现金流量主要是现金流出量。如果购入的新设备性能提高,扩大了公司的生产能力,这种设备重置属于扩建重置。

【例 5-17】 某公司现有一台旧机床是 3 年前购进的,目前准备用一台新机床替换。该公司所得税税率为 25%,资本成本率为 10%,其余资料见表 5-9。

表 5-9　　　　　　　　　新旧设备资料　　　　　　　　　单位:元

项　目	旧设备	新设备
原价	84 000	76 500
税法残值	4 000	4 500
税法使用年限(年)	8	6
已使用年限(年)	3	0
尚可使用年限(年)	6	6
垫支营运资金	10 000	11 000
大修理支出	18 000(第 2 年末)	9 000(第 4 年末)
每年折旧费(直线法)	10 000	12 000
每年营运成本	13 000	7 000
目前变现价值	40 000	76 500
最终报废价值	5 500	6 000

本例中,两机床的使用年限均为6年,可采用净现值法决策。将两个方案的有关现金流量资料整理后,列出分析表见表5-10和表5-11。

表5-10　　　　　　　　　　保留旧机床方案　　　　　　　　　　单位:元

项　目	现金流量	年份	现值系数	现值
1.每年营运成本	13 000×(1−25%)=(9 750)	1−6	4.355 3	(42 464.18)
2.每年折旧抵税	10 000×25%=2 500	1−5	3.790 8	9 477
3.大修理费	18 000×(1−25%)=(13 500)	2	0.826 4	(11 156.40)
4.残值收入	5 500	6	0.564 5	3 104.75
5.残值净收益纳税	(5 500−4 000)×25%=(375)	6	0.564 5	(211.69)
6.营运资金收回	10 000	6	0.564 5	5 645
7.目前变价收入	(40 000)	0	1	(40 000)
8.变现净损失减税	(40 000−54 000)×25%=(3 500)	0	1	(3 500)
9.垫支营运资金	(10 000)	0	1	(10 000)
净现值	—	—	—	(89 105.52)

表5-11　　　　　　　　　　购买新机床方案　　　　　　　　　　单位:元

项　目	现金流量	年份	现值系数	现值
1.设备投资	(76 500)	0	1	(76 500)
2.垫支营运资金	(11 000)	0	1	(11 000)
3.每年营运成本	7 000×(1−25%)=(5 250)	1～6	4.355 3	(22 865.33)
4.每年折旧抵税	12 000×25%=3 000	1～6	4.355 3	13 065.90
5.大修理费	9 000×(1−25%)=(6 750)	4	0.683 0	(4 610.25)
6.残值收入	6 000	6	0.564 5	338 7
7.残值净收益纳税	(6 000−4 500)×25%=(375)	6	0.564 5	(211.69)
8.营运资金收回	11 000	6	0.564 5	6 209.5
净现值	—	—	—	(92 524.87)

表5-10和表5-11结果说明:在两方案营业收入一致的情况下,新设备现金流出总现值为92 524.87元,旧设备现金流出总现值为89 105.52元。因此,继续使用旧设备比较经济。

本例中有几个特殊问题应注意:

(1)两机床使用年限相等,均为6年。如果年限不等时,不能用净现值法决策。另外,新机床购入后,并未扩大公司营业收入。

(2)垫支营运资金时,尽管是现金流出,但不是本期成本费用,不存在纳税调整问题。营运资金收回时,按存货等资产账面价值出售,无出售净收益,也不存在纳税调整问题。

(3)新设备购入后需要垫支营运资金11 000元,但同时收回旧设备原来垫支的营运资金10 000元,因此净投入1 000元。

(二)寿命期不同的设备重置决策

寿命期不同的设备重置方案,用净现值法可能无法得出正确决策结论,应当采用年金净流量法决策。

寿命期不同的设备重置方案,在决策时有如下特点:

(1)扩建重置的设备更新后会引起营业现金流入与流出的变动,应考虑年金净流量最大的方案。替换重置的设备更新一般不改变生产能力,营业现金流入不会增加,只需比较各方案的年金流出量即可,年金流出量最小的方案最优。

(2)如果不考虑各方案的营业现金流入量变动,只比较各方案的现金流出量,我们把按年金净流量原理计算的等额年金流出量称为年金成本。替换重置方案的决策标准,是要求年金成本最低。扩建重置方案所增加或减少的营业现金流入也可以作为现金流出量的抵减,并据以比较各方案的年金成本。

(3)设备重置方案运用年金成本方式决策时,应考虑的现金流量主要有:(1)新旧设备目前市场价值。对于新设备而言,目前市场价格就是新设备的购价,即原始投资额;对于旧设备而言,目前市场价值就是旧设备的重置成本或变现价值。(2)新旧设备残值变价收入。残值变价收入应作为现金流出的抵减。残值变价收入现值与原始投资额的差额,称为投资净额。(3)新旧设备的年营运成本,即年付现成本。如果考虑每年的营业现金流入,应作为每年营运成本的抵减。

(4)年金成本可在特定条件下(无所得税因素、每年营运成本相等),按如下公式计算:

$$年金成本 = \frac{\sum(各项目现金净流出现值)}{年金现值系数}$$

$$= \frac{原始投资额 - 残值收入 \times 复利现值系数 + \sum(年营运成本现值)}{年金现值系数}$$

$$= \frac{原始投资额 - 残值收入}{年金现值系数} + 残值收入 \times 贴现率 + \frac{\sum(年营运成本现值)}{年金现值系数}$$

【例 5-18】 H 公司现有旧设备一台,由于节能减排的需要,准备予以更新。当期贴现率为 15%,假设不考虑所得税因素的影响,其他有关资料见表 5-12。

表 5-12　　　　　　　　H 公司新旧设备资料　　　　　　　　单位:元

项　目	旧设备	新设备
原价	35 000	36 000
预计使用年限	10 年	10 年
已使用年限	4 年	0 年
税法残值	5 000	4 000
最终报废价值	10 000	36 000
目前变现价值	10 000	36 000
每年折旧费(按直线法)	3 000	3 200
每年营运成本	10 500	8 000

由于两设备的尚可使用年限不同,因此比较各方案的年金成本。按不同方式计算如下:

$$旧设备年金成本=\frac{10\ 000-3\ 500\times(P/F,15\%,6)+10\ 500\times(P/A,15\%,6)}{(P/A,15\%,6)}$$

或

$$=\frac{10\ 000-3\ 500}{(P/A,15\%,6)}+3\ 500\times15\%+\frac{10\ 500\times(P/A,15\%,6)}{(P/A,15\%,6)}$$

$$=12\ 742.53(元)$$

$$新设备年金成本=\frac{36\ 000-4\ 200\times(P/F,15\%,10)+8\ 000\times(P/A,15\%,10)}{(P/A,15\%,10)}$$

或

$$=\frac{36\ 000-4\ 200}{(P/A,15\%,10)}+4\ 200\times15\%+\frac{8\ 000\times(P/A,15\%,10)}{(P/A,15\%,10)}$$

$$=14\ 965.18(元)$$

上述计算表明,继续使用旧设备的年金成本为 12 742.53 元,低于购买新设备的年金成本 14 965.18 元,每年可以节约 2 222.65 元,应当继续使用旧设备。

【例 5-19】 L 公司目前有一台在用设备 A,变现价值为 3 000 元,还可以使用 5 年。现计划更新设备,有两个方案可供选择。方案一:5 年后 A 设备报废购进 B 设备来替代 A 设备,B 设备可用 10 年;方案二:目前由 C 设备立即替代 A 设备,C 设备可用 12 年。贴现率为 10%,有关资料见表 5-13。

表 5-13　　　　　　　　L 公司设备更换相关资料

项 目	A 设备	B 设备	C 设备
目前购价(元)	3 000	11 270	10 000
年使用费(元)	1 200	900	1 000
最终残值(元)	0	0	500
可使用年限(年)	5	10	12

根据上述资料,三种设备的年金成本分别为:

$$A\ 设备年金成本=\frac{3\ 000}{(P/A,10\%,5)}+1\ 200=1\ 991.39(元)$$

$$B\ 设备年金成本=\frac{11\ 270}{(P/A,10\%,10)}+900=2\ 734.13(元)$$

$$C\ 设备年金成本=\frac{10\ 000-500}{(P/A,10\%,12)}+500\times10\%+1\ 000=2\ 444.25(元)$$

以方案二为基础,采用 C 设备与采用 A 设备 5 年内的年金成本差额现值为:

$$5\ 年内的年金成本差额现值=(2\ 444.25-1\ 991.39)\times(P/A,10\%,5)$$

$$=1\ 716.70(元)$$

在后 7 年内,方案一将使用 B 设备,C 设备与 B 设备比较,有:

$$7\ 年内的年金成本差额现值=(2\ 444.25-2\ 734.13)\times(P/A,10\%,7)\times(P/F,10\%,5)$$

$$=-876.25(元)$$

> 年金成本总差额现值＝1 716.70－876.25＝840.45(元)
>
> 上述计算表明,采用方案二,在12年内年金成本现值比方案一高840.45元。也就是说,采用方案一,年金成本每年比方案二节约123.35元(840.45/6.813 7),应当继续使用A设备。

任务五　熟悉证券投资管理

一、证券投资的概念

证券投资,是指投资者将资金投放于金融市场,以便将来能够获取收益或取得被投资企业控制权的行为。证券资产是公司进行金融投资所形成的资产。证券投资的对象是金融资产,金融资产是一种以凭证、票据或者合同合约形式存在的权利性资产,如股票、债券、基金及衍生证券等。

二、证券资产的特征

（一）价值虚拟性

证券资产不能脱离实体资产而完全独立存在,但证券资产的价值不完全由实体资本的现实生产经营活动决定,而是取决于契约性权利所能带来的未来现金流量,是一种未来现金流量折现的资本化价值。如股票投资代表的是对发行股票公司的经营控制权、收益分配权、剩余财产追索权等股东权利;债券投资代表的是未来按合同规定收取债券利息和收回本金的权利。

（二）强流动性

证券资产具有很强的流动性,表现在:第一,变现能力强。证券资产往往都是上市证券,一般都有活跃的交易市场可供及时转让。第二,持有目的可以相互转换。当公司急需现金时,可以立即将为其他目的而持有的证券变现。

（三）高风险性

证券资产是一种虚拟资产,决定了金融投资受公司风险和市场风险的双重影响,不仅发行证券资产的公司业绩影响着证券资产投资的收益率,资本市场的市场平均收益率变化也会给金融投资带来直接的市场风险。

（四）持有目的多元化

实体项目投资的经营资产往往是为消耗而持有,为流动资产的加工提供生产条件。

证券资产的持有目的是多元的,既可能是为未来积累现金即为未来变现而持有,也可能是为谋取资本利得即为销售而持有,还有可能是为取得对其他企业的控制权而持有。

(五)可分割性

实体项目投资的经营资产一般具有整体性要求,如购建新的生产能力,往往是厂房、设备、配套流动资产的组合。证券资产可以分割为一个最小的投资单位,如一股股票、一份债券,这就决定了证券资产投资的现金流量会比较单一,往往由原始投资、未来收益或资本利得、本金回收构成。

三 证券投资的目的

(一)分散资金投向,降低投资风险

投资分散化,即将资金投资于多个相关程度较低的项目,实行多元化经营,能够有效地分散投资风险。当某个项目经营不景气而利润下降甚至导致亏损时,其他项目可能会获取较高的收益。将公司的资金分成内部经营投资和对外证券投资两个部分,实现了公司投资的多元化。而且,与对内投资相比,对外证券投资不受地域和经营范围的限制,投资选择面非常广,投资资金的退出和收回也比较容易,是多元化投资的主要方式。

(二)利用闲置资金,增加公司收益

公司在生产经营过程中,由于各种原因会出现资金闲置、现金结余较多的情况。这些闲置的资金可以投资于股票、债券等有价证券上,谋取投资收益,这些投资收益主要表现在股利收入、债息收入、证券买卖差价等方面。同时,有时公司资金的闲置是暂时性的,可以投资于在资本市场上连通性和变现能力较强的有价证券,这类证券能够随时变卖,收回资金。

(三)稳定客户关系,保障生产经营

公司在生产经营环节中,供应和销售是公司与市场相联系的重要通道。没有稳定的原材料供应来源,没有稳定的销售客户,都会使公司的生产经营中断。为了保持与供销客户良好而稳定的业务关系,可以对业务关系链的供销企业进行投资,持有它们的债权或股权,甚至控股。这样,能够以债权或股权对关联企业的生产经营施加影响和控制,保障本公司的生产经营顺利进行。

(四)提高资产的流动性,增强偿债能力

资产流动性强弱是影响公司财务安全性的主要因素。除现金等货币资产外,有价证券投资是公司流动性最强的资产,是公司速动资产的主要构成部分。在公司需要支付大量现金,而现有现金储备又不足时,可以通过变卖有价证券迅速取得大量现金,保证公司的及时支付。

四 证券投资的风险

由于证券资产的市价波动频繁,证券投资的风险往往较大。获取投资收益是证券投

资的主要目的,证券投资的风险是投资者无法获得预期投资收益的可能性。按风险性质划分,证券投资的风险分为系统性风险和非系统性风险两大类别。

(一)系统性风险

证券投资的系统性风险,是指由于外部经济环境因素变化引起整个资本市场不确定性加强,从而对所有证券都产生影响的共同性风险。系统性风险影响到资本市场上的所有证券,无法通过投资多元化的组合而加以避免,也称为不可分散风险。

1.价格风险

价格风险是指由于市场利率上升,而使证券资产价格普遍下跌的可能性。价格风险来自于资本市场买卖双方资本供求关系的不平衡:当资本需求量增加时,市场利率上升;当资本供应量增加时,市场利率下降。

市场利率的变动会造成证券资产价格的普遍波动,两者呈反向变化:市场利率上升,证券资产价格下跌;市场利率下降,证券资产价格上升。也就是说,当证券资产持有期间的市场利率上升,证券资产价格就会下跌,证券资产期限越长,投资者遭受的损失越大。

2.再投资风险

再投资风险是由于市场利率下降,造成的无法通过再投资而实现预期收益的可能性。一般来说,长期证券资产的收益率应当高于短期证券资产,这是因为:(1)期限越长,不确定性就越强。证券资产投资者一般喜欢持有短期证券资产,因为它们较易通过变现来收回本金。因此,投资者愿意接受短期证券资产的低收益率。(2)证券资产发行者一般喜欢发行长期证券资产,因为长期证券资产可以筹集到长期资金,而不必经常面临筹集不到资金的困境。因此,证券资产发行者愿意为长期证券资产支付较高的收益率。

为了避免市场利率上升的价格风险,投资者可能会投资于短期证券资产,但短期证券资产又会面临市场利率下降的再投资风险,即无法按预定收益率进行再投资而实现所要求的预期收益。

3.购买力风险

购买力风险是指由于通货膨胀而使货币购买力下降的可能性。在持续而剧烈的物价波动环境下,货币性资产会产生购买力损益:当物价持续上涨时,货币性资产会遭受购买力损失;当物价持续下跌时,货币性资产会带来购买力收益。

证券资产是一种货币性资产,通货膨胀会使证券资产投资的本金和收益贬值,名义收益率不变而实际收益率降低。购买力风险对具有收款权利性质的资产影响很大,债券投资的购买力风险远大于股票投资。如果通货膨胀长期延续,投资人会把资本投向实体性资产以求保值,对证券资产的需求量减少,引起证券资产价格下跌。

(二)非系统性风险

证券投资的非系统性风险,是指由特定经营环境或特定事件变化引起的不确定性,从而对个别证券资产产生影响的特有风险。非系统性风险源于每个公司自身特有的营业活动和财务活动,与某个具体的证券资产相联系,同整个证券资产市场无关。非系统风险可以通过持有证券资产的多元化来抵销,也称为可分散风险。

1.违约风险

违约风险是指证券资产发行者无法按时兑付证券资产利息或偿还本金的可能性。有价证券资产本身就是一种契约性权利资产,经济合同的任何一方违约都会给另一方造成损失,多发生于债券投资中。违约风险产生的原因可能是公司产品经销不善,也可能是公司现金周转不灵。

2.变现风险

变现风险是指证券资产持有者无法在市场上以正常的价格平仓出货的可能性。持有证券资产的投资者,可能会在证券资产持有期限内出售现有证券资产并投资于另一项目,但在短期内找不到愿意出合理价格的买主,投资者就会丧失新的投资机会或面临降价出售的损失。在同一证券资产市场上,各种有价证券资产的变现力是不同的,交易越频繁的证券资产,其变现能力越强。

3.破产风险

破产风险是指在证券资产发行者破产清算时投资者无法收回应得权益的可能性。当证券资产发行者由于经营管理不善而持续亏损、现金周转不畅而无力清偿债务或其他原因导致难以持续经营时,可能会申请破产保护。破产保护会导致债务清偿的豁免、有限责任的退资,使得投资者无法取得应得的投资收益,甚至无法收回投资的本金。

五 债券投资

(一)债券价值的计算

将未来在债券投资上收取的利息和收回的本金折为现值,即可得到债券的内在价值。债券的内在价值也称为债券的理论价格,只有债券价值大于其购买价格时,该债券才值得投资。

1.债券估价基本模型

典型的债券类型,是有固定的利率、每期支付利息、到期归还本金的债券。按照这种模式,债券价值计算的基本模型是:

$$V_b = \sum_{t=1}^{n} \frac{I}{(1+i)^t} + \frac{M}{(1+i)^n}$$

式中,V_b 表示债券的价值;I 为按面值计算的年利息;M 表示债券的面值;i 表示债券价值评估时所采用的贴现率,即所期望的最低投资收益率,它一般采用当时的市场利率;n 为债券到期前的年数。

从债券价值基本计量模型中可以看出,债券面值、债券期限、票面利率、市场利率是影响债券价值的基本因素。

【例 5-20】 某债券面值 2 000 元,期限 10 年,每年支付一次利息,到期归还本金,以市场利率作为评估债券价值的贴现率,目前的市场利率为 10%,如果票面利率分别为 8%、10% 和 12%,有:
$V_b = 160 \times (P/A, 10\%, 10) + 2000 \times (P/F, 10\%, 10) = 1754.15(元)$
$V_b = 200 \times (P/A, 10\%, 10) + 2000 \times (P/F, 10\%, 10) = 1999.92(元)$
$V_b = 240 \times (P/A, 10\%, 10) + 2000 \times (P/F, 10\%, 10) = 2245.71(元)$

综上所述,债券的票面利率可能小于、等于或大于市场利率,因而债券价值就可能小于、等于或大于债券票面价值,因此在债券实际发行时就要折价、平价或溢价发行。折价发行是对投资者未来少获利息而给予的必要补偿;平价发行是因为票面利率与市场利率相等,此时票面价值和债券价值是一致的,所以不存在补偿问题;溢价发行是为了对债券发行者未来多付利息而给予的必要补偿。

2. 市场利率对债券价值的影响

债券一旦发行,其面值、期限、票面利率都相对固定了,市场利率成为债券持有期间影响债券价值的主要因素。市场利率是决定债券价值的贴现率,市场利率的变化会造成系统性的利率风险。

【例 5-21】 假定现有面值 1 000 元、票面利率 15% 的 2 年期和 20 年期的两种债券,每年付息一次,到期归还本金。当市场利率发生变化时的债券价值见表 5-14。

表 5-14　　市场利率变化对债券价值的影响　　单位:元

市场利率(%)	债券价值	
	2 年期债券	20 年期债券
5	1 185.85	2 246.30
10	1 086.40	1 426.10
15	1 000.00	1 000.00
20	923.20	756.50
25	856.00	605.10
30	796.15	502.40

根据表 5-17 的数据,可以得出如下结论:

(1)市场利率的上升会导致债券价值的下降,市场利率的下降会导致债券价值的上升。

(2)长期债券对市场利率的敏感性会大于短期债券,在市场利率较低时,长期债券的价值远高于短期债券;在市场利率较高时,长期债券的价值远低于短期债券。

(3)市场利率低于票面利率时,债券价值对市场利率的变化较为敏感,市场利率稍有变动,债券价值就会发生剧烈的波动;市场利率超过票面利率后,债券价值对市场利率变化的敏感性减弱,市场利率的提高,不会使债券价值过分降低。

根据上述分析结论,财务经理在债券投资决策中应当注意:长期债券的价值波动较大,特别是票面利率高于市场利率的长期溢价债券,容易获取投资收益,但安全性较低,利率风险较大。如果市场利率波动频繁,利用长期债券来储备现金显然是不明智的,这将为较高的收益率而付出安全性的代价。

3. 债券期限对债券价值的影响

选择长期债券还是短期债券,是公司财务经理经常面临的投资选择问题。由于票面利率的不同,当债券期限发生变化时,债券的价值也会随之波动。

【例 5-22】 假定市场利率为 10%，面值 1 000 元，每年支付一次利息，到期归还本金，票面利率分别为 8%、10% 和 12% 的三种债券，在债券到期日发生变化时的债券价值见表 5-15。

表 5-15　　　　　　　债券期限变化对债券价值的影响　　　　　　　单位：元

债券期限	票面利率10%	票面利率8%	环比差异	票面利率12%	环比差异
0 年期	1 000	1 000	—	1 000	—
1 年期	1 000	981.72	−18.28	1 018.08	+18.08
2 年期	1 000	964.88	−16.84	1 034.32	+16.24
5 年期	1 000	924.28	−40.60	1 075.92	+41.60
10 年期	1 000	877.60	−46.68	1 123.40	+47.48
15 年期	1 000	847.48	−30.12	1 151.72	+28.32
20 年期	1 000	830.12	−17.36	1 170.68	+18.96

根据表 5-19 的数据，可以得出如下结论：

(1) 引起债券价值随债券期限的变化而波动的原因，是债券票面利率与市场利率的不一致。如果债券票面利率与市场利率之间没有差异，债券期限的变化不会引起债券价值的变动。也就是说，只有溢价债券或折价债券，才产生不同期限下债券价值有所不同的现象。

(2) 债券期限越短，债券票面利率对债券价值的影响越小。不论是溢价债券还是折价债券，当债券期限较短时，票面利率与市场利率的差异，不会使债券的价值过于偏离债券的面值。

(3) 债券期限越长，债券价值越偏离债券面值。而且，溢价债券的期限对债券价值的敏感性会大于折价债券。

(4) 随着债券期限延长，债券的价值会更加偏离债券的面值，但这种偏离的变化幅度最终会趋于平稳。或者说，超长期债券的期限差异，对债券价值的影响不大。

(二) 债券投资收益率的计算

1. 债券收益的来源

债券投资的收益是投资于债券所获得的全部投资收益，这些投资收益来源于三个方面：

(1) 名义利息收益。债券各期的名义利息收益是其面值与票面利率的乘积。

(2) 利息再投资收益。债券投资评价时，有两个重要的假定：第一，债券本金是到期收回的，而债券利息是分期收取的；第二，将分期收到的利息重新投资于同一项目，并取得与本金同等的利息收益率。例如，某 5 年期债券面值 1 000 元，票面利率为 12%，如果每期的利息不进行再投资，5 年共获利息收益 600 元。如果将每期的利息进行再投资，第一年获利息 120 元；第二年 1 000 元本金获利息 120 元，第一年的利息 120 元在第二年又获利息收益 14.4 元，第二年共获利息收益 134.4 元；以此类推，到第 5 年年末累计获得利息 762.34 元。事实上，按 12% 的利率水平，1 000 元本金在第 5 年年末的复利终值为

1 762.34元,按货币时间价值的原理计算债券投资收益,就已经考虑了再投资因素。在取得再投资收益的同时,承担着再投资风险。

(3)价差收益。它指债券尚未到期时投资者中途转让债券,在卖价和买价之间的价差上所获得的收益,也称为资本利得收益。

2.债券投资收益率的计算

根据内部收益率计算原理,债券投资收益率实际上就是计算债券投资项目的内部收益率,它是按当前市场价格购买债券并持有至到期日或转让日所产生的预期收益率。

在债券价值估价基本模型中,如果用债券的购买价格 P_0 代替内在价值 V_b,就能求出债券的内部收益率。也就是说,用该内部收益率贴现所决定的债券内在价值,刚好等于债券的目前购买价格。其计算公式为:

$$\sum_{t=1}^{n} \frac{I}{(1+i)^t} + \frac{M}{(1+i)^n} - V_b = 0$$

债券真正是内在价值是按市场利率贴现所决定的,当按市场利率贴现所计算的内在价值大于按内部收益率贴现所计算的内在价值时,债券的内部收益率才会大于市场利率,这正是投资者所期望的。

【例 5-23】 假定投资者目前以 1 075.92 元的价格购买一份面值为 1 000 元、每年付息一次、到期归还本金、票面利率为 12% 的 5 年期债券,投资者将该债券持有至到期日,有:

$$1\ 075.92 = 120 \times (P/A, R, 5) + 1000 \times (P/F, R, 5)$$

解之得:内部收益率 $R = 10\%$

同样原理,如果债券目前购买价格为 1 000 元或 899.24 元,有:

内部收益率 $R = 12\%$

或:内部收益率 $R = 15\%$

可见,溢价债券的内部收益率低于票面利率,折价债券的内部收益率高于票面利率,平价债券的内部收益率等于票面利率。

(三)债券投资的特点

与股票投资相比,债券投资具有下列特点:

1.债券投资较安全,利息收入固定

一是债券票面上一般都标有固定利息率,债券发行单位有义务按时支付利息,因此在正常经营情况下,利息收入是比较稳定可靠的;二是到期按债券的面值收回本金。

2.购买力风险较大

由于债券的面值和利率在发行时就已经确定,假如投资期间的通货膨胀率比较高,本金和利息的购买力将不同程度地受到侵蚀。当通货膨胀率非常高时,投资者虽然名义上有收益,但实际上可能是潜在损失。

3.没有经营管理权

债券投资只是一种债权投资,因而无权参与发行单位的经营管理,只能按时获取一定的利息收益。

六 股票投资

(一)股票价值的计算

投资股票预期获得的未来现金流量的现值,即为股票的价值或内在价值、理论价格。股票是一种权利凭证,它之所以有价值,是因为它能给持有者带来未来的收益,这种未来的收益包括各期获得的股利、转让股票获得的价差收益、股份公司的清算收益等。价格小于内在价值的股票,是值得投资者投资购买的。股份公司的净利润是决定股票价值的基础。股票给持有者带来未来的收益一般是以股利形式出现的,因此也可以说股利决定了股票价值。

1. 股票估价基本模型

从理论上说,如果股东不中途转让股票,股票投资没有到期日,投资于股票所得到的未来现金流量是各期的股利。假定某股票未来各期股利为 D_t(t 为期数),i 为估价所采用的贴现率,即所期望的最低收益率。股票估价的基本模型为:

$$V_S = \frac{D_1}{(1+i)^1} + \frac{D_2}{(1+i)^2} + \cdots\cdots + \frac{D_n}{(1+i)^n} + \cdots\cdots$$

$$= \sum_{t=1}^{\infty} \frac{D_t}{(1+i)^t}$$

2. 常用的股票估价模式

与债券不同的是,持有期限、股利、贴现率是影响股票价值的重要因素。如果投资者准备永久持有股票,未来的贴现率也是固定不变的,那么未来各期不断变化的股利就成为评价股票价值的难题。为此,我们不得不假定未来的股利按一定的规律变化,从而形成几种常用的股票估价模式。

(1) 固定增长模式

一般来说,公司并没有把每年的盈余全部作为股利分配出去,留存的收益扩大了公司的资本额,不断增长的资本会创造更多的盈余,进一步又引起下期股利的增长。如果公司本期的股利为 D_0,未来各期的股利按上期股利的 g 速度呈几何级数增长,根据股票估价基本模型,股票价值 V_s 为:

$$V_s = \frac{D_0(1+g)}{K_s - g}$$

【例 5-24】 假定某投资者准备购买 A 公司的股票,并且准备长期持有,要求达到 10% 的收益率。该公司今年每股股利为 3 元,预计以后每年股利会以 5% 的速度增长,则 A 股票的价值为:

$$V_S = \frac{3 \times (1+5\%)}{10\% - 5\%} = 63(元)$$

如果 A 股票目前的购买价格低于每股 63 元,该公司的股票是值得购买的。

(2) 零增长模式

如果公司未来各期发放的股利都相等,并且投资者拟长期持有股票,那么当固定增长模式中 $g=0$ 时,其股票价值为:

$$V_s = \frac{D_0}{K_s}$$

【例 5-25】 在【例 5-24】中,如果 $g=0$,A 股票的价值为:
$$V_s = 3 \div 10\% = 30(元)$$

(3) 阶段性增长模式

在理财实务中,大多数公司的股利在某一阶段有一个超常的增长率,而后阶段公司的股利正常固定不变或正常增长。对于阶段性增长的股票,需要分段计算,才能确定股票的价值。

【例 5-26】 假定某投资者准备购买 B 公司的股票,并且准备长期持有,要求达到 12% 的收益率。B 公司今年每股股利为 3 元,预计未来 3 年股利以 15% 的速度增长,而后以 10% 的速度转入正常增长。则 B 股票的价值分两段计算,见表 5-16。

表 5-16 分析计算阶段

项目计算期	0	1	2	3	4	5	6	…
计算阶段	非正常期(高速增长期)				正常增长期 $g=10\%$			
计算方法	逐年计算现值相加				按固定增长模型计算			

首先,计算非正常期股利的现值,见表 5-17。

表 5-17 非正常期股利的现值计算表

年份	股利(元)	复利现值系数($i=12\%$)	现值
1	$3 \times (1+15\%) = 3.45$	0.8929	3.081
2	$3.45 \times (1+15\%) = 3.97$	0.7972	3.165
3	$3.97 \times (1+15\%) = 4.56$	0.7118	3.246
合计		—	9.492

其次,计算正常增长期股利在第 3 年末的现值:

$$V_3 = \frac{D_3 \times (1+g)}{K-g} = \frac{4.56 \times (1+10\%)}{12\% - 10\%} = 250.80(元)$$

折现值 $= 250.80 \times (P/F, 12\%, 3) = 250.80 \times 0.7118 = 178.52(元)$

估算股票现在的内在价值。

股票的内在价值 $= 9.492 + 178.52 = 188.01(元)$

从以上计算可知,出售该股票的价格应不低于每股 188.01 元才合算。

(二) 股票投资收益率的计算

1. 股票收益的来源

股票投资的收益由股票股利、股利再投资收益、转让价差收益三部分构成。并且,只要按货币时间价值的原理计算股票投资收益,就无须单独考虑再投资收益的因素。

2.股票投资收益率的计算

根据内部收益率计算原理,股票投资收益率实际上就是计算股票投资项目的内部收益率,也就是使股票未来现金流量贴现值等于目前的购买价格时的贴现率。股票的内部收益率高于投资者所要求的最低收益率时,投资者才愿意购买该股票。根据固定增长股票估价模型,用股票的购买价格 P_0 代替内在价值 V_S,有:

$$R = \frac{D_1}{P_0} + g$$

【例 5-27】 某上市公司股票的当前价格为 4.2 元,预计下一期的股利是 0.2 元,假设该股利将以 10% 的速度持续增长。那么,该股票的内部收益率计算如下:

$$R = \frac{D_1}{P_0} + g = \frac{0.2}{4.2} + 10\% = 14.76\%$$

如果用 10% 作为必要收益率,则一年后的股价为:

$$P_1 = \frac{0.2 \times (1 + 10\%)}{14.76\% - 10\%} = 4.62(元)$$

如果你现在用 4.2 元购买该股票,年末你将收到 0.2 元股利,并且得到 0.42(4.62 − 4.20)元的资本利得。

$$总收益率 = 股利收益率 + 资本利得收益率$$
$$= \frac{0.2}{4.2} + \frac{0.42}{4.2} = 14.76\%$$

这个例题使我们验证了股票内部收益率模型的正确性。该模型可以用来计算特定公司风险情况下股东要求的必要收益率,也就是公司的权益资本成本。这就是说,股东期望或者说要求公司赚取 14.76% 的收益。如果股东的要求大于 14.76%,他就不会进行这种投资;如果股东的要求小于 14.76%,就会购买该股票,使得股票价格上升。

(三)股票投资的特点

一般来讲,股票投资的风险较高,但高风险并不一定意味着高收益。在进行股票投资前必须熟悉股票投资的特点。

(1)投资收益率高

股票的价格虽然变动频繁,但从长期来看,优质股票的价格总是上涨的居多,只要选择得当,都能取得较高的投资收益。

(2)购买力风险低

股票的股利不固定,在通货膨胀率较高时,由于物价普遍上涨,股份公司盈利增加,股利支付预期也会增加。因此,与固定收益债券相比,股票能有效地降低购买力风险。

(3)拥有经营管理(或控制)权

普通股股东是股份公司的股东,股东有权监督和管理公司的生产经营。

(4)求偿权居后

普通股对公司资产和利润的求偿权居于最后,若股份公司破产时,股东原来的投资可能得不到全额清偿,有的甚至一无所得。

(5) 价格不稳定

在证券交易市场,普通股股票的价格很不稳定。政治因素、经济因素、投资者的心理因素、公司的盈利状况、风险情况等都会直接或间接影响股票的价格,这使得股票投资具有较高的风险性。

(6) 股利收入不稳定

普通股股利分红的多少,视公司经营和财务状况而定,无法律上的保证,其收入的风险远远大于固定收益证券,具有很大的不确定性。

项目小结

公司投资是指公司为了获取未来长期收益而向一定对象投放资金的经济行为。公司投资的主要特点:第一,属于公司的战略性决策;第二,属于公司的非程序化管理;第三,投资价值的波动性大。

现金流量是项目投资决策必须考虑的一个很重要的基础性数据,它包括现金流入量、现金流出量和现金净流量。在理财实务中,各项目的现金净流量,可分别采用列表法和简化法两种方法予以反映。

项目投资财务评价指标,按是否考虑货币时间价值,可分为静态评价指标和动态评价指标。动态评价指标包括净现值、年金净流量、现值指数和内含收益率,它们同时又是投资决策中的主要指标,而静态评价指标的静态投资回收期与总投资收益率只是次要指标和辅助指标。

项目投资管理主要包括独立投资方案的决策、互斥投资方案的决策和固定资产更新决策。

证券投资,是指投资者将资金投放于金融市场,用于购买有价证券,以便将来能够获取收益或取得被投资企业控制权的行为。它具有价值虚拟性、强流动性、投资风险较高、持有目的多元化和可分割性等特点。

公司进行证券投资,必然要承担一定的风险,这也是证券投资的基本特征之一。公司进行证券投资时面临的风险主要包括:价格风险、再投资风险、购买力风险、违约风险、变现风险和破产风险。

证券投资主要包括债券投资和股票投资,其投资管理方法各有不同。

练习题

一、单项选择题

1.在长期投资决策中,一般属于营业期现金流出项目的是( )。
A.经营成本　　　　　　　　　　B.开办费投资
C.固定资产投资　　　　　　　　D.无形资产投资

2.某投资项目原始投资额为100万元,使用寿命10年,已知该项目第10年的经营现金净流量为25万元,期满处置固定资产残值收入及回收营运资金共8万元,则该投资项目第10年的现金净流量为( )万元。
  A.8   B.25   C.33   D.43

3.某公司计划投资10万元建一条生产线,预计投资后每年可获净利润1.5万元,年折旧率为10%,则静态投资回收期为( )。
  A.3年   B.4年   C.5年   D.6年

4.下列指标的计算中,没有直接利用现金净流量信息的是( )。
  A.净现值   B.年金净流量   C.总投资收益率   D.内含收益率

5.下列属于投资项目财务决策指标容易导致短期行为的是( )。
  A.净现值   B.年金净流量   C.内含收益率   D.回收期

6.下列投资项目评价指标中,其数值越小越好的指标是( )。
  A.现值指数   B.静态投资回收期 C.内含收益率   D.净现值

7.某投资方案,当折现率为16%时,其净现值为338元;当折现率为18%时,其净现值为−22元。则该方案的内含收益率为( )。
  A.15.88%   B.16.12%   C.17.88%   D.18.14%

8.在一般投资项目中,当一项投资方案的净现值等于零时,即表明( )。
  A.该方案的静态投资回收期等于1   B.该方案不具有财务可行性
  C.该方案的净现值率大于零   D.该方案的内含收益率等于设定贴现率

9.已知某投资项目的项目计算期为8年,资金于建设起点一次投入,当年完工并投产,若投产后每年的现金净流量相等,经预计该项目包括建设期的静态投资回收期为2.5年,则按内含收益率确定的年金现值系数是( )。
  A.3.2   B.5.5   C.2.5   D.4

10.若某投资项目的建设期为零,则直接利用年金现值系数计算该项目内含收益率指标所要求的前提条件是( )。
  A.投产后现金净流量为普通年金形式   B.在建设起点没有发生任何投资
  C.投产后现金净流量为递延年金形式   D.投产后各年的现金净流量不相等

11.对于多个互斥方案的比较和选优,采用年金净流量指标时,( )。
  A.选择投资额较大的方案为最优方案
  B.选择投资额较小的方案为最优方案
  C.选择年金净流量最大的方案为最优方案
  D.选择年金净流量最小的方案为最优方案

12.现有A、B、C三个项目投资方案,其净现值分别为100万元、120万元和70万元,现值指数分别为1.09、1.08和1.10,内含收益率分别为11%、12.5%和12.7%,则项目投资的优先次序为( )。
  A.ABC   B.BAC   C.CAB   D.CBA

13.下列关于证券投资风险的表述中,不正确的是( )。
  A.利率风险属于系统性风险   B.购买力风险属于系统性风险
  C.违约风险不属于系统性风险   D.破产风险不属于非系统性风险

14.在证券投资中,因通货膨胀带来的风险是( )。
A.违约风险　　　　B.价格风险　　　　C.购买力风险　　　　D.再投资风险
15.当市场利率上升时,长期固定利率债券价格的下降幅度( )短期债券的下降幅度。
A.大于　　　　B.小于　　　　C.等于　　　　D.不确定
16.对证券持有人而言,证券发行人无法按期支付债券利息或偿付本金的风险是( )。
A.价格风险　　　　B.购买力风险　　　　C.违约风险　　　　D.变现风险
17.股票投资不属于( )
A.证券投资　　　　B.直接投资　　　　C.间接投资　　　　D.对外投资
18.下列各项中,不构成股票投资收益的是( )
A.股利收益　　　　　　　　　　B.名义利息收益
C.股利再投资收益　　　　　　　D.价差收益
19.A上市公司预计未来5年股利高速增长,然后转为正常增长,则下列各项普通股估价模型中,最适宜于计算该公司股票价值的是( )
A.零增长模式　　　　　　　　　B.股利固定模式
C.固定增长模式　　　　　　　　D.阶段性增长模式
20.某投资者花15元钱购买一只A股票,预计第一期股利为1.5元,以后股利持续稳定增长,假设投资A股票的内部收益率为12%,那么股利增长率为( )
A.4%　　　　B.2%　　　　C.5%　　　　D.6%

二、多项选择题

1.ABC公司最近花2 500万元购买一台大型设备,用于扩大生产经营,这项投资属于( )。
A.对外投资　　　　B.对内投资　　　　C.间接投资　　　　D.直接投资
2.下列各项中,属于项目投资决策静态评价指标的有( )。
A.内含收益率　　　　　　　　　B.总投资收益率
C.年金净流量　　　　　　　　　D.静态投资回收期
3.下列各项中会影响项目终结期的现金流量的有( )。
A.最后一期的营业现金流量　　　B.固定资产的变价净收入
C.垫支的营运资金的收回　　　　D.营业期间的现金流量
4.甲公司拟在华北地区开设一家电器专卖店,经营期10年,资本成本率8%,假设该项目的初始现金流量发生在期初,营业现金流量均发生在投产后期末,该项目现值指数小于1.下列关于该项目的说法中,正确的有( )。
A.净现值小于0　　　　　　　　B.静态回收期小于10年
C.动态回收期小于10年　　　　　D.内含收益率小于8%
5.下列项目投资决策评价指标中,其数值越大越好的指标是( )。
A.年金净流量　　　　　　　　　B.静态投资回收期
C.内含收益率　　　　　　　　　D.净现值

6.如果其他因素不变,一旦贴现率提高,则下列指标中数值将会变小的有(　　)。
A.净现值　　　　　　　　　　B.内含收益率
C.现值指数　　　　　　　　　D.静态投资回收期
7.若净现值小于零,表明该投资项目(　　)。
A.为亏损项目,不可行　　　　B.它的投资收益率小于零
C.它的投资收益率小于基准收益率　　D.它的投资收益率不一定小于零
8.在单一方案决策过程中,与净现值评价结论一致的评价指标有(　　)。
A.现值指数　　　　　　　　　B.年金净流量
C.回收期　　　　　　　　　　D.内含收益率
9.固定资产更新决策中,适宜采用的决策方法有(　　)。
A.净现值法　　　　　　　　　B.现值指数法
C.内含收益率法　　　　　　　D.年金净流量法
10.债券投资代表未来按合同规定收取利息和收回本金的权利,这一属性不属于证券投资的(　　)特点。
A.强流动性　　B.可分割性　　C.价值虚拟性　　D.高风险性
11.下列有关债券影响因素的表述中,正确的有(　　)。
A.债券期限越短,票面利率变化对债券价值影响越小
B.债券期限越短,市场利率变化对债券价值影响越小
C.债券期限越长,票面利率变化对债券价值影响越小
D.债券期限越长,市场利率变化对债券价值影响越小
12.下列各项中,属于证券投资系统性风险的有(　　)。
A.由于利率上升而导致的价格风险
B.由于通货膨胀而导致的购买力风险
C.由于公司经营不善而导致的破产风险
D.由于利率下降而导致的再投资风险
13.证券投资的收益包括(　　)。
A.出售售价　　　　　　　　　B.股利
C.债券利息　　　　　　　　　D.交易现价与原价的价差
14.下列说法中正确的有(　　)。
A.国库券没有违约风险和利息率风险
B.债券到期时间越长,利息率风险越小
C.债券的质量越高,违约风险越小
D.购买股票在一定程度上可以抵补因通货膨胀带来的损失
15.周女士打算投资A股票,如果准备在持有A股票3年之后将股票出售,则周女士投资A股票所得到的未来现金流量包括(　　)。
A.未来3年发放的股利　　　　B.第1年末股票的售价
C.第2年末股票的售价　　　　D.第3年末股票的售价

三、判断题
1.由于投资的特定经济主体中包括国家,从特定公司的角度看,投资不一定要考虑

收益。（ ）

2. 项目投资属于直接投资，证券投资属于间接投资。（ ）

3. 项目投资管理属于公司的程序化管理。（ ）

4. 根据项目投资的理论，在各类投资项目中，运营期现金流出量中都包括固定资产投资。（ ）

5. 在项目投资决策中，现金净流量是指运营期内每年现金流入量与每年现金流出量之间的差额所形成的序列指标。（ ）

6. 包括建设期的静态投资回收期应等于累计现金净流量为零时的年限再加上建设期。（ ）

7. 在投资项目决策中，只要投资方案的总投资收益率大于零，该方案就是可行方案。（ ）

8. 不考虑货币时间价值的前提下，静态投资回收期越短，说明投资获利能力越强。（ ）

9. 内含收益率是指在项目寿命周期内能使投资方案的净现值率等于零时的贴现率。（ ）

10. 一般情况下，使某投资方案的净现值小于零的贴现率，一定高于该投资方案的内含收益率。（ ）

11. 不考虑其他因素的影响，如果债券的票面利率大于市场利率，则该债券的期限越长，其价值就越低。（ ）

12. 利用零增长模式计算股票价值，只需要各期发放的股利都相等的条件。（ ）

四、计算分析题

1. 某公司拟建造一项生产设备。预计建设期为1年，所需原始投资200万元（为自有资本）于建设起点一次投入。该设备预计使用寿命为5年，试用期满报废清理时无残值。该设备采用直线法计提折旧。该设备投产后每年增加息税前利润为100万元，所得税税率为25%，项目的行业基准利润率为20%。

要求：

(1) 计算项目计算期内各年现金净流量；

(2) 计算该设备的静态投资回收期；

(3) 计算该投资项目的总投资收益率；

(4) 假定适用的行业基准折现率为10%，计算该投资项目的净现值；

(5) 计算该投资项目的现值指数；

(6) 评价该项目的财务可行性。

2. 某公司拟更新设备，新旧设备的详细资料见表5-18。

表5-18　新旧设备资料　　　　　　　单位：元

项　目	旧设备	新设备
原价	60 000	80 000
税法残值	6 000	8 000
税法使用年限（年）	6	4
已使用年限（年）	3	0
尚可使用年限（年）	3	4

(续表)

项　目	旧设备	新设备
每年营运成本	7 000	5 000
最终报废残值	8 000	7 000
现行市价	20 000	80 000
每年折旧	9 000	18 000

已知所得税税率为25%，资本成本率为10%，请做出该公司设备是否更新的决策。

3. 某公司有一旧设备，工程技术人员提出更新要求，有关数据见表5-19。

表5-19　　　　　　某公司新旧设备资料　　　　　　单位：万元

项　目	旧设备	新设备
原值	2 200	
预计使用年限	10年	10年
已经使用年限	4年	0
最终残值	200	300
变现价值	600	2 400
年运行成本	700	400

假设该公司要求的最低收益率为15%，假设公司是免税的公司，要求做出是否更新的决策。

4. 某公司在2018年1月1日以950元的价格购买一张面值为1 000元的债券，票面利率为8%，5年后到期，每年12月31日付息，到期归还本金。

要求：

(1) 计算2018年1月1日该债券的投资收益率；

(2) 假定2022年1月1日的市场利率下降为6%，计算此时债券的价值；

(3) 假定2022年1月1日，该债券的市价为982元，计算此时购买该债券的投资收益率；

(4) 假定2020年1月1日的市场利率为12%，债券市价为900元，是否购买该债券？

5. 已知H公司的投资收益率为10%，该公司拟用一笔长期资金投资购买一只股票，现有三只股票可供选择：

W公司股票：该股票现行市价为每股3元，上年每股股利为0.15元，预计以后每年股利以6%的增长率增长。

S公司股票：该股票现行市价为每股7元，上年每股股利为0.3元，该公司一贯坚持固定股利支付政策。

D公司股票：该股票现行市价为每股5元，上年每股股利为0.2元。预计该公司未来三年股利第一年增长10%，第二年增长10%，第三年增长5%，第四年及以后将保持与第三年的股利水平一致。

要求：

(1) 分别计算W、S、D三家公司的股票价值，并作出相应的投资决策；

(2) 若以当前市价购入W公司的股票，并长期持有，请计算持有W公司股票的收益率。

项目六
营运资金管理

知识目标

- 了解营运资金的概念及其管理原则；
- 理解公司持有现金的动机和成本以及应收账款和存货的功能与成本；
- 掌握目标现金余额的确定；
- 熟悉现金管理模式及其收支管理；
- 掌握应收账款信用政策的内容以及应收账款的监控；
- 掌握最优存货量的确定以及存货的控制系统；
- 掌握短期借款、短期融资券和商业信用等流动负债的管理。

能力目标

- 培养学生能确定现金的最佳持有量，合理进行现金管理；
- 培养学生能制定合理的信用政策，妥善进行应收账款管理；
- 培养学生能运用存货经济订货批量决策方法进行存货管理。

思政目标

- 培养学生诚信、法治、公正的社会主义核心价值观；
- 培养学生具有求真务实、诚信守法的职业精神。

案例导入

唐山百川智能机器股份有限公司（简称百川智能），主要从事轨道交通机车车辆检修检测设备的研发、生产和销售，致力于为轨道交通行车安全提供可靠保障，是行业内主要的轨道交通机车车辆检修检测设备提供商。

从百川智能公司招股说明书的财务数据显示，2017年至2020年第一季度，公司分别实现营业收入60 126.58万元、72 232.19万元、82 293.87万元和7 441.22万元；实现归属于母公司股东的净利润11 607.37万元、5 860.03万元、22 007.59万元和1 826.22万元。报告期内，公司主营业务收入主要来源于轨道交通机车车辆检修设备、轨道交通机车车辆检测设备、安全作业管控设备及维保服务。

报告期各期末,公司应收账款净额分别为 57 113.78 万元、53 033.60 万元、64 317.94 万元和 53 999.11 万元,占公司资产总额的比例分别为 39.42%、37.04%、38.92% 和 32.68%,应收账款金额较大、占总资产比例较高。如果公司不能对应收账款实施有效的对账和催收管理,或者客户经营情况发生重大不利变化,导致应收账款回收较慢甚至发生坏账,将对公司的经营状况和业绩造成不利影响。

报告期各期末,公司存货账面价值分别为 31 077.84 万元、32 819.45 万元、40 884.54 万元和 42 047.23 万元,占公司资产总额的比例分别为 21.45%、22.92%、24.74% 和 25.45%,占比较高且逐年上升。公司存货主要为库存商品、在产品和发出商品,公司主要根据客户订单以及需求确定采购计划和生产计划,并根据合同约定发货到项目现场,待验收合格后结转成本,由于发货到验收之间一般间隔较长时间,导致公司发出商品账面价值较大,报告期各期末,公司发出商品账面价值分别为 23 925.58 万元、23 955.99 万元、33 898.00 万元和 32 457.52 万元。如果客户的生产经营发生重大不利变化、相关项目的建设内容发生调整,或者公司未能对发出商品实施有效管理导致发出商品发生毁损减值,都会导致公司存货的可变现净值降低,公司的存货将面临减值的风险。

案例分析要求:

公司应如何进行应收账款管理和存货管理以降低资产风险,促进企业价值提升?

任务一 了解营运资金管理

一、营运资金的概念及特点

(一)营运资金的概念

营运资金是指公司生产经营活动中占用在流动资产上的资金。营运资金有广义和狭义之分,广义的营运资金是指一个公司流动资产的总额;狭义的营运资金是指流动资产减去流动负债后的余额。本项目研究的营运资金是指狭义的营运资金概念。因此,营运资金的管理既包括流动资产的管理,也包括流动负债的管理。

1. 流动资产

流动资产是指可以在 1 年以内或超过 1 年的一个营业周期内变现或运用的资产。流动资产具有占用时间短、周转快、易变现等特点。流动资产按不同的标准可进行不同的分类,常见的分类方式如下:

(1)按占用形态不同,分为现金、以公允价值计量且其变动计入当期损益的金融资产、应收及预付款项和存货等。

(2)按在生产经营过程中所处的环节不同,分为生产领域中的流动资产、流通领域中的流动资产以及其他领域中的流动资产。

2. 流动负债

流动负债又称为短期负债,是指需要在1年或者超过1年的一个营业周期内偿还的债务。流动负债具有成本低、偿还期短的特点。流动负债按不同标准可作不同分类,最常见的分类方式如下:

(1)以应付金额是否确定为标准,可以分为应付金额确定的流动负债和应付金额不确定的流动负债。应付金额确定的流动负债是指那些根据合同或法律规定到期必须偿付、并有确定金额的流动负债,如短期借款、应付票据、应付短期融资券等;应付金额不确定的流动负债是指那些要根据公司生产经营状况,到一定时期或具备一定条件时才能确定的流动负债,或应付金额需要估计的流动负债,如应交税费、应付产品质量担保债务等。

(2)以流动负债的形成情况为标准,可以分为自然性流动负债和人为性流动负债。自然性流动负债是指不需要正式安排,由于结算程序或有关法律法规的规定等原因而自然形成的流动负债;人为性流动负债是指由财务人员根据公司对短期资金的需求情况,通过人为安排所形成的流动负债,如短期银行借款等。

(3)以是否支付利息为标准,可以分为有息流动负债和无息流动负债。

(二)营运资金的特点

为了有效地管理公司的营运资金,必须研究营运资金的特点,以便有针对性地进行管理。营运资金一般具有如下特点:

1. 营运资金的周转具有短期性

公司占有在流动资产上的资金,通常会在1年或超过1年的一个营业周期内收回,对公司影响的时间比较短。根据这一特点,营运资金可以用商业信用、银行短期借款等短期筹资方式来加以解决。

2. 营运资金的来源具有多样性

公司筹集长期资金的方式一般较少,只有吸收直接投资、发行股票、发行债券等方式。而公司筹集营运资金的方式却较为灵活多样,通常有银行短期借款、短期融资券、商业信用、应交税费、应付股利、应付职工薪酬、应付工资等多种内外部融资方式。

3. 营运资金的数量具有波动性

流动资产的数量会随着公司内、外部条件的变化而变化,时高时低,波动很大。随着流动资产数量的变动,流动负债的数量也会相应发生变动。

4. 营运资金的实物形态具有变动性和易变现性

公司营运资金的占用形态是经常变化的,营运资金的每次循环都要经过采购、生产、销售等过程,一般按照现金、材料、在产品、产成品、应收账款、现金的顺序转化。为此,在进行流动资产管理时,必须在各项流动资产上合理配置资金数额,做到结构合理,以促进资金周转顺利进行。同时,以公允价值计量且其变动计入当期损益的金融资产、应收账款和存货等流动资产一般具有较强的变现能力,如果遇到意外情况,公司出现资金周转不灵、现金短缺时,便可迅速变卖这些资产,以获取现金,这对财务上应付临时性资金需求具有重要意义。

二、营运资金管理的原则

公司的营运资金在全部资金中占有相当大的比重，而且周转期短，形态易变，因此，营运资金管理是公司理财工作的一项重要内容。公司进行营运资金管理，应遵循以下原则：

(一)满足正常的资金需求

公司营运资金的需求数量与公司生产经营活动有直接关系。一般情况下，当公司产销两旺时，流动资产会不断增加，流动负债也会相应增加；而当公司产销量不断减少时，流动资产和流动负债也会相应减少。因此，公司财务人员应认真分析生产经营状况，采取一定的方法预测营运资金的需要数量，营运资金管理必须把满足正常合理的资金需求作为首要任务。

(二)提高资金使用效率

加速营运资金的周转是提高资金的使用效率的主要手段之一。提高营运资金使用效率的关键是缩短营业周期，加速变现过程，加快营运资金周转。因此，公司要千方百计地加速存货、应收账款等流动资产的周转，以便用有限的资金服务于公司的生产经营，为公司取得更优的效益提供条件。

(三)节约资金使用成本

在营运资金管理中，必须正确处理保证生产经营需要和节约资金使用成本两者之间的关系。要在保证生产经营需要的前提下，尽力降低资金使用成本。一方面，要挖掘资金潜力，加速资金周转，精打细算地使用资金；另一方面，积极拓展融资渠道，合理配置资源，筹措低成本资金，服务于公司的生产经营。

(四)保证足够的短期偿债能力

合理安排流动资产与流动负债的比例关系，保持流动资产结构与流动负债结构的适配性，保证公司有足够的短期偿债能力，这也是营运资金管理的重要原则之一。

任务二　掌握现金管理

现金有广义、狭义之分。广义的现金是指在生产经营中以货币形态存在的资金，包括库存现金、银行存款和其他货币资金等。狭义的现金仅指库存现金。本任务所讲的现金是指广义的现金。

保持合理的现金水平是公司现金管理的重要内容。现金是变现能力最强的资产，可以用来满足生产经营开支的各种需要，也是还本付息和履行纳税义务的保证。拥有足够的现金对于降低公司的风险,增强公司资产的流动性和债务的可清偿性有着重要的意义。但库存现金是唯一的不创造价值的资产,对其持有量不是越多越好。即使是银行存款,其利率也非常低。因此,现金存量越多,它所提供的流动性边际效益便会随之下降,从而使公司的收益水平下降。

除了应付日常的业务活动之外,公司还需要拥有足够的现金偿还贷款、把握商机以及防止不时之需。公司必须建立一套管理现金的方法,持有合理的现金数额,使其在时间上继起,在空间上并存,在现金的流动性和收益性之间进行合理选择。公司必须编制现金预算,以衡量公司在某段时间内的现金流入量与流出量,以便在保证公司经营活动所需资金的同时,尽量减少公司的现金数量,提高资金收益率。

一、公司持有现金的动机

(一)交易性需求

交易性需求是指公司为了维持日常周转及正常商业活动所需持有的现金额。公司每日都在发生许多支出和收入,这些支出和收入在数额上不相等,在时间上不匹配,使公司需要持有一定现金来调节,以使生产经营活动能持续进行。

在很多情况下,公司向客户提供的商业信用条件和它从供应商那里获得的信用条件不同,这就要求公司必须持有现金。如供应商提供的条件是在30天内付款,而当公司迫于竞争压力,向客户提供45天的信用期,这样,公司必须筹集够15天的营运资金来维持公司运转。

另外,公司业务的季节性,要求公司逐渐增加存货以等待季节性的销售高潮。这时,一般会发生季节性的现金支出,公司现金余额下降,随后又随着销售高潮到来,存货减少,而现金又逐渐恢复到原来水平。

(二)预防性需求

预防性需求是指公司需要持有一定量的现金,以应付突发事件。这种突发事件可能是社会经济环境变化,也可能是公司的某个大客户违约导致公司突发性偿付等。尽管财务人员试图利用各种手段来较准确地估算公司所需要的现金数额,但这些突发事件会使原本很好的财务计划失去效果。因此,公司为了应付突发事件,有必要维持比日常运转所需金额更多的现金。

为应付意料不到的现金需要,公司需掌握的现金余额取决于以下三方面:(1)公司愿冒缺少现金风险的程度;(2)公司预测现金收支可靠的程度;(3)公司临时融资的能力。希望尽可能减少风险的公司倾向于保留大量的现金余额,以应付其交易性需求和大部分预防性资金需求。另外,公司会与银行维持良好关系,以备现金短缺之需。

(三)投机性需求

投机性需求是指公司为了抓住突然出现的获利机会而持有的一定量的现金。公司要在瞬息万变的市场中把握有利时机,就需要保留一定数量的现金。如证券价格突然下跌。但公司如果没有用于投机的现金,就会错过这一机会。但大部分公司一般不会专为投机性需求而留存大量现金。

公司的现金持有量一般小于三种需求下的现金持有量之和,因为为某一种需求持有的现金可以用于满足其他需求。

二 目标现金余额的确定

(一)成本模式

成本模式强调的是:持有现金是有成本的,最优的现金持有量是使得现金持有成本最小化的持有量。

成本模式考虑的现金持有成本包括如下项目:

1. 机会成本

现金的机会成本,是指公司因持有一定现金而丧失的再投资收益。再投资收益是公司不能同时用该现金进行有价证券投资所产生的机会成本,这种成本在数额上等于资本成本。

> **【例6-1】** 某公司的资本成本为10%,年均持有现金50万元,则该公司每年的现金机会成本为:
> $$50 \times 10\% = 5(万元)$$

放弃的再投资收益即机会成本属于变动成本,它与现金持有量的多少密切相关,即现金持有量越大,机会成本越大,反之就越小。

2. 管理成本

现金的管理成本,是指公司因持有一定数量的现金而发生的管理费用。例如管理者工资、安全措施费用等。一般认为这是一种固定成本,这种固定成本在一定范围内和现金持有量之间没有明显的比例关系。

3. 短缺成本

现金的短缺成本,是指在现金持有量不足,又无法及时通过有价证券变现加以补充所给公司造成的损失,包括直接损失和间接损失。现金的短缺成本随现金持有量的增加而下降,随现金持有量的减少而上升,即与现金持有量负相关。

成本分析模式是根据持有现金的有关成本,分析预测其总成本最低时现金持有量的一种方法。其计算公式为:

最佳现金持有量下的现金持有总成本=min(管理成本+机会成本+短缺成本)

其中,管理成本属于固定成本,机会成本是正相关成本,短缺成本是负相关成本。因此,成本分析模式是要找到机会成本、管理成本和短缺成本所组成的总成本中最低点所对应的现金持有量,把它作为最佳现金持有量。

在公司理财实务中,运用成本模式确定最佳现金持有量的具体步骤为:

第一,根据不同现金持有量测算并确定有关成本数值;

第二,按照不同现金持有量及其有关成本资料编制现金持有量测算表;

第三,在测算表中找到总成本最低时的现金持有量,即最佳现金持有量。

【例 6-2】 某公司现金持有量备选方案及有关成本资料见表 6-1。请确定该公司最佳现金持有量。

表 6-1　　　　　　　　　现金持有量备选方案表　　　　　　　　　单位:元

项　目	方案一	方案二	方案三	方案四
现金持有量	15 000	30 000	45 000	60 000
管理成本	3 000	3 000	3 000	3 000
机会成本率	12%	12%	12%	12%
短缺成本	8 400	3 750	1 500	0

根据上述资料编制最佳现金持有量测算表,见表 6-2。

表 6-2　　　　　　　　　最佳现金持有量测算表　　　　　　　　　单位:元

项　目	方案一	方案二	方案三	方案四
管理成本	3 000	3 000	3 000	3 000
机会成本	1 800	3 600	5 400	7 200
短缺成本	8 400	3 750	1 500	0
总成本	13 200	10 350	9 900	10 200

根据表 6-2,将以上各方案的总成本加以比较可知,方案三的总成本最低,因此 45 000 元为该公司最佳现金持有量。

(二)存货模式

公司平时持有较多的现金,会降低现金的短缺成本,但也会增加现金占用的机会成本;公司如果平时持有较少的现金,在有现金需要时,通过出售有价证券换回现金,既能满足现金的需要,避免短缺成本,又能减少机会成本。因此,适当的现金与有价证券之间的转换,是公司提高资金使用效率的有效途径。如何确定有价证券与现金的每次转换量,是一个需要研究的问题。这可以应用现金持有量的存货模式加以解决。

有价证券转换回现金所付出的代价(如支付手续费用),被称为现金的交易成本。现金的交易成本与现金转换次数、每次的转换量有关。假定现金每次的交易成本是固定的,在公司一定时期现金使用量确定的前提下,每次以有价证券转换回现金的金额越大,公司平时持有的现金量便越高,转换的次数便越少,现金的交易成本就越低;反之,每次转换回现金的金额越低,公司平时持有的现金量便越低,转换的次数会越多,现金的交易成本就越高。可见,现金交易成本与现金持有量成反比。

利用存货模式计算最佳现金持有量时,只需考虑现金机会成本和现金交易成本,而不必考虑管理成本和短缺成本。因为管理成本属于固定成本,一般与决策无关。而短缺成本存在很大的不确定性和无法计量性,且成功的现金管理不应该出现短缺成本。所以,能够使现金管理的机会成本与交易成本之和最低的现金持有量,即为最佳现金持有量,即:

$$现金管理相关总成本 = 机会成本 + 交易成本$$

或

$$TC = \frac{Q}{2} \times K + \frac{T}{Q} \times F$$

则

$$最佳现金持有量 Q = \sqrt{\frac{2TF}{K}}$$

$$最低现金管理总成本 TC = \sqrt{2TFK}$$

式中，T 表示一定期间的现金总需求量，F 表示每次转换有价证券的成本(即交易成本)，K 表示有价证券利息率(即机会成本)。

【例 6-3】 某公司现金收支比较稳定，预计全年(按 360 天计算)现金需要量为 4 000 000 元，现金与有价证券的交易成本每次为 500 元，有价证券年利率为 10%。请采用存货模式确定最佳现金持有量。

$$现金持有量 Q = \sqrt{\frac{2 \times 4\,000\,000 \times 500}{10\%}} = 200\,000(元)$$

最佳现金持有量下的全年现金管理总成本为：

$$TC = \sqrt{2 \times 4\,000\,000 \times 500 \times 10\%} = 20\,000(元)$$

其中

机会成本 = (200 000 ÷ 2) × 10% = 10 000(元)

交易成本 = (4 000 000 ÷ 200 000) × 500 = 10 000(元)

三 现金管理模式

(一)"收支两条线"的管理模式

"收支两条线"原本是政府为了加强财政管理和整顿财政秩序对财政资金采取的一种管理模式。当前，公司，特别是大型集团公司，也纷纷采用"收支两条线"资金管理模式。

1. 公司实行"收支两条线"管理模式的目的

公司作为追求价值最大化的营利组织，实施"收支两条线"主要出于两个目的：第一，对公司范围内的现金进行集中管理，减少现金持有成本，加速资金周转，提高资金使用效率；第二，以实施"收支两条线"为切入点，通过高效的价值化管理来提高公司效益。

2. "收支两条线"资金管理模式的构建

构建公司"收支两条线"资金管理模式，可从规范资金的流向、流量和流程三个方面入手：

(1)资金的流向方面：公司"收支两条线"要求各部门或分支机构在内部银行或当地银行设立两个账户(收入户和支出户)，并规定所有收入的现金都必须进入收入户(外地分支机构的收入户资金还必须及时、足额地回笼到总部)，收入户资金由公司资金管理部门(内部银行或财务结算中心)统一管理，而所有的货币性支出都必须从支出户里支付，支出户里的资金只能根据一定的程序由收入户划拨而来，严禁现金坐支。

(2)资金的流量方面：在收入环节上，要确保所有收入的资金都进入收入户，不允许有私设的账外小金库。另外，还要加快资金的结算速度，尽量压缩资金在结算环节的沉淀量；在调度环节上，通过动态的现金流量预算和资金收支计划实现对资金的精确调度；在支出环节上，根据"以收定支"和"最低限额资金占用"的原则从收入户按照支出预算安排将资金定期划拨到支出户，支出户平均资金占用额应压缩到最低限额。有效的资金流量管理将有助于确保及时、足额地收入资金，合理控制各项费用支出和有效调剂内部资金。

(3)资金的流程方面：资金流程是指与资金流动有关的程序和规定。它是"收支两条线"内部控制体系的重要组成部分，主要包括以下几个方面：①关于账户管理、货币资金安全性等规定；②收入资金管理与控制；③支出资金管理与控制；④资金内部结算与信贷管理与控制；⑤"收支两条线"的组织保障等。

需要说明的是，"收支两条线"作为一种公司的内部资金管理模式，与公司的性质、战略、管理文化和组织架构都有很大的关系。因此，公司在构建"收支两条线"管理模式时，一定要注意与自己的实际相结合，以管理有效性为导向。

(二)集团公司资金集中管理模式

1.资金集中管理模式的概念

资金集中管理，也称司库制度，是指集团公司借助商业银行网上银行功能及其他信息技术手段，将分散在集团各所属公司的资金集中到总部，由总部统一调度、统一管理和统一运用。资金集中管理在各个集团的具体运用可能会有所差异，但一般都包括以下主要内容：资金集中、内部结算、融资管理、外汇管理、支付管理等。其中资金集中是基础，其他各方面均建立在此基础之上。目前，资金集中管理模式逐渐被我国集团公司所运用。

2.集团公司资金集中管理模式

资金集中管理模式的选择实质上是集团公司的管理是集权还是分权管理体制的体现，也就是说，在集团公司内部所属各子公司或分部是否有货币资金使用的决策权、经营权，这是由行业特点和本集团公司资金运行规律决定的。现行的资金集中管理模式大致可以分为以下几种：

(1)统收统支模式。在该模式下，公司的一切现金收入都集中在集团总部的财务部门，各分支机构或子公司不单独设立账号，一切现金支出都通过集团总部财务部门付出，现金收支的批准权高度集中。统收统支模式有利于集团公司实现全面平衡，提高资金的周转效率，减少资金沉淀，监控现金收支，降低资本成本。但是该模式可能会不利于调动成员公司开源节流的积极性，影响成员公司经营的灵活性，以致降低整个集团公司经营活动和财务活动的效率，而且在制度的管理上欠缺一定的合理性，如果每笔收支都要经过总部财务部门之手，那么总部财务部门的工作量就大了很多。因此，这种模式通常适用于规模比较小的公司。

(2)拨付备用金模式。拨付备用金模式是指集团按照一定的期限统拨给所有所属分支机构或子公司备其使用的一定数额的现金。等各分支机构或子公司发生现金支出后，持有关凭证到集团财务部门报销以补足备用金。拨付备用金模式比统收统支模式更具有一定的灵活性，但这种模式也通常适用于那些经营规模比较小的公司。

(3)结算中心模式。结算中心通常是由集团公司内部设立的，办理内部各成员现金收付和往来结算业务的专门机构。结算中心通常设立于财务部门内,是一个独立运行的职能机构。结算中心是集团公司发展到一定阶段,应公司内部资金需求而生的一个内部资金管理机构,是根据集团财务管理和控制的需要在集团内部设立的,为成员公司办理资金融通和结算,以降低公司成本、提高资金使用效率的服务机构。结算中心帮助公司集中管理各分子公司的现金收入和支出。分子公司收到现金后就直接转账存入结算中心在银行开立的账户。当需要资金的时候,再进行统一的拨付,有助于公司监控资金的流向。

(4)内部银行模式。内部银行是将社会银行的基本职能与管理方式引入公司内部管理机制而建立起来的一种内部资金管理机构,它将"企业管理""金融信贷""财务管理"三者融为一体,一般是将公司的自有资金和商业银行的信贷资金统筹运作,在内部银行统一调剂、融通运用。通过吸纳公司下属各单位闲散资金,调剂余缺,减少资金占用,活化与加速资金周转速度,提高资金使用效率、效益。内部银行通常具有三大职能:结算、融资信贷和监督控制。

(5)财务公司模式。财务公司是一种经营部分银行业务的非银行金融机构,它一般是集团公司发展到一定水平后,需要经过人民银行审核批准才能设立的。其主要职责是开展集团内部资金集中结算,同时为集团成员公司提供包括存贷款、租赁、担保、信用鉴证、债券承销、财务顾问等在内的全方位金融服务。

四 现金收支日常管理

(一)现金周转期

公司的经营周期是指从取得存货开始到销售存货并收回现金为止的时期。其中,从收到原材料,加工原材料,形成产成品,到将产成品卖出的这一时期,称为存货周转期;产品卖出后到收到顾客支付的货款的这一时期,称为应收账款周转期或收账期。

但是,公司购买原材料并不用立即付款,这一延迟的付款时间段就是应付账款周转期。现金周转期,是指介于公司支付现金与收到现金之间的时间段,它等于经营周期减去应付账款周转期。用公式表示就是:

$$经营周期 = 存货周转期 + 应收账款周转期$$

$$现金周转期 = 经营周期 - 应付账款周转期$$

其中:

$$存货周转期 = 存货平均余额 / 每日销货成本$$

$$应收账款周转期 = 应收账款平均余额 / 每日销货收入$$

$$应付账款周转期 = 应付账款平均余额 / 每日购货成本$$

所以,如果要减少现金周转期,可以从以下方面着手:加快制造与销售产成品来减少存货周转期;加速应收账款的回收来减少应收账款周转期;减缓支付应付账款来延长应付账款周转期。

(二)收款管理

1.收款系统

一个高效率的收款系统能够使收款成本和收款浮动期达到最小,同时能够保证与客户汇款及其他现金流入来源相关的信息的质量。

(1)收款成本。收款成本包括浮动期成本、管理收款系统的相关费用(例如银行手续费)及第三方处理费用或清算相关费用。在获得资金之前,收款在途项目使公司无法利用这些资金,也会产生机会成本。信息的质量包括收款方得到的付款人的姓名、付款的内容和付款时间。信息要求及时、准确地到达收款人一方,以便收款人及时处理资金,做出发货的安排。

(2)收款浮动期。收款浮动期是指从支付开始到公司收到资金的时间间隔。收款浮动期有下列三种类型:

①邮寄浮动期:从付款人寄出支票到收款人或收款人的处理系统收到支票的时间间隔。

②处理浮动期:是指支票的接收方处理支票和将支票存入银行以收回现金所花的时间。

③结算浮动期:是指通过银行系统进行支票结算所需的时间。

2.收款方式的改善

电子支付方式对比纸基(或称纸质)支付方式是一种改进。电子支付方式提供了如下好处:

(1)结算时间和资金可用性可以预计;

(2)向任何一个账户或任何金融机构的支付具有灵活性,不受人工干扰;

(3)客户的汇款信息可与支付同时传递,更容易更新应收账款;

(4)客户的汇款从纸基方式转向电子方式,减少或消除了收款浮动期,降低了收款成本,收款过程更容易控制,并且提高了预测精度。

(三)付款管理

现金支出管理的主要任务是尽可能地延缓现金的支出时间。当然,这种延缓必须是合理合法的。控制现金指出的目标是在不损害公司信誉的条件下,尽可能推迟现金支出。

1.使用现金浮游量

现金浮游量是指由于公司提高收款效率和延长付款时间所产生的公司账户上的现金余额和银行账户上的公司存款余额的差额。公司可预测这些浮游现金的数量并合理加以利用。

2.推迟应付款的支付

推迟应付款的支付,是指公司在不影响自己信誉的前提下,充分运用供货方所提供的信用优惠,尽可能地推迟应付款的支付期。

3.汇票代替支票

汇票分为商业承兑汇票和银行承兑汇票,与支票不同的是,承兑汇票并不是见票即付。这一方式的优点是推迟了公司调入资金支付汇票的实际所需时间。这样，公司就只需在银行中保持较少的现金余额。它的缺点是某些供应商可能并不喜欢用汇票付款，银行也不喜欢处理汇票，它们通常需要耗费更多的人力。同支票相比，银行会收取较高的手续费。

4.改进员工工资支付方式

公司可以为支付工资专门设立一个工资账户，通过银行向职工支付工资。为了最大限度地减少工资账户的存款余额，公司要合理预测开出支付工资的支票到职工去银行兑现的具体时间。

5.透支

公司开出支票的金额大于活期存款余额。它实际上是银行向公司提供的信用。透支的限额，由银行和公司共同商定。

6.争取现金流出与现金流入同步

公司应尽量使现金流出与现金流入同步，这样，就可以降低交易性现金余额，同时还可以减少将有价证券转换为现金的次数，提高现金的利用效率，节约转换成本。

7.使用零余额账户

即公司与银行合作，保持一个主账户和一系列子账户。公司只在主账户保持一定的安全储备，而在一系列子账户中不需要保持安全储备。当从某个子账户签发的支票需要现金时，所需要的资金立即从主账户划拨过来，从而使更多的资金可以用作他用。

任务三　掌握应收账款管理

一、应收账款的功能

公司可以通过提供商业信用，通过赊销、分期付款等方式扩大销售规模，增强竞争力，获得利润。应收账款作为公司为扩大销售和盈利的一项投资，也会发生一定的成本。所以公司需要在应收账款所增加的盈利和所增加的成本之间做出权衡。应收账款管理就是分析赊销的条件，使赊销带来的盈利增加大于应收账款投资产生的成本的增加，最终使公司现金收入增加，公司价值上升。

应收账款的功能指其在生产经营中的作用。主要有以下两个方面：

1.增加销售功能

在激烈的市场竞争中，通过提供赊销可有效地促进销售。因为公司提供赊销不仅向顾客提供了商品，也在一定时间内向顾客提供了购买该商品的资金，顾客将从赊销中得到好处。所以赊销会带来公司销售收入和利润的增加。

2.减少存货功能

公司持有一定产成品存货时,会相应地占用资金,形成仓储费用、管理费用等,产生成本;而赊销则可避免这些成本的产生。所以当公司的产成品存货较多时,一般会采用优惠的信用条件进行赊销,将存货转化为应收账款,减少资金占用,从而提高公司收益。

二、应收账款的成本

应收账款作为公司为增加销售和盈利进行的投资,必然会发生一定的成本。应收账款的成本主要有:

1.应收账款的机会成本

应收账款的机会成本是指因资金投放于应收账款而放弃其他投资所带来的收益。其计算公式为:

$$应收账款机会成本 = 应收账款占用资金 \times 资本成本$$
$$= 应收账款平均余额 \times 变动成本率 \times 资本成本$$
$$= \frac{赊销收入净额}{360} \times 应收账款周转天数 \times 变动成本率 \times 资本成本$$

【例6-4】 某公司预算年度的赊销收入净额为450万元,应收账款周转天数为45天,变动成本率为60%,资本成本为8%,那么,该公司应收账款的机会成本为:

$$应收账款机会成本 = \frac{450}{360} \times 45 \times 60\% \times 8\% = 2.7(万元)$$

也就是说,当该公司的赊销业务为450万元时,它将丧失2.7万元的证券投资收入(即机会成本)。

2.应收账款的管理成本

应收账款的管理成本是指在进行应收账款管理时所增加的费用。主要包括:调查顾客信用状况的费用、收集各种信息的费用、账簿的记录费用、收账费用、数据处理成本、相关管理人员成本和从第三方购买信用信息的成本等。

3.应收账款的坏账成本

应收账款的坏账成本是指因各种原因导致应收账款无法收回而给公司带来的损失。可以说,公司发生坏账成本是不可避免的,而此项成本一般与应收账款发生的数量成正比。

坏账成本一般用下列公式测算:

$$应收账款的坏账成本 = 赊销额 \times 预计坏账损失率$$

三、应收账款的管理目标

公司发生应收账款的主要原因就在于扩大销售,增强市场竞争力,因此,对应收账款的管理目标就是赚取利润。应收账款是公司的一项资金投放,是为了扩大销售和盈利而进行的投资。而投资肯定会发生成本,这就需要在应收账款信用政策所增加的盈利和这种政策的成本之间做出权衡。只有当应收账款所增加的盈利超过所增加的成本时,才应当实施应收账款赊销;如果应收账款赊销有着良好的盈利前景,就应当放宽信用条件,增加赊销额。

四 信用政策

为了确保公司能一致性地运用信用和保证公平性,公司必须保持恰当的信用政策。信用政策包括信用标准、信用条件和收账政策三个方面。

(一)信用标准

信用标准是指信用申请者获得公司提供信用所必须达到的最低信用水平,通常以预期的坏账损失率作为判别标准。如果公司执行的信用标准过于严格,可能会降低对符合可接受信用风险标准客户的赊销额,减少坏账损失,减少应收账款的机会成本,但不利于扩大公司销售量,甚至会限制公司的销售机会;如果公司执行的信用标准过于宽松,可能会对不符合可接受信用风险标准的客户提供赊销,因此会增加随后收回还款的风险并增加应收账款的管理成本与坏账成本。

1. 信息来源

当公司进行信用分析时,必须考虑信息的类型、数量和成本。信息既可以从公司内部收集,也可以从公司外部收集。

公司内部产生的最重要的信用信息来源是信用申请人执行信用申请(协议)的情况和公司自己保存的有关信用申请人还款历史的记录。

公司可以使用各种外部信息来源帮助其确定申请人的信誉,主要信息来源有三:(1)申请人的财务报表;(2)一些商业参考资料或申请人过去获得赊购的供应商;(3)银行或其他贷款机构所提供的申请人财务状况和可使用信息额度方面的标准化信息。

2. 信用的定性分析

信用的定性分析是指对申请人"质"的方面的分析。常用的信用定性分析法是5C信用评价系统,即评估申请人信用品质的五个方面:

(1)品质(Character):是指个人或公司申请人的诚实和正直表现,它反映了个人或公司在过去的还款中所体现的还款意图和愿望。这是5C信用评价系统中最重要的因素。公司必须设法了解申请人过去的付款记录,看其是否有按期如数付款的一贯做法。

(2)能力(Capacity):是指申请人的偿债能力。公司应着重了解申请人流动资产的数量、质量以及流动比率的高低,必要时还可实地考察申请人的日常运营状况。

(3)资本(Capital):是指申请人的财务实力和财务状况。公司资本雄厚,说明公司具有强大的物质基础和抗风险能力。因此,信用分析必须调查了解公司资本规模和负债比率。

(4)抵押(Collateral):是指申请人拒付款项或无力支付款项时能被用作抵押的资产。信用分析必须分析担保抵押手续是否齐备,抵押品的估值和出售有无问题,担保人的信誉是否可靠等。

(5)条件(Condition)：条件是指影响申请人还款能力和还款意愿的各种外在因素。信用分析必须对公司的各种外在因素，包括公司发展前景、行业发展趋势、市场需求变化等进行分析，预测其对公司经营效益的影响。

3.信用的定量分析

进行商业信用的定量分析可以从考察信用申请人的财务报表开始。通常使用比率分析法评价客户的财务状况。常用的指标有：流动性和营运资本比率(如流动比率、速动比率以及现金对负债总额比率)、债务管理和支付比率(利息保障倍数、长期债务对资本比率以及资产负债率)和盈利能力指标(总资产收益率和净资产收益率)。

将这些指标和信用评级机构及其他协会发布的行业标准进行比较，可以观察申请人的信用状况。

(二)信用条件

信用条件，是指销货公司要求赊购客户支付货款的条件，由信用期限、折扣期限和现金折扣三个要素组成。信用条件的基本表示方式如"2/10，N/30"，其中，30天为信用期限，10天为折扣期限，2%为现金折扣率。

1.信用期间

信用期间是公司允许客户从购货到付款之间的时间，或者说是公司给予客户的最长付款期间，一般简称为信用期。例如，若公司允许客户在购货后的45天内付款，则信用期为45天。

信用期的确定，主要是分析改变现行信用期对收入和成本的影响。延长信用期，对销售额增加固然有利，但与此同时，得到的收益会被增长的收账费用、坏账成本所抵消，造成利润减少。如果缩短信用期，情况则与此相反。因此，公司必须慎重研究，确定出恰当的信用期。信用期间一般在30天到70天不等，但最长一般不能超过赊销公司存货的周转期。

2.折扣条件

折扣条件包括现金折扣和折扣期两个方面。如果公司给客户提供现金折扣，那么客户在折扣期付款时少付的金额所产生的"成本"将影响公司收益。当客户利用了公司提供的现金折扣，而现金折扣又没有促使销售额增长时，公司的净收益则会下降。当然，上述收入方面的损失可能会全部或部分地由应收账款持有成本的下降来补偿。

现金折扣，是公司对客户在商品价格上的扣减。向客户提供这种价格上的优惠，主要目的在于吸引客户为享受优惠而提前付款，缩短公司的平均收款期。另外，现金折扣也能招揽一些视折扣为减价出售的客户前来购货，借此扩大销售量。

折扣的表示常用"3/10，N/30"这样的符号。这两个符号的含义分别为："3/10"表示10天内付款，可享受3%的价格优惠，即只需支付原价的97%，若原价为10 000元，只需支付9 700元；"N/30"表示付款的最后期限为30天，此时付款不再享受优惠。

公司采用什么程度的现金折扣，要与信用期间结合起来考虑。不论是信用期间还是现金折扣，都可能给公司带来收益，但也会增加成本。所以，当公司给予客户某种现金折扣时，应当考虑折扣所能带来的收益与成本孰高孰低，权衡利弊。

【例 6-5】 某公司预测的 2022 年度赊销额为 3 600 万元,其信用条件是:N/30,变动成本率为 60%,资本成本(或有价证券利息率)为 10%。假设公司收账政策不变,固定成本总额不变。该公司准备了三个信用条件的备选方案:

A:维持 N/30 的信用条件;
B:将信用条件放宽到 N/60;
C:将信用条件放宽到 N/90。

各种备选方案估计的赊销水平、坏账百分比和收账费用等有关数据见表 6-3。

表 6-3　　　　　　　　信用条件备选方案表　　　　　　金额单位:万元

项目 \ 方案	A	B	C
信用条件	N/30	N/60	N/90
年赊销额	3 600	3 960	4 200
应收账款平均收账天数(天)	30	60	90
应收账款平均余额	3 600/360×30=300	3 960/360×60=660	4 200/360×90=1 050
维持赊销业务所需资金	300×60%=180	660×60%=396	1 050×60%=630
坏账损失率	2%	3%	6%
坏账损失	3 600×2%=72	3 960×3%=118.8	4 200×6%=252
收账费用	36	80	144

根据以上资料,可计算如下指标,见表 6-4。

表 6-4　　　　　　　　信用条件分析评价表　　　　　　金额单位:万元

项目 \ 方案	A	B	C
信用条件	N/30	N/60	N/90
年赊销额	3 600	3 960	4 200
变动成本	2 160	2 376	2 520
信用成本前收益	1 440	1 584	1 680
信用成本:			
应收账款机会成本	180×10%=18	396×10%=39.6	630×10%=63
坏账损失	72	118.8	252
收账费用	36	80	144
小　计	126	238.4	459
信用成本后收益	1 314	1 345.6	1 221

根据表 6-4 中的资料可知,在这三种方案中,B 方案(N/60)的获利最大,它比 A 方案(N/30)增加收益 51.6 万元;比 C 方案(N/90)的收益要多 144.6 万元。因此,在其他条件不变的情况下,应选择 B 方案。

【例 6-6】 仍以【例 6-5】所列资料为例,如果公司为了加速应收账款的回收,决定在 B 方案的基础上将赊销条件改为"2/10,1/20,N/60"(D 方案),估计约有 60% 的客户(按赊销额计算)会利用 2% 的折扣;15% 的客户会利用 1% 的折扣。坏账损失率降为 1.5%,收账费用降为 42 万元。根据上述资料,有关指标可计算如下:

应收账款平均收账天数 $= 60\% \times 10 + 15\% \times 20 + (1 - 60\% - 15\%) \times 60 = 24$(天)

应收账款平均余额 $= 3\,960 \div 360 \times 24 = 264$(万元)

维持赊销业务所需要的资金 $= 264 \times 60\% = 158.4$(万元)

应收账款机会成本 $= 158.4 \times 10\% = 15.84$(万元)

坏账损失 $= 3\,960 \times 1.5\% = 59.4$(万元)

现金折扣 $= 3\,960 \times (2\% \times 60\% + 1\% \times 15\%) = 53.46$(万元)

根据以上资料可编制信用条件分析评价表,见表 6-5。

表 6-5　　　　　　　　信用条件分析评价表　　　　　　　　单位:万元

方案 信用条件 项目	B N/60	D 2/10,1/20,N/60
年赊销额	3 960	3 960
变动成本	2 376	2 376
信用成本前收益	1 584	1 584
信用成本:		
现金折扣		53.46
应收账款机会成本	39.6	15.84
坏账损失	118.8	59.4
收账费用	80	42
小　计	238.4	170.7
信用成本后收益	1 345.6	1 413.3

计算结果表明,实行现金折扣政策以后,公司的收益增加 47.7 万元,因此,公司最终选择 D 方案作为最佳方案。

(三)收账政策

收账政策是指信用条件被违反时,公司采取的收账策略。公司如果采取较积极的收账政策,可能会减少应收账款投资,减少坏账损失,但要增加收账成本。如果采用较消极的收账政策,则可能会增加应收账款投资,增加坏账损失,但会减少收账费用。公司需对此做出适当的权衡。一般来说,可以参照信用评价标准、信用条件的方法来评价收账政策。

【例6-7】 已知某公司应收账款原有的收账政策和拟改变的收账政策见表6-6。假设资本成本为10%,根据表6-6中的资料,计算两种方案的收账总成本见表6-7。

表6-6　　　　　　　　　　收账政策备选方案资料

项目	现行收账政策	拟改变的收账政策
年收账费用(万元)	90	150
应收账款平均收账天数(天)	60	30
坏账损失占赊销额的百分比(%)	3	2
赊销额(万元)	7 200	7 200
变动成本率(%)	60	60

表6-7　　　　　　　　　　收账政策分析评价表　　　　　　　金额单位:万元

项目	现行收账政策	拟改变的收账政策
赊销额	7 200	7 200
应收账款平均收账天数(天)	60	30
应收账款平均余额	7 200÷360×60=1 200	7 200÷360×30=600
应收账款占用的资金	1 200×60%=720	600×60%=360
应收账款机会成本	720×10%=72	360×10%=36
坏账损失	7 200×3%=216	7 200×2%=144
年收账费用	90	150
收账总成本	378	330

表6-7的计算结果表明,拟改变的收账政策较现行收账政策减少的坏账损失和减少的应收账款机会成本之和108万元[(216-144)+(72-36)],大于增加的收账费用60万元(150-90),因此,改变收账政策的方案是可以接受的。

五　应收账款的监控

实施信用政策时,公司应当监督和控制每一笔应收账款和应收账款总额。例如,可以运用应收账款周转天数衡量公司需要多长时间收回应收账款,可以通过账龄分析表追踪每一笔应收账款,可采用 ABC 分析法来确定重点监控的对象等。

监督每一笔应收账款的理由是:

第一,在开票或收款过程中可能会发生错误或延迟;

第二,有些客户可能故意拖欠,等到公司采取追款行动时才付款;

第三,客户财务状况的变化可能会改变其按时付款的能力,并且需要缩减该客户未来的赊销额度。

(一)应收账款周转天数

应收账款周转天数或平均收款期是衡量应收账款管理状况的一种方法。应收账款周转天数的计算方法为:将期末在外的应收账款除以该期间的平均日赊销额。应收账款周转天数提供了一个简单的指标,将公司当前的应收账款周转天数与规定的信用期限、历史趋势以及行业正常水平进行比较,可以反映公司整体的收款效率。然而,应收账款周转天数可能会被销售量的变动趋势和销售的剧烈波动以及季节性销售所破坏。

【例 6-8】 假设某公司 2022 年第一季度的应收账款为平均余额 285 000 元,信用条件为在 60 天内按全额付清货款,3 个月的赊销情况为:

1 月份:90 000 元

2 月份:105 000 元

3 月份:115 000 元

应收账款周转天数的计算:

$$平均日销售额 = \frac{90\,000 + 105\,000 + 115\,000}{90} = 3\,444.44(元)$$

$$应收账款周转天数 = \frac{期末应收账款}{平均日销售额} = \frac{285\,000}{3\,444.44} = 82.74(天)$$

平均逾期天数的计算:

$$平均逾期天数 = 应收账款周转天数 - 平均信用期天数$$
$$= 82.74 - 60 = 22.74(天)$$

(二)账龄分析表

账龄分析表将应收账款划分为未到信用期的应收账款和以 30 天为间隔的逾期应收账款,这是衡量应收账款管理状况的另外一种方法。

公司既可以按照应收账款总额进行账龄分析,也可以分客户进行账龄分析。账龄分析可以确定逾期应收账款,随着逾期时间的增加,应收账款收回的可能性变小。

【例 6-9】 假定信用期限为 30 天,见表 6-8 中的账龄分析表反映出 30% 的应收账款为逾期账款。

表 6-8　　　　　　　　账龄分析表

账龄(天)	应收账款金额(元)	占应收账款总额的百分比(%)
0~30	1 750 000	70
31~60	375 000	15
61~90	250 000	10
91 以上	125 000	5
合　计	2 500 000	100

利用账龄分析表,该公司可以了解以下信息:

(1)公司尚有 1 750 000 元的应收账款处在信用期内,占应收账款总额的 70%。这些账款未到偿付期,欠款是正常的。

(2)公司有 750 000 元应收账款已成为逾期账款,占应收账款总额的 30%。其中,拖欠时间较短的有 375 000 元,占应收账款总额的 15%,这部分欠款收回的可能性很大;拖欠时间较长的有 250 000 元,占应收账款总额的 10%,这部分欠款的收回有一定的难度;拖欠时间很长的有 125 000 元,占应收账款总额的 5%,这部分欠款如不采取有效的收账措施,变为坏账的可能性将会较大。

账龄分析表比计算应收账款周转天数更能揭示应收账款变化趋势,因为账龄分析表给出了应收账款分布的模式,而不仅仅是一个平均数。

(三) ABC 分析法

ABC 分析法是现代经济管理中广泛运用的一种"抓重点、照顾一般"的管理方法,又称重点管理法。它将公司的所有欠款客户按其金额的多少进行分类排队,然后分别采用不同的收账策略的一种方法。它一方面能加快应收账款的收回,另一方面能将收账费用与预期收益联系起来。

【例 6-10】 某公司应收账款逾期金额为 260 万元,为了及时收回逾期账款,公司采用 ABC 分析法来加强应收账款回收的监控。具体数据见表 6-9。

表 6-9　　　　　欠款客户 ABC 分类法(共 50 家客户)

客户	逾期金额(万元)	逾期期限	逾期金额所占比重(%)	类别
A	85	4 个月	32.69	
B	46	6 个月	17.69	A
C	34	3 个月	13.08	
小计	165		63.46	
D	24	2 个月	9.23	
E	19	3 个月	7.31	B
F	15.5	2 个月	5.96	
…	…			
小计	80		30.77	
I	6	30 天	2.31	
J	4	28 天	1.54	C
…	…			
小计	15		5.77	
合计	260		100	

从表 6-9 中可以看出,应收账款逾期金额在 25 万元以上的有 3 家,占客户总数的 6%,逾期金额为 165 万元,占应收账款逾期金额总额的 63.46%,我们将其划入 A 类,这类客户作为催款的重点对象。应收账款逾期金额在 10~25 万元的客户有 5 家,占客户总数的 10%,逾期金额为 80 万元,占应收账款逾期金额总额的 30.77%,我们将其划入 B 类。欠款在 10 万元以下的客户有 42 家,占客户总数的 84%,逾期金额 15 万元,但仅占应收账款逾期金额总额的 5.77%,我们将其划入 C 类。

对这三类不同的客户,应采取不同的收款策略。例如,对 A 类客户,可以发出措辞较为严厉的信件催收,或派专人催收,或委托收款代理机构处理,甚至可通过法律解决;对 B 类客户则可以多发几封信函催收,或打电话催收;对 C 类客户只需发出通知其付款的信函即可。

六 应收账款的日常管理

应收账款的管理难度比较大,在确定合理的信用政策之后,还要做好应收账款的日常管理工作,包括对客户的信用调查和分析评价、应收账款的催收工作等。

(一)调查客户信用

信用调查是指收集和整理反映客户信用状况的有关资料的工作。信用调查是公司应收账款日常管理的基础,是正确评价客户信用的前提条件。公司对客户进行信用调查主要通过直接调查和间接调查两种方法。

1.直接调查

直接调查是指调查人员通过与被调查单位进行直接接触,通过当面采访、询问、观看等方式获取信用资料的一种方法。直接调查可以保证收集资料的准确性和及时性,但也有一定的局限,往往获得的是感性资料,若不能得到被调查单位的合作,则会使调查工作难以开展。

2.间接调查

间接调查是以被调查单位以及其他单位保存的有关原始记录和核算资料为基础,通过加工整理获得被调查单位信用资料的一种方法。这些资料主要来自以下几个方面:

(1)财务报表。通过财务报表分析,可以基本掌握一个公司的财务状况和信用状况。

(2)信用评估机构。专门的信用评估部门,因为它们的评估方法先进,评估调查细致,评估程序合理,所以可信度较高。

(3)银行。银行是信用资料的一个重要来源,许多银行都设有信用部,为其客户服务,并负责对其客户信用状况进行记录、评估。但银行的资料一般仅愿意在内部及同行之间进行交流,而不愿向其他单位提供。

(4)其他途径。如财税部门、工商管理部门、消费者协会等机构都可能提供相关的信用状况资料。

(二)评估客户信用

收集好信用资料以后,就需要对这些资料进行分析、评价。公司一般采用"5C"系统来评价,并对客户信用进行等级划分。在信用等级方面,目前主要有两种:一种是三类九等,即将公司的信用状况分为AAA、AA、A、BBB、BB、B、CCC、CC、C九等,其中AAA为信用最优等级,C级为信用最低等级。另一种是三级制,即分为AAA、AA、A三个信用等级。

(三)收账的日常管理

应收账款发生后,公司应采取各种措施,尽量争取按期收回账款,否则会因拖欠时间过长而发生坏账,使公司蒙受损失。因此,公司必须在对收账的收益与成本进行比较分析的基础上,制定切实可行的收账政策。

当客户拖欠或拒付账款时,公司应首先分析现有的信用标准及信用审批制度是否存在纰漏,然后重新对违约客户的资信等级进行调查、评价。对其所拖欠的账款可先通过信函、电话或者派员前往等方式进行催收,态度也可逐渐强硬。当这些措施无效时,则可以通过向法院起诉来解决。应对普遍存在的应收账款拖欠问题,从事收账代理业务的专门机构也应运而生,公司也可以通过委托收账代理机构催收账款。

一般来说,收账的花费越大,收账措施越有力,可收回的账款越多,坏账损失也就越小。因此,在制定收账政策时,需要在收账费用和所减少的坏账损失之间做出权衡。

任务四　掌握存货管理

一、存货管理的目标

存货是指公司在生产经营过程中为销售或者耗用而储备的物资,包括原材料、燃料、低值易耗品、在产品、半成品、产成品、协作件、外购商品等。存货管理水平的高低直接影响着公司的生产经营能否顺利进行,并最终影响公司的收益、风险等状况。因此,存货管理是公司理财的一项重要内容。

公司持有存货的原因一方面是为了保证生产或销售的经营需要,另一方面是出自价格的考虑,零购物资的价格往往较高,而整批购买在价格上会享有优惠。但是,过多地存货要占用较多资金,并且会增加包括仓储费、保险费、维护费、管理人员工资在内的各项开支,因此,存货管理的目标,就是在保证生产或销售经营需要的前提下,最大限度地降低存货成本。具体包括以下几个方面:

1. 保证生产正常进行

生产过程中需要的原材料和在产品,是生产的物质保证。为保障生产的正常进行,必须储备一定量的原材料,否则可能会造成生产中断、停工待料的现象。

2. 有利于市场销售

一定数量的存货储备能够增加公司适应市场变化的能力,防止在公司市场需求量激增时,因产品储备不足失去销售良机。同时,由于客户为节约采购成本和其他费用,一般倾向于成批采购;公司为了达到运输上的最优批量也会组织成批发运,所以保持一定量的存货时有利于市场销售。

3. 便于维持均衡生产,降低产品成本

有些公司产品属于季节性产品或者需求波动较大的产品,此时若根据需求状况组织生产,可能有时生产能力得不到充分利用,有时又超负荷生产,这会造成产品成本的上升。为了降低生产成本,实现均衡生产,就要储备一定的产成品存货,并相应的保持一定的原材料存货。

4. 降低存货取得成本

一般情况下,当公司进行采购时,进货总成本与采购物资的单价和采购次数有密切关系。而许多供应商为鼓励客户多购买其产品,往往在客户采购量达到一定数量时,给予价格折扣,所以公司通过大批量集中进货,既可以享受价格折扣,降低购置成本,也因减少订货次数,降低了订货成本,使总的进货成本降低。

5. 防止意外事件的发生

公司在采购、运输、生产和销售过程中,都可能发生意料之外的事故,保持必要的存货保险储备,可以避免和减少意外事件的损失。

二、存货的持有成本

与持有存货有关的成本,包括取得成本、储存成本和缺货成本。

(一)取得成本

取得成本是指为取得某种存货而支出的成本,通常用 TC_a 表示。其又分为订货成本和购置成本。

1.订货成本

订货成本是指取得订单的成本,如办公费、差旅费、邮资、电话费、运输费等支出。订货成本中有一部分与订货次数无关,如常设采购机构的基本开支等,称为固定的订货成本,用 F_1 表示;另一部分与订货次数有关,如差旅费、邮资等,称为订货的变动成本。每次订货的变动成本用 K 表示;订货次数等于存货年需要量 D 与每次进货量 Q 之商。订货成本的计算公式为:

$$订货成本 = F_1 + \frac{D}{Q}K$$

2.购置成本

购置成本是指为购买存货本身所支出的成本,即存货本身的价值,经常用数量与单价的乘积来确定。年需要量用 D 表示,单价用 U 表示,购置成本则为 DU。

订货成本加上购置成本,就等于存货的取得成本。其公式为:

取得成本 = 订货成本 + 购置成本

= 订货固定成本 + 订货变动成本 + 购置成本

$$TC_a = F_1 + \frac{D}{Q}K + DU$$

(二)储存成本

储存成本是指为保持存货而发生的成本,包括存货占用资金所应计的利息、仓库费用、保险费用、存货破损和变质损失等,通常用 TC_c 来表示。

储存成本也分为固定成本和变动成本。固定成本与存货数量的多少无关,如仓库折旧、仓库职工的固定工资等,常用 F_2 表示。变动成本与存货的数量有关,如存货资金的应计利息、存货破损和变质损失、存货的保险费用等,单位储存变动成本用 K_c 来表示。用公式表达的储存成本为:

储存成本 = 储存固定成本 + 储存变动成本

$$TC_c = F_2 + K_c \frac{Q}{2}$$

(三)缺货成本

缺货成本是指由于存货供应中断而造成的损失,包括材料供应中断造成的停工损失、产成品库存缺货造成的拖欠发货损失和丧失销售机会的损失及造成的商誉损失等;如果公司以紧急采购代用材料解决库存材料中断之急,那么缺货成本表现为紧急额外购入成本。缺货成本用 TC_s 表示。

如果以 TC 来表示储存存货的总成本,它的计算公式为:

$$TC = TC_a + TC_c + TC_s = F_1 + \frac{D}{Q}K + DU + F_2 + K_c\frac{Q}{2} + TC_s$$

公司存货的最优化，就是使公司存货总成本即上式 TC 值最小。

三、最优存货量的确定

(一)经济订货基本模型

经济订货基本模型是建立在一系列严格假设基础上的。这些假设包括：(1)存货的年需求量稳定，并且能够预测，即 D 是已知常数；(2)货物是一次性入库而不是陆续入库；(3)存货单价为常数，无批量折扣；(4)不允许缺货，即无缺货成本，TC_s 为零；(5)库存持有成本与库存水平呈线性关系；(6)不存在订货提前期，即可以随时补充存货；(7)货物是一种独立需求的物品，不受其他货物影响。

设立上述假设后，前述的总成本公式可以简化为：

$$TC = TC_a + TC_c + TC_s = F_1 + \frac{D}{Q}K + DU + F_2 + K_c\frac{Q}{2}$$

当 F_1、K、D、U、F_2、K_c 为常数时，TC 的大小取决于 Q。

为了求出 TC 的极小值，对其进行求导演算，可以得出经济订货基本模型，公式如下：

$$EOQ = \sqrt{\frac{2KD}{K_c}}$$

式中，EOQ 表示经济订货批量；D 表示存货年需要量；K 表示每次订货的变动成本；K_c 表示单位变动储存成本。

另外，还可以得出下列结论：

每年最佳订货次数 = 存货年需求总量/经济订货批量

与批量相关的存货总成本 = 变动订货成本 + 变动储存成本

$$= \frac{D}{Q} \times K + \frac{Q}{2} \times K_c$$

与经济订货批量相关的存货总成本 $TC(EOQ) = \sqrt{2KDK_c}$

【例 6-11】 某公司每年耗用甲材料 640 000 千克，该材料单位采购成本为 100 元/千克，单位年储存成本为 2 元，平均每次订货费用为 400 元。那么，甲材料的经济订货批量为：

$$EOQ = \sqrt{\frac{2 \times 640\,000 \times 400}{2}} = 16\,000（千克）$$

$$TIC = \sqrt{2 \times 640\,000 \times 400 \times 2} = 32\,000（元）$$

计算结果表明，当订货批量为 16 000 千克时，存货相关总成本最低。

(二)保险储备

前面讨论的经济订货量是以供需稳定为前提的。但实际情况并非完全如此，公司对存货的需求量可能发生变化，交货时间也可能会延误。在交货期内，如果发生需求量增大或交货时间延误,就会发生缺货。为防止由此造成的损失,公司应有一定的保险储备。

建立保险储备,固然可以使公司避免缺货造成的损失,但也增加了存货的持有成本。研究保险储备的目的,就是要找出合理的保险储备量,使缺货成本与储存成本之和最小。在分析决策时,可先计算出各不同保险储备量的总成本,然后进行比较,选择其中最低的。

假设与此相关的总成本为 $TC(S, D_0)$,单位缺货成本为 K_s,一次订货缺货量为 S,年订货次数为 N,保险储备量为 D_0,单位储存成本为 K_c,则:

$$TC(S, D_0) = K_s \times S \times N + D_0 \times K_c$$

现实中,缺货量 S 具有概率性,其概率性可根据历史经验估计得出,保险储备量可选择而定。

【例 6-12】 某公司存货年需要量为 10 800 件,单位储存成本为 5 元,单位缺货成本为 10 元,交货时间为 10 天,已计算出最佳订货量为 720 件,每年订货次数为 15 次。交货期的存货需要量及其概率分布见表 6-10。

表 6-10　　　　　　　　　　存货需要量及其概率分布表

需要量	270 件	280 件	290 件	300 件	310 件	320 件	330 件
概率	0.01	0.04	0.25	0.40	0.25	0.04	0.01

首先,计算不同保险储备量的总成本。

(1)不设置保险储备量,即以 300 件为再订货点。假设不设置保险储备量时缺货的期望值为 S_0,则

$$S_0 = (310 - 300) \times 0.25 + (320 - 300) \times 0.04 + (330 - 300) \times 0.01 = 3.6 (件)$$
$$TC(S, D_0) = 10 \times 3.6 \times 15 + 0 \times 5 = 540 (元)$$

(2)保险储备量为 10 件,即以 310 件为再订货点。

$$S_{10} = (320 - 310) \times 0.04 + (330 - 310) \times 0.01 = 0.6 (件)$$
$$TC(S, D_0) = 10 \times 0.6 \times 15 + 10 \times 5 = 140 (元)$$

(3)保险储备量为 20 件,即以 320 件为再订货点。

$$S_{20} = (330 - 320) \times 0.01 = 0.1 (件)$$
$$TC(S, D_0) = 10 \times 0.1 \times 15 + 20 \times 5 = 115 (元)$$

(4)保险储备量为 30 件,即以 330 件为再订货点。

$$S_{30} = 0$$
$$TC(S, D_0) = 10 \times 0 \times 15 + 30 \times 5 = 150 (元)$$

然后,比较不同保险储备量的总成本,以其最低者为佳。

计算结果表明,当保险储备量为 20 件时,即再订货点为 320 件时,总成本最低,为 115 元。故保险储备量应确定为 20 件。

四　存货的控制系统

存货管理不仅需要各种模型帮助确定适当的库存水平,还需要建立相应的库存控制系统。伴随着业务流程重组的兴起以及计算机行业的发展,库存管理系统也得到了很大的发展。以下将对两个典型的库存控制系统进行介绍。

（一）ABC 控制系统

ABC 控制法就是把公司种类繁多的存货，依据其重要程度、价值大小或资金占用等标准分为三大类：A 类高价值库存，品种数量约占整个库存的 10%～15%，但价值约占全部库存的 50%～70%；B 类中等价值库存，品种数量约占全部库存的 20%～25%，价值约占全部库存的 15%～20%；C 类低价值库存，品种数量多，约占整个库存的 60%～70%，价值约占全部库存的 10%～35%。

针对不同类别的库存分别采用不同的管理方法，A 类库存应作为管理的重点，实行重点控制、严格管理；而对 B 类和 C 类库存的重视程度则可依次降低，采取一般管理。

（二）适时制库存控制系统

适时制库存控制系统，又称零库存管理系统。它最早是由丰田公司提出并将其应用于实践的，是指制造企业事先与供应商和客户协调好，只有当制造企业在生产过程中需要原料或零件时，供应商才会将原料或原件送来；而每当产品生产出来就被客户拉走。这样，制造企业的库存持有水平就可以大大下降。显然，适时制库存控制系统需要的是稳定而标准的生产程序以及其供应商的诚信，否则，任何一个环节出现差错都会导致整个生产线的停止。

目前，已有越来越多的公司利用适时制库存控制系统减少甚至消除对库存的需求，即实行零库存管理。适时制库存控制系统进一步的发展被应用于公司整个生产管理的过程中——集开发、生产、库存和分销于一体，大大提高了公司运营管理效率。

任务五　熟悉流动负债管理

流动负债有三种主要来源：短期借款、短期融资券和商业信用，各种来源具有不同的获取速度、灵活性、成本和风险。

一、短期借款

短期借款，是指公司向银行或其他金融机构借入的期限在 1 年（含 1 年）以下的各种借款。

目前，我国短期借款按照目的和用途分为生产周转借款、临时借款、结算借款、票据贴现借款等。按照国际惯例，短期借款往往按偿还方式不同分为一次性偿还借款和分期偿还借款；按利息支付方式不同分为收款法借款、贴现法借款和加息法借款；按有无担保分为抵押借款和信用借款。

短期借款可以随公司的需要安排，便于灵活使用，但其缺点就是短期内要归还，且可能会附带很多附加条件。

(一)短期借款的信用条件

银行等金融机构对公司贷款时,通常会附带一定的信用条件。短期借款所附带的一些信用条件主要有:

1.信贷额度

信贷额度即贷款限额,是借款人与银行在协议中规定的允许借款人借款的最高限额。信贷额度的有效期通常为1年。一般情况下,在信贷额度内,公司可以随时按需要支用借款。如借款人超过规定限额继续向银行借款,银行则停止办理。但银行并不承担必须贷款的义务,如果公司信誉恶化,即使在信贷额度内,公司也可能得不到借款。这时,银行不会承担法律责任。

2.周转信贷协定

周转信贷协定是银行具有法律义务地承诺提供不超过某一最高限额的贷款协定。在协定的有效期内,只要公司借款总额未超过最高限额,银行就必须满足公司任何时候提出的借款要求。公司要享用周转信贷协定,通常要对贷款限额的未使用部分付给银行一笔承诺费。

【例6-13】 某公司与银行商定的周转信贷额为2 000万元,年度内实际使用了1 400万元,承诺费率为0.5%,则公司应向银行支付的承诺费为

$$信贷承诺费 = (2\,000 - 1\,400) \times 0.5\% = 3(万元)$$

周转信贷协定的有效期通常超过1年,但实际上贷款每几个月发放一次,所以这种信贷具有短期借款和长期借款的双重特点。

3.补偿性余额

补偿性余额是银行要求借款公司在银行中保持按贷款限额或实际借用额的一定比例(通常为10%~20%)计算的最低存款余额。对于银行来说,补偿性余额有助于降低贷款风险,补偿其可能遭受的损失;但对借款公司来说,补偿性余额提高了借款的实际利率,加重了公司的利息负担。

借款实际利率的计算公式为

$$借款实际利率 = \frac{名义利率}{1 - 补偿性余额比例}$$

【例6-14】 某公司按年利率8%向银行借款100万元,银行要求保留20%的补偿性余额,公司实际可以动用的借款只有80万元。则该项借款的实际利率为

$$借款实际利率 = \frac{8\%}{1 - 20\%} = 10\%$$

4.借款抵押

银行向财务风险较大的公司或对其信誉不甚有把握达到公司发放贷款,往往需要有抵押品担保,以减少自己蒙受损失的风险。短期借款的抵押品主要有应收账款、存货、应

收票据、债券等。银行将根据抵押品面值的30%～90%发放贷款,具体比例取决于抵押品的变现能力和银行对风险的态度。

5.偿还条件

贷款的偿还有到期一次偿还和在贷款期内定期(每月、季)等额偿还两种方式。一般来讲,公司不希望采用后一种偿还方式,因为这会提高借款的实际年利率;而银行不希望采用前一种偿还方式,因为这会加重公司的财务负担,增加公司的拒付风险,同时还会降低降低实际贷款利率。

6.其他承诺

银行有时还会要求公司为取得贷款而做出其他承诺,如及时提供财务报表、保持适当的财务水平等。如公司违背所作出的承诺,银行可要求公司立即偿还全部贷款。

(二)短期借款的成本

短期借款的成本主要包括利息、手续费等。短期借款成本的高低主要取决于借款利率的高低和利息的支付方式。

1.借款利率

借款利率分为优惠利率、浮动优惠利率和非优惠利率三种。

(1)优惠利率。优惠利率是银行向财力雄厚、经营状况良好的公司贷款时采用的利率,为贷款利率的最低限。

(2)浮动优惠利率。浮动优惠利率是一种随其他短期利率的变动而浮动的优惠利率,即随市场条件的变化而随时调整变化的优惠利率。

(3)非优惠利率。非优惠利率是银行贷款给一般公司时收取的高于优惠利率的利率。这种利率通常在优惠利率的基础上加一定的百分比。非优惠利率和优惠利率之间差距的大小,由借款公司的信誉、与银行的往来关系及当时的信贷状况所决定。

2.短期借款利息的支付方式

(1)收款法

收款法是在借款到期时向银行支付利息的方法。银行向公司贷款一般都是采用这种方法收取利息。采用这种方法,借款的名义利率等于其实际利率。

(2)贴现法

贴现法又称折价法,是指银行向公司发放贷款时,先从本金中扣除利息部分,在贷款到期时借款公司再偿还全部贷款本金的一种计息方法。在这种利息支付方式下,公司可以利用的贷款只是本金减去利息部分后的差额,因此,贷款的实际利率要高于名义利率。贴现法的实际借款利率公式为

$$贴现借款实际利率 = \frac{利息}{贷款金额 - 利息} \times 100\%$$

或

$$贴现借款实际利率 = \frac{名义利率}{1 - 名义利率} \times 100\%$$

【例6-15】 某公司从银行取得借款200万元,期限1年,名义利率10%,利息20万元。按照贴现法付息,公司实际可动用的贷款为180万元,该项借款的实际利率为

$$贴现借款实际利率=\frac{20}{200-20}\times 100\% \approx 11.11\%$$

或

$$贴现借款实际利率=\frac{10\%}{1-10\%}\times 100\% \approx 11.11\%$$

(3)加息法

加息法,是银行发放等额偿还贷款时采取的利息收取方法。在分期等额偿还贷款情况下,银行将根据名义利率计算的利息加到贷款本金上,计算出贷款的本利和,要求公司在贷款期内分期偿还本息之和。由于贷款本金分期均衡偿还,借款公司实际上只平均使用了贷款本金的一半,却支付了全额利息。这样,公司所负担的实际利率便要高于名义利率大约1倍。

【例6-16】 某公司借入(名义)年利率为12%的贷款20万元,分12个月等额偿还本息。该项借款的实际年利率为:

实际年利率=(20×12%)÷(20/2)=24%

二 短期融资券

短期融资券是由公司依法发行的无担保短期本票。在我国,短期融资券是指公司依照《银行间债券市场非金融企业债务融资工具管理办法》的条件和程序,在银行间债券市场发行和交易并约定在一定期限内还本付息的有价证券,是公司筹措短期(1年以内)资金的直接融资方式。

(一)发行短期融资券的相关规定

(1)发行人为非金融企业,发行企业均应经过在中国境内工商注册且具备债券评级能力的评级机构的信用评级,并将评级结果向银行间债券市场公示。

(2)发行和交易的对象是银行间债券市场的机构投资者,不向社会公众发行和交易。

(3)融资券的发行由符合条件的金融机构承销,企业不得自行销售融资券,发行融资券募集的资金用于本企业的生产经营。

(4)融资券采用实名记账方式在中央国债登记结算有限责任公司(简称中央结算公司)登记托管,中央结算公司负责提供有关服务。

(5)债务融资工具发行利率、发行价格和所涉费率以市场化方式确定,任何商业机构不得以欺诈、操纵市场等行为获取不正当利益。

(二)短期融资券的种类

(1)按发行人分类,短期融资券分为金融企业的融资券和非金融企业的融资券。在

我国,目前发行和交易的是非金融企业的融资券。

(2)按发行方式分类,短期融资券分为经纪人承销的融资券和直接销售的融资券。非金融企业发行融资券一般采用间接承销方式进行,金融企业发行融资券一般采用直接发行方式进行。

(三)短期融资券的筹资特点

(1)短期融资券的筹资成本较低。相对于发行公司债券而言,发行短期融资券的筹资成本较低。

(2)短期融资券筹资数额较大。相对于银行借款筹资而言,短期融资券一次性的筹资数额较大。

(3)发行短期融资券的条件比较严格。只有具备一定的信用等级的实力强的公司,才能发行短期融资券筹资。

三 商业信用

商业信用是指公司在商品或劳务交易中,以延期付款或预收账款方式进行购销活动而形成的借贷关系,是公司与其他企业之间的直接信用行为,也是公司短期资金的重要来源。商业信用产生于公司生产经营商品、提供劳务的交易之中,是一种"自动性筹资"。

(一)商业信用的形式

1.应付账款

应付账款,是供应商给公司提供的一个商业信用。由于购买者往往在到货一段时间后才付款,商业信用就成为公司短期的资金来源。

商业信用条件包括以下两种:①有信用期,但无现金折扣。如"N/30"表示30天内按发票金额全数支付。②有信用期和现金折扣。如"2/10,N/30"表示10天内付款享受现金折扣2%,若买方放弃折扣,30天内必须付清全部款项。

供应商在信用条件中规定现金折扣,目的主要在于加速资金回收。公司在决定是否享受现金折扣时,应仔细考虑。通常,放弃现金折扣的成本是高昂的。

(1)放弃现金折扣的信用成本。倘若买方公司购买货物后在卖方规定的折扣期内付款,可以获得免费信用,这种情况下公司没有因为取得延期付款信用而付出代价。但公司一旦超过折扣期付款,将会承担较高的信用成本。放弃现金折扣的信用成本率的公式为:

$$放弃现金折扣的信用成本率 = \frac{现金折扣率}{1-现金折扣率} \times \frac{360 天}{付款期(信用期)-折扣期}$$

【例6-17】 某公司按"2/10,N/30"的付款条件购入60万元货物。如果公司在10天以后付款,便放弃了现金折扣1.2万元(600×2%),信用额为58.8万元(60−1.2)。放弃现金折扣的信用成本为:

$$放弃现金折扣的信用成本率 = \frac{2\%}{1-2\%} \times \frac{360}{30-10} = 36.73\%$$

公式表明,放弃现金折扣的信用成本率与折扣百分比大小、折扣期长短和付款期长短有关系,与贷款额和折扣额没有关系。如果公司在放弃折扣的情况下,推迟付款的时间越长,其信用成本便会越小,但展期信用的结果是公司信誉恶化导致信用度的严重下降,日后可能招致更加苛刻的信用条件。

(2)放弃现金折扣的信用决策。公司放弃应付账款现金折扣的原因,可能是公司暂时缺乏资金,也可能是基于将应付账款用于临时性短期投资,以获取更高的投资收益。如果公司将应付账款用于短期投资,所获得的投资收益率高于放弃折扣的信用成本率,则应放弃现金折扣。

【例6-18】 公司采购一批材料,供应商报价为1万元,付款条件为:3/10,2.5/30,1.8/50,N/90。目前公司用于支付账款的资金需要90天才能周转回来,在90天内付款,只能通过银行借款解决。如果银行年利率为12%,确定公司采购材料款的付款时间和价格。

根据放弃现金折扣的信用成本率计算公式,10天付款方案,放弃现金折扣的信用成本率为13.92%;30天付款方案,放弃现金折扣的信用成本率为15.38%;50天付款方案,放弃现金折扣的信用成本率为16.50%。由于各种方案放弃现金折扣的信用成本率均高于借款利息率,因此初步结论是要取得现金折扣,借入银行借款以偿还贷款。

10天付款方案,得折扣300元,用资9 700元,借款80天,利息258.67元,净收益41.33元。

30天付款方案,得折扣250元,用资9 750元,借款60天,利息195元,净收益55元。

50天付款方案,得折扣180元,用资9 820元,借款40天,利息130.93元,净收益49.07元。

得出结论:第30天付款是最佳方案,其净收益最大。

2. 应付票据

应付票据是指公司在商品购销活动和对工程价款进行结算中,应采用商业汇票结算方式而产生的商业信用。商业汇票是指由付款人或存款人(或承兑申请人)签发,由承兑人承兑,并于到期日向收款人或被背书人支付款项的一种票据,它包括商业承兑汇票和银行承兑汇票。应付票据按是否带息分为带息应付票据和不带息应付票据两种。

3. 预收货款

预收货款,是指销货单位按照合同和协议的要求,在发出货物之前向购货单位预先收取部分或全部货款的信用行为。对于紧俏商品,购货单位往往乐于采用这种方式购货;销货单位对于生产周期长,造价较高的商品,往往采用预收账款方式销货,以缓解本公司资金占用过多的财务压力。

4. 应计未付款

应计未付款,是公司在生产经营和利润分配过程中已经计提但尚未以货币支付的款项。主要包括应付职工薪酬、应交税费、应付利润或应付股利等。以应付职工薪酬为例，公司通常以半月或月为周期支付薪酬，在应付职工薪酬已计但未付的这段时间，就会形成应计未付款。它相当于职工给公司的一个信用。应交税费、应付利润或应付股利也有类似的性质。应计未付款随着公司规模的扩大而增加，公司使用这些自然形成的资金无须付出任何代价。但公司不是总能控制这些款项，因为其支付是有一定期限的，公司不能总拖欠这些款项。所以，公司尽管可以充分利用应计未付款，但不能控制这些账目的水平。

（二）商业信用筹资的优缺点

1. 商业信用筹资的优点

（1）商业信用容易取得。商业信用的载体是商品的购销行为，公司总有一批既有供需关系又有相互信用基础的客户，所以对大多数公司而言，应付账款和预收账款是自然的、持续的信贷形式。商业信用的提供方一般不会对筹资方的经营状况和企业风险作严格的考量，企业无须办理像银行借款或商业汇票那样复杂的手续便可取得商业信用，有利于公司应对生产经营之急需。

（2）公司有较大的机动权。公司能够根据需要，决定筹资金额的多少和期限的长短，同样要比银行借款等其他方式灵活得多。甚至如果在期限内不能付款或交货时，一般还可以通过与客户的协商，请求延长时限。

（3）公司一般不用提供担保。通常，商业信用筹资不需要第三方担保，也不会要求筹资公司用资产进行担保。这样，在万一出现逾期付款或交货的情况时，可以避免像银行借款那样面临麻烦的纠纷和抵押资产被处置的风险，公司的生产经营能力在相当长的一段时间内不会受到限制。

2. 商业信用筹资的缺点

（1）商业信用筹资成本高。在附有现金折扣条件下的应付账款融资方式下，其筹资成本与银行信用相比较高。在实务界，目前短期资金筹资成本按筹资方式由低到高依次为银行承兑汇票、商业承兑汇票、银行短期借款、商业信用。

（2）容易恶化公司的信用水平。商业信用的期限短，还款压力大，对公司现金流量的要求很高。如果公司长期和经常性地拖欠账款，会造成公司的信誉恶化。

（3）受外部环境影响较大。商业信用筹资受外部影响较大，稳定性较差，即使不考虑机会成本，也是不能无限利用的。一是受商品市场的影响，如当供大于求时，买方可能停止提供信用；当求大于供时，卖方可能停止提供信用。二是受资金市场的影响，当市场资金供应紧张或有更好的投资方向时，商业信用筹资就可能遇到障碍。

四 流动负债的利弊

（一）流动负债的经营优势

流动负债的主要经营优势包括：容易获得，具有灵活性，能够有效满足公司季节性信贷需求。这创造了需要融资和获得融资之间的同步性。另外,短期借款一般比长期借款具有更少的约束性条款。

流动负债的一个主要作用是为季节性行业的流动资产进行融资。为了满足增长的需要,一个季节性公司必须增加存货或应收账款。流动负债是为流动资产中的临时性的、季节性的增长进行融资的主要工具。

(二)流动负债的经营劣势

流动负债的一个经营劣势是需要持续地重新谈判或滚动安排负债。贷款人由于公司财务状况的变化,或整体经济环境的变化,可能在到期日不愿滚动贷款,或重新设定信贷额度。而且,提供信贷额度的贷款人一般要求,用于为短期营运资金缺口而筹集的贷款,必须每年支付至少1-3个月的全额款项,这1-3个月被称为结清期。贷款人之所以这么做,是为了确认公司是否在长期负债是合适的融资来源时仍然使用流动负债。许多公司的实践证明,使用短期贷款来为永久性流动资产融资是一件危险的事情。

项目小结

营运资金的管理既包括流动资产的管理,也包括流动负债的管理。

营运资金一般具有如下特点:营运资金的周转具有短期性;营运资金的来源具有多样性;营运资金的数量具有波动性;营运资金的实物形态具有变动性和易变现性。

营运资金管理是公司理财工作的一项重要内容,其管理原则包括:满足正常的资金需求;提高资金使用效率;节约资金使用成本;保证足够的短期偿债能力。

现金是变现能力最强的资产,同时也是盈利能力最差的资产,因此现金持有量不宜过多。公司持有现金是出于三种需求:交易性需求、预防性需求和投机性需求。合理确定最佳现金持有量的方法主要有成本分析模式和存货模式。公司应加强现金的日常管理,在保证公司正常经营活动所需现金的同时,尽量减少公司的现金数量,从暂时闲置的现金中获得最大的收益,提高资金收益率。

应收账款管理就是制定合理的信用政策,使赊销带来的盈利增加大于应收账款投资产生的成本增加。对此,还应加强对应收账款的监控和应收账款的日常管理。

存货管理的目标,就是在保证生产或销售经营需要的前提下,确定最优存货量,最大限度地降低存货成本。

流动负债有三种主要来源:短期借款、短期融资券和商业信用,各种来源具有不同的获取速度、灵活性、成本和风险。

练习题

一、单项选择题

1.公司持有现金的动机,主要是为了满足( )。
A.交易性、预防性、收益性需求　　　　B.交易性、投机性、收益性需求

C.交易性、预防性、投机性需求　　　　D.预防性、收益性、投机性需求

2.各种持有现金的动机中,属于应付未来现金流入和流出随机波动的动机是(　　)。

A.交易性需求　　B.预防性需求　　C.投机性需求　　D.投资性需求

3.持有过量现金可能导致的不利后果是(　　)。

A.财务风险加大　　　　　　　　B.收益水平下降

C.偿债能力下降　　　　　　　　D.资产流动性下降

4.下列各项中属于持有现金的机会成本的是(　　)。

A.现金管理人员工资　　　　　　B.现金安全措施费用

C.现金被盗损失　　　　　　　　D.现金的再投资收益

5.在现金收支管理中,公司将"从收到尚未付款的材料开始,到以现金支付该货款之间所用的时间"称为(　　)。

A.现金周转期　　　　　　　　　B.应付账款周转期

C.应收账款周转期　　　　　　　D.存货周转期

6.公司6月10日赊购商品时双方约定"2/10,N/20"。公司在6月15日有能力付款,但直到6月20日才支付这笔款项。其目的是运用现金日常管理策略中的(　　)。

A.力争现金流量同步　　　　　　B.使用现金浮游量

C.加速收款　　　　　　　　　　D.推迟应付款的支付

7.根据营运资本管理理论,下列各项中不属于公司应收账款成本内容的是(　　)。

A.机会成本　　　　　　　　　　B.管理成本

C.短缺成本　　　　　　　　　　D.坏账成本

8.下列各项中,属于应收账款机会成本的是(　　)。

A.应收账款占用资金的应计利息　　B.坏账损失

C.客户资信调查费用　　　　　　　D.收账费用

9.某公司赊销商品的信用条件是:20日内付款,给予2%的现金折扣,30日内全部付清。这一信用条件可简略表示为(　　)。

A."20/2,N/30"　　　　　　　　　B."2/20,N/30"

C."20/2,30/N"　　　　　　　　　D."N/20,2/30"

10.对应收账款信用期限的叙述,正确的是(　　)。

A.信用期限越长,公司坏账风险越小

B.信用期限越长,表明客户享受的信用条件越优越

C.延长信用期限,不利于销售收入的扩大

D.信用期限越长,应收账款的机会成本越低

11.假设A公司2022年3月底应收账款为360万元,信用条件为在30天按全额付清货款,过去3个月的销售额分别为270万元、280万元、260万元,若1个月按30天计算,则应收账款平均逾期(　　)天。

A.40　　　　B.10　　　　C.44　　　　D.30

12.公司目前的信用条件"N/30",销售额3600万元,预计将信用期限延长为"N/30"时,预计销售额将变为7200万元,若该公司变动成本率为60%,该公司应收账款占用资

金的变化是( )。
　　A.增加 3600 万元　　　　　　　　B.增加 54 万元
　　C.增加 360 万元　　　　　　　　　D.增加 540 万元
13.按照 ABC 分析法,作为催款的重点对象是( )。
　　A.应收账款数额占全部应收账款数额比重大的客户
　　B.应收账款账龄长的客户
　　C.应收账款逾期金额占全部应收账款逾期金额总额比重大的客户
　　D.应收账款比重小的客户
14.下列订货成本中属于变动成本的是( )。
　　A.采购部门管理费用　　　　　　　B.采购人员的计时工资
　　C.订货差旅费　　　　　　　　　　D.预付订金的机会成本
15.以下各项与存货有关的成本费用中,不影响经济订货批量的是( )。
　　A.专设采购机构的基本开支　　　　B.采购员的差旅费
　　C.存货资金占用费　　　　　　　　D.存货的保险费
16.采用 ABC 控制法对存货进行控制时,应当重点控制的是( )。
　　A.数量较多的存货　　　　　　　　B.占用资金较多的存货
　　C.品种较多的存货　　　　　　　　D.库存时间较长的存货
17.某公司取得银行为期一年的周转信贷协定,金额为 100 万元,年度内使用了 60 万元(使用期平均为 8 个月),假设年利率为 12%,年承诺费率为 0.5%,则年终公司应支付利息和承诺费共为( )万元。
　　A.5　　　　　B.5.1　　　　　C.7.4　　　　　D.6.3
18.某公司需要借入资金 60 万元,由于贷款银行要求将贷款金额的 20% 作为补偿性余额,故公司需要向银行申请的贷款数额为( )万元。
　　A.75　　　　　B.72　　　　　C.60　　　　　D.50
19.某公司年初从银行借款 100 万元,期限为 1 年,年利率为 10%,按照贴现法付息,则年末应偿还的金额为( )万元。
　　A.70　　　　　B.90　　　　　C.100　　　　　D.110
20.某公司赊销货物的信用条件是:20 日内付款,给予 2% 的现金折扣,30 日内全部付清。这一信用条件可简略表示为( )。
　　A."N/30,2/20"　　B."2/20,N/30"　　C."20/2,N/30"　　D."20/2,30/N"
21.某公司购入 20 万元商品,卖方提供的信用条件为"2/10,N/30",若公司资金紧张,延至第 50 天,放弃现金折扣的信用成本为( )。
　　A.36.7%　　　　B.36.4%　　　　C.18.37%　　　　D.23.26%

二、多项选择题
1.赊销在公司生产经营中所发挥的作用有( )。
　　A.增加现金　　　　　　　　　　　B.促进销售
　　C.减少借款　　　　　　　　　　　D.减少存货

2.下列各项中,属于交易性需求的是( )。
A.缴纳税款　　　　　　　　　　B.派发现金股利
C.购买股票　　　　　　　　　　D.购买原材料
3.公司在确定为应付紧急情况而持有现金的数额时,需考虑的因素有( )。
A.公司销售水平的高低　　　　　B.公司临时融资的能力
C.金融市场投资机会的多少　　　D.公司预测现金收支可靠的程度
4.公司持有现金的成本中与现金持有量有明显比例关系的有( )。
A.机会成本　　B.管理成本　　C.短缺成本　　D.折扣成本
5.现金周转期,就是介入公司支付现金与收到现金之间的时间段,下列会使现金周转期缩短的方式有( )。
A.缩短存货周转期　　　　　　　B.缩短应收账款周转期
C.缩短应付账款周转期　　　　　D.缩短预收账款周转期
6.为了提高现金使用效率,公司可达到延迟支付现金目的的方法有( )。
A.尽可能推迟应付款的支付　　　B.使用零余额账户
C.使用现金浮游量　　　　　　　D.以支票代替汇票
7.下列说法中正确的有( )。
A.现金持有量越大,机会成本越高　　B.现金持有量越大,管理成本越大
C.现金持有量越少,短缺成本越大　　D.现金持有量越大,收益水平越高
8.与应收账款机会成本有关的因素有( )。
A.应收账款平均余额　　　　　　B.变动成本率
C.销售成本率　　　　　　　　　D.资本成本
9.在应收账款信用政策中确定现金折扣政策的目的在于( )。
A.吸引客户为享受优惠而提前付款　　B.减轻公司税负
C.缩短公司平均收款期　　　　　D.扩大销售量
10.公司如果延长信用期间,可能导致的结果有( )。
A.扩大当期销售　　　　　　　　B.延长平均收款期
C.增加坏账成本　　　　　　　　D.增加收账费用
11.存货的取得成本通常包括( )。
A.订货成本　　B.储存成本　　C.购置成本　　D.缺货成本
12.缺货成本是指由于不能及时满足生产经营需要而给公司带来的损失,他们包括( )。
A.商誉(信誉)损失　　　　　　　B.延期交货的罚金
C.采取临时措施而发生的超额费用　D.停工待料损失
13.在基本模型前提下,确定经济订货批量时,应考虑的成本有( )。
A.采购成本　　B.订货成本　　C.储存成本　　D.缺货成本
14.下列各项中,属于建立存货经济订货批量模型假设前提的有( )。
A.存货总需求量是已知常数　　　B.允许存在缺货现象
C.货物是一次性入库　　　　　　D.单位存货成本为常数,无批量折扣

15.下列存货成本中,随进货批量增加变大的有(   )。
A.采购人员差旅费　　　　　　　B.存货破损和变质损失
C.存货资金应计利息　　　　　　D.存放存货仓库的折旧费
16.下列各项中属于商业信用的是(   )。
A.商业银行贷款　　　　　　　　B.应付账款
C.应付职工薪酬　　　　　　　　D.租赁信用
17.在短期借款的利息计算和偿还方法中,公司实际负担利率高于名义利率的有(   )。
A.收款法　　　　　　　　　　　B.贴现法
C.存在补偿性余额的信用条件　　D.加息法

三、判断题

1.进行正常的短期投资活动所需要的现金属于交易性需求所需现金。（   ）
2.在正常业务活动现金需要量的基础上,追加一定数量的现金余额以应付未来现金流入和流出的随机波动,这是出于投机性需求。（   ）
3.现金持有成本中的机会成本与现金持有量的多少无关。（   ）
4.一般来说,现金持有量越多,它所提供的流动性边际效益便会随之下降,从而使公司的收益水平下降。（   ）
5.在利用存货模式计算最佳现金持有量时,对缺货成本一般不予考虑。（   ）
6.现金的短缺成本随现金持有量的增加而下降,随现金持有量的减少而上升,即与现金持有量呈反向变动。（   ）
7.在使用零余额账户管理模式下,在一系列子账户上公司可以不需要保持安全储备。（   ）
8.存货周转期是指将原材料转化成产成品所需的时间。（   ）
9.赊销是扩大销售的有力手段之一,公司应尽可能放宽信用条件,增加赊销额。（   ）
10.利用"5C"系统评估客户信用时,其中能力是指个人申请人或公司申请人管理者的诚实和正直表现。（   ）
11.现金折扣是公司为了鼓励客户多买商品而给予的价格优惠,每次购买的数量越多,价格也就越便宜。（   ）
12.如果公司的坏账损失率为零,可能意味着公司的信用标准过于严格。（   ）
13.订货变动成本与经济订货批量呈反向变动关系。（   ）
14.研究存货合理保险储备量的目的,是寻求缺货成本的最小化。（   ）
15.一般来讲,当某种存货的品种数量约占全部库存的70%时,可将其划为A类存货,进行重点管理和控制。（   ）
16.信贷额度是银行从法律上承诺向公司提供不超过某一最高限额的贷款协定。（   ）
17.补偿性余额的约束有助于降低银行贷款风险,但同时也减少了公司实际可动用借款额,提高了借款的实际利率。（   ）

四、计算分析题

1.某公司现金收支平衡,预计全年(按360天计算)现金需要量为250 000元,现金与有价证券的转换成本为每次 500 元,有价证券年利率为 10%。

要求:

(1)计算最佳现金持有量;

(2)计算最佳现金持有量下的全年现金管理总成本、全年现金交易成本和全年现金持有机会成本。

2.某公司预测的年度赊销收入净额为 5 500 万元,总成本为 4 850 万元(其中,固定成本 1 000 万元),其信用条件是"N/30",资本成本为 10%。该公司为扩大销售,拟定了 A、B 两个信用条件方案。

A 方案:将信用条件放宽到"N/60",预计坏账损失率为 4%,收账费用为 80 万元,预计赊销收入会增加 10%。

B 方案:将信用条件改为"2/10,1/20,N/60",预计赊销收入会增加 20%,估计约有 70% 的客户(按赊销额计算)会利用 2% 的现金折扣,10% 的客户会利用 1% 的现金折扣,平均坏账损失率为 3%,收账费用为 60 万元。

要求:确定该公司应选择何种信用条件方案。

3.某公司每年需要甲材料 36 000 吨,单位进价为 150 元/吨,每次订货成本为 1 250 元,每吨甲材料每年储存成本为 10 元。

要求:

(1)计算甲材料的经济订货批量;

(2)计算经济订货批量的相关存货总成本;

(3)计算最优订货次数。

4.某公司向银行借入短期借款 10 000 元,支付银行贷款利息的方式同银行协商后的结果是:

方案一:采用收款法付息,利息率为 14%;

方案二:采用贴现法付息,利息率为 12%;

方案三:利息率为 10%,银行要求的补偿性余额比例为 20%。

要求:如果你是该公司的财务经理,你选择哪种借款方式,并说明理由。

项目七
收益分配管理

知识目标

- 理解收益分配的原则及程序;
- 熟悉各种股利政策,掌握如何确定收益分配方案;
- 了解股票分割和股票回购以及股权激励模式的相关内容。

能力目标

- 培养学生能合理选择不同的股利政策,确定股利分配方案;
- 培养学生掌握股权激励模式的四种模式。

思政目标

- 培养学生公正、法治、平等、和谐的社会主义核心价值观;
- 培养学生增强"共同富裕"的制度认同,维护社会公平和市场经济秩序。

案例导入

康美药业是一家主营中药制造、中药材贸易兼有西药制造和贸易以及保健品的生产和销售的国家级重点高新技术医药企业,它于 2003 年以医药制造行业在上交所上市。到 2019 年 12 月为止,康美药业总股本 497386 万股。康美药业近 12 年的股利分配情况见表 7-1。

表 7-1　　　　　　　康美药业 2007～2018 年股利分配情况表

年　度	分红方案	现金股利支付率
2007	10 送 1 股转 4 股派 0.12 元(含税)	3.75%
2008	10 送 5 股转 5 股派 0.60 元(含税)	15.58%
2009	10 派 0.35 元(含税)	11.33%
2010	10 派 0.50 元(含税)	11.85%
2011	10 派 0.50 元(含税)	10.73%

（续表）

年度	分红方案	现金股利支付率
2012	10派2.00元(含税)	30.53%
2013	10派2.60元(含税)	30.41%
2014	10送5股转5股派3.20元(含税)	30.77%
2015	10派1.90元(含税)	30.50%
2016	10派2.05元(含税)	30.73%
2017	10派2.35元(含税)	60.57%
2018	10派0.24元(含税)	13.04%

从上表可以看出，康美药业股利分配以现金方式为主，兼有股票或者现金与股票相结合的方式分配股利。上市初期，康美药业现金支付率波动较大，在3.75%～15.58%。通过排除法得出康美药业2012年之前采用了低正常股利加额外股利政策，每股分红最低仅为0.12，对大多数投资者来说缺乏吸引力。2012~2016年，处于成长期的康美药业采用了扩张型战略，公司净利润不断提高。为了吸引更多的投资者，公司提高了现金股利支付率，稳定在30%左右。2017年，公司经营状况良好，为了吸引更多的投资，康美药业大幅提高了股利，现金股利支付率高达60.57%。2018年，由于康美药业为了提高知名度，冠名了一些活动和电视节目等，导致营业外支出显著增加。因此，2018年康美药业净利润大幅降低。为了满足公司资金需求，公司只能大幅降低股利，现金股利支付率降低至13.04%。

康美药业初创期采用的是剩余股利政策。2007~2011年，采用低正常股利加额外股利政策，由于预先设定的支付股利的固定数额较低并且每年支付数额不同的额外股利，不利于吸引投资者也失去了低正常股利加额外股利政策财务灵活性的优势。2012~2016年，康美药业由于采用了扩张型战略，所以采用了固定股利支付率政策。2017年和2018年，公司根据盈利状况大幅调整股利。因此，康美药业股利政策的频繁改变导致了股利政策缺乏连续性和稳定性。

案例分析要求：
康美药业所制定的股利政策对投资者会产生怎样的影响？应如何调整？

任务一 了解收益分配管理

收益分配管理是公司将一定时期内所创造的经营成果合理地在公司内、外部各利益相关者之间进行有效分配的过程。公司的收益分配有广义和狭义两种概念。广义的收益分配是指对公司的收入和净利润进行分配,狭义的收益分配则仅仅是指对公司净利润的分配。本项目所指收益分配采用狭义的收益分配概念,即对公司净利润的分配。

一 收益分配管理的意义

收益分配管理作为公司理财活动的重要内容之一,对于维护公司与各利益相关主体的财务关系、提升公司价值具有重要意义。

(一)收益分配集中体现了公司股东、经营者与职工之间的利益关系

公司股东是公司权益资金的提供者,按照"谁出资、谁受益"的原则,其应得的投资收益须通过公司的收益分配来实现,而获得投资收益的多少取决于公司盈利状况及利润分配政策。通过收益分配,投资者能实现预期的收益,提高公司的信誉程度,有利于增强公司未来融通资金的能力。公司的债权人在向公司投入资金的同时也承担了一定的风险,公司的收益分配应体现出对债权人利益的充分保护。除按时支付到期本金、利息外,公司在进行收益分配时也要考虑债权人未偿付本金的保障程度,否则将在一定程度上削弱公司的偿债能力,从而降低公司的财务弹性。公司通过薪资的支付以及各种福利的提供,可以提高职工的工作热情,为公司创造更多价值。因此,为了正确、合理地处理好公司各方利益相关者的需求,就必须对公司实现的收益进行合理分配。

(二)收益分配是公司维持简单再生产和实现扩大再生产的基本条件

公司在生产经营过程中所投入的各类资金,随着生产经营活动的进行不断地消耗和转移,形成成本费用,最终构成商品价值的一部分。销售收入的取得,为公司成本费用的补偿提供了前提,为公司简单再生产的正常进行创造了条件。通过收益分配,公司能形成一部分自行安排的资金,可以增强公司生产经营的财力,有利于公司适应市场需要扩大再生产。

(三)收益分配管理是优化资本结构、降低资本成本的重要措施

留存收益是公司重要的权益资金来源,收益分配的多少,影响公司积累的多少,从而影响权益资金与负债资金的比例,即资本结构。股东财富最大化的目标要求公司的资本结构最优,因而收益分配便成了优化资本结构、降低资本成本的重要措施。

(四)收益分配管理是国家财政资金的重要来源之一

生产经营活动中,公司不仅为自己创造了价值,还为社会创造了一定的价值,即利润。利润代表公司的新创财富,是公司收入的重要构成部分。除了满足公司自身的生产经营性积累外,通过收益分配,国家税收也能够集中一部分公司利润,由国家有计划地分配使用,实现国家政治职能和经济职能,为社会经济的发展创造良好条件。

二 收益分配管理的基本原则

一个公司的收益分配不仅会影响公司的筹资和投资决策,而且还涉及国家、公司、投资者、职工等多方面的利益关系,涉及公司长远利益与近期利益、整体利益与局部利益等

关系的处理与协调。公司在进行收益分配时应遵循以下原则。

(一)依法分配原则

公司的收益分配必须依法进行,这是正确处理各方面利益关系的关键。为规范公司的收益分配行为,维护各利益相关者的合法权益,国家制定和颁布了若干法规。这些法规规定了公司收益分配的基本要求、一般程序和重大比例,公司应认真执行,不得违反。

(二)兼顾各方面利益原则

公司的收益分配涉及国家、公司股东、债权人、职工等多方面的利益。正确处理它们之间的关系,协调其矛盾,对公司的生存、发展是至关重要的。公司在进行收益分配时,应当统筹兼顾,维护各利益相关者的合法权益。

(三)分配与积累并重原则

进行收益分配应考虑公司未来发展需要,公司除按规定提取法定盈余公积金以外,可适当保存一部分利润作为积累。这部分积累不仅为公司扩大再生产筹措了资金,同时也增强了公司抵御风险的能力,提高了公司经营的安全性和稳定性,有利于增加股东的回报。

(四)投资与收益对等原则

公司进行收益分配应当体现"谁投资谁受益"、收益大小与投资比例相适应,即投资与收益对等原则,这是正确处理投资者利益关系的关键。该原则要求公司在向投资者分配利润时,应本着平等一致的原则,按照投资者投资额的比例进行分配,决不允许任何一方随意多分多占,以从根本上实现收益分配中的公开、公平和公正,保护投资者的利益。但是,公司章程或协议明确规定出资比例与收入分配比利不一致的除外。

三 收益分配管理的程序

根据《公司法》及相关法律制度的规定,公司净利润的分配应按照下列顺序进行:

1.弥补以前年度亏损

公司在提取法定公积金之前,应先用当年利润弥补以前年度亏损。公司年度亏损可以用下一年度的税前利润弥补,下一年度不足弥补的,可以在五年之内用税前利润连续弥补,连续五年未弥补的亏损则用税后利润弥补。其中,税后利润弥补亏损可以用当年实现的净利润,也可以用盈余公积转入。

2.提取法定盈余公积金

法定盈余公积金的提取比例为当年税后利润(弥补亏损后)的10%。累计提取的法定公积金总额达到注册资本50%以后,可以不再提取。法定盈余公积金提取后,根据公司的需要,可用于弥补亏损或转增资本,但公司用盈余公积金转增资本后,法定盈余公积金的余额不得低于转增前公司注册资本的25%。需要说明的是,提取法定公积金的基数,不是累计盈利,也不一定是本年的税后利润。只有在年初没有未弥补亏损的情况下,才能按本年净利润计算提取数。提取法定盈余公积金是为了增加公司的内部积累,以利于公司扩大再生产。

3. 提取任意公积金

根据《公司法》规定，公司从税后利润中提取法定公积金后，经股东会或股东大会决议，还可以从税后利润中提取任意公积金。这是为了满足公司经营管理的需要，控制向投资者分配利润的水平，以及调整各年度利润分配的波动。

4. 向股东(投资者)分配股利(利润)

根据《公司法》规定，公司弥补亏损和提取公积金后所余税后利润，可以向股东(投资者)分配。其中，有限责任公司股东按照实缴的出资比例分取红利，全体股东约定不按照出资比例分取红利的除外；股份有限公司按照股东持有的股份比例分配，但股份有限公司章程规定不按照持股比例分配的除外。《公司法》规定，公司持有的股份不得分配利润。

此外，近年来，以期权形式或类似期权形式的股权激励在一些大公司逐渐流行起来。从本质上来说，股权激励是公司对管理层或者员工进行的一种经济利益分配。

任务二　熟悉股利政策

股利政策是指在法律允许的范围内，公司是否发放股利、发放多少股利以及何时发放股利的方针及对策。

可供分配的净利润既可以用于向投资者分红，也可以留存公司。在这部分净利润数额相对有限的情况下，如何合理确定分红与留存的比例，将直接关系到有关短期利益与长期利益、股东与公司等关系能否得到妥善处理。确定或选择正确的股利政策，对公司具有特别重要的意义。一方面，股利政策在一定程度上决定公司对外再筹资能力；另一方面，股利政策在一定程度上还决定公司市场价值的大小。

公司在确定股利政策时，应在不违反国家有关法律法规的前提下，综合考虑各种影响因素，结合自身实际情况，权衡利弊得失，从优选择。股利政策既要保持相对稳定，又要符合公司理财目标和发展目标。在实际工作中，经常有以下几种股利政策可供选择。

一　剩余股利政策

剩余股利政策是指公司生产经营所获得的净利润首先应满足公司的权益资金需求，如果有剩余，则派发股利；如果没有剩余，则不派发股利。在完全理想状态下的资本市场中，上市公司的股利政策与公司普通股每股市价无关，公司派发股利的多少不会给股东的财富价值带来实质性的影响，投资者对于盈利的留存或发放毫无偏好，公司决策者不必考虑公司的分红模式，公司的股利政策只需随着公司的投资、融资方案的制定而自然确定。也就是说，股利政策不会对公司的股票价格产生任何影响，公司在有较好的投资机会时，可以少分配甚至不分配股利，而将留用利润用于再投资。另外，很多公司有自己的最佳资本结构，公司的股利政策不应破坏最佳资本结构。因此，根据剩余股利政策，公司应按如下步骤确定其股利分配额：

(1) 设定目标资本结构，在此结构下，公司的加权平均资本成本将达到最低水平。

(2) 确定公司的最佳资本预算，并根据公司的目标资本结构预计公司资金需求中所需要的权益资金数额。

(3) 最大限度地使用留存收益来满足资金需求中的股东权益数额。

(4) 留存收益在满足公司股东权益增加需求后，如果有剩余，再发放股利。

【例 7-1】 某公司 2021 年度净利润为 4 000 万元，2022 年度投资计划所需资金为 3 500 万元，该公司的目标资本结构为权益资本占 60%，债务资本占 40%。则按照目标资本结构的要求，该公司投资方案所需的权益资本数额为：

$$3\ 500 \times 60\% = 2\ 100(万元)$$

按照剩余股利政策的要求，该公司 2021 年度可向投资者分红（发放股利）数额为：

$$4\ 000 - 2\ 100 = 1\ 900(万元)$$

剩余股利政策的优点：留存收益优先保证再投资的需要的权益资金，从而有助于降低再投资的资本成本，保持最佳的资本结构，实现公司价值的长期最大化。

剩余股利政策的缺点：如果完全遵循执行剩余股利政策，股利发放额就会每年随投资机会和盈利水平的波动而波动。剩余股利政策不利于投资者安排收入与支出，也不利于公司树立良好的形象，一般适用于公司初创阶段。

二、固定或稳定增长的股利政策

固定或稳定增长的股利政策是指公司将每年派发的股利固定在某一特定水平或在此基础上维持某一固定比率逐年稳定增长。只有在确信公司未来的盈利增长不会发生逆转时，才会宣布实施固定或稳定增长的股利政策。在固定或稳定增长的股利政策下，首先应确定的是股利分配额，而且该分配额一般不随着资金需求的波动而波动。

近年来，为了避免通货膨胀对股东收益的影响，最终达到吸引投资的目的，很多公司开始实行稳定增长的股利政策。即为了避免股利的实际波动，公司在支付某一固定股利的基础上，还制定了一个目标股利增长率，依据公司的盈利水平按目标股利增长率逐步提高公司的股利支付水平。

固定或稳定增长的股利政策的优点：(1)由于股利政策本身的信息含量，它能将公司未来的获利能力、财务状况以及管理层对公司经营的信心等信息传递出去。固定或稳定增长的股利政策可以传递给股票市场和投资者一个公司经营状况稳定、管理层对未来充满信心的信号，这有利于公司在资本市场上树立良好的形象，增强投资者对公司的信心，进而有利于稳定公司股票价格。(2)稳定的股利额有助于投资者安排股利收入和支出，有利于吸引那些打算进行长期投资并对股利有很高依赖性的股东。(3)稳定的股利政策可能会不符合剩余股利政策，但考虑到股票市场会受多种因素影响，为了将股利维持在稳定的水平上，即使推迟某些投资方案或暂时偏离目标资本结构，也可能比降低股利或股利增长率更为有利。

固定或稳定增长的股利政策的缺点:(1)固定或稳定增长的股利政策下的股利分配只升不降,股利支付与公司盈利相脱离,即不论公司盈利多少,均要按固定的乃至固定增长的比率派发股利。(2)在公司的发展过程中,难免会出现经营状况不好或短暂的困难时期,如果这时仍执行固定或稳定增长的股利政策,那么派发的股利金额大于公司实现的盈利,容易引起公司资金短缺,导致财务状况恶化,甚至侵蚀公司留存收益和公司现有的资本,影响公司的后续发展。(3)在公司无利可分的情况下,若依然实施固定或稳定增长的股利政策,也是违反《公司法》的行为。

因此,采用固定或稳定增长的股利政策,要求公司对未来的盈利和支付能力能做出较准确的判断。一般来说,公司确定的固定股利额不应过高,要留有余地,以免公司陷于无力支付的被动局面。固定或稳定增长的股利政策一般适用于经营比较稳定或正处于成长期的公司,且该政策很难被长期采用。

三 固定股利支付率政策

固定股利支付率政策是指公司以每年净收益的某一固定百分比作为股利分派给股东。这一百分比通常称为股利支付率,股利支付率一经确定,一般不得随意变更。固定股利支付率越高,公司留存的净收益就越少。

固定股利支付率政策的优点:(1)采用固定股利支付率政策,使股利与企业盈余紧密结合,体现了"多盈多分、少盈少分、不盈不分"的股利分配原则。(2)由于公司的获利能力在年度间是经常变动的,因此每年的股利也应随着公司收益的变动而变动,保持股利与留存收益间的一定比例关系。采用固定股利支付率政策,公司每年按固定的比例从税后利润中支付现金股利,从企业支付能力的角度看,这是一种稳定的股利政策。

固定股利支付率政策的缺点:(1)传递的信息容易成为公司的不利因素。大多数公司每年的收益很难保持稳定不变,如果公司每年收益状况不同,固定股利支付率政策将导致公司每年股利分配额的频繁变化。而股利通常被认为是公司未来前途的信号传递,那么波动的股利向市场传递的信息就是公司未来收益前景不明确、不可靠,容易给投资者带来公司经营状况不稳定、投资风险大的不良印象。(2)容易使公司面临较大的财务压力。因为公司实现的盈利越多,一定支付比率下派发的股利就越多,但公司实现的盈利多,并不代表公司有充足的现金派发股利,只能表明公司盈利状况较好而已。如果公司的现金流量状况并不好,却还要按固定比率派发股利,就很容易给公司造成较大的财务压力。(3)缺乏财务弹性。在不同阶段,根据财务状况制定不同的股利政策,会更有效地实现公司的财务目标。但在固定股利支付率政策下,公司每年按固定比例从净利润中支付股利,丧失了利用股利政策的财务方法,缺乏财务弹性。(4)合适的固定股利支付率的确定难度较大。如果固定股利支付率确定得较低,就不能满足投资者对投资收益的要求;而固定股利支付率确定得较高,没有足够的现金派发股利时会给公司带来巨大财务压力。另外当公司发展需要大量资金时,也要受其制约。所以确定合适的股利支付率的难度较大。

由于公司每年面临的投资机会、筹资渠道都不同,而这些都可以影响到公司的股利分配,所以,一成不变地奉行一种按固定比率发放股利政策的公司在实际中并不多见,固定股利支付率政策只能适用于稳定发展的公司和公司财务状况较稳定的阶段。

【例 7-2】 某公司长期以来用固定股利支付率政策进行股利分配,确定的股利支付率为 30%。2021 年税后利润为 1 500 万元,如果仍然继续执行固定股利支付率政策,公司本年度将要支付的股利为:

$$1\ 500 \times 30\% = 450(万元)$$

但该公司 2022 年有较大的投资需求,因此,2021 年准备采用剩余股利政策。如果该公司 2022 年的投资预算为 2 000 万元,目标资本结构为权益资本占 60%,则按照目标资本结构的要求,该公司投资方案所需的权益资本额为:

$$2\ 000 \times 60\% = 1\ 200(万元)$$

该公司 2021 年度可以发放的股利为:

$$1\ 500 - 1\ 200 = 300(万元)$$

四 低正常股利加额外股利政策

低正常股利加额外股利政策,是指公司事先设定一个较低的正常股利额,每年除了按正常股利额向股东发放现金股利外,还在公司盈余较多、资金较为充裕的年度向股东发放高于每年度正常股利的额外股利。但是,额外股利不固定,不意味着公司永久地提高了股利支付率。可以用以下公式表示:

$$Y = a + bX$$

式中:Y 为每股股利;X 为每股收益;a 为低正常股利;b 为股利支付率。

低正常股利加额外股利政策的优点:(1)赋予公司较大的灵活性,使公司在股利发放上留有余地并具有较大的财务弹性。同时,每年可以根据公司的具体情况,选择不同的股利发放水平,以稳定和提高股价,进而实现公司的理财目标。(2)低正常股利加额外股利政策有助于稳定股价,增强投资者信心。由于公司每年固定派发的股利维持在一个较低的水平,在公司盈利较少时或需要较多的留存收益进行投资时,公司仍然能够按照既定承诺的股利水平派发股利,使投资者保持一个固有的收益保障,这有助于维持公司股票的现有价格。而当公司盈利状况较好且有剩余现金时,就可以在正常股利的基础上再派发额外股利,而额外股利信息的传递则有助于公司股票的股价上扬,增强投资者信心。

可以看出,低正常股利加额外股利政策既吸引了固定股利政策对股东投资收益的保障的优点,同时又摒弃其对公司所造成的财务压力方面的不足,所以在资本市场上颇受投资者和公司的欢迎。

低正常股利加额外股利政策的缺点:(1)由于年份之间公司的盈利波动使得额外股利不断变化,时有时无,造成分派的股利不同,因此容易给投资者以公司收益不稳定的感觉。(2)当公司在较长时期持续发放额外股利后,股东就会误认为这是"正常股利",而一旦取消了这部分额外股利,传递出去的信号可能会使股东认为这是公司财务状况恶化的表现,进而可能会引起公司股价下跌的不良后果。

相对来说,对那些盈利水平随着经济周期而波动较大的公司或盈利与现金流量很不稳定时,低正常股利加额外股利政策也许是一种不错的选择。

任务三　确定收益分配方案

一、收益分配的制约因素

公司的收益分配涉及公司相关各方的切身利益,受众多不确定因素的影响,在确定分配政策时,应当考虑各种相关因素的影响,主要包括法律、公司、股东及其他因素。

(一)法律因素

为了保护债权人和股东的利益,国家有关法律法规就公司收益分配做出了如下规定:

1. 资本保全约束

规定公司不能用资本(包括实收资本或股本和资本公积)发放股利,即公司不能因支付股利而引起资本减少。资本保全的目的,在于维持公司资本的完整性,保护公司完整的产权基础,保障债权人的利益。

2. 资本积累约束

规定公司必须按一定的比例和基数提取各种公积金,股利只能从公司的可供股东分配利润中支付。公司当期的净利润按照规定提取各种公积金后和过去累积的未分配利润形成公司的可供股东分配利润。另外,在进行收益分配时,一般应当贯彻"无利不分"原则,即当公司出现年度亏损时,一般不得分配利润。

3. 偿债能力约束

对股份公司而言,当其支付现金股利后会影响公司偿还债务和正常经营时,公司发放现金股利的数额就要受到限制。

4. 超额累积利润约束

对于股份公司而言,由于投资者接受股利缴纳的所得税要高于进行股票交易的资本利得所缴纳的税金,因此许多公司通过积累利润使股价上涨的方式来帮助股东避税。西方许多国家在法律上明确规定公司不得超额累积利润,一旦公司留存收益超过法律认可的水平,将被加征额外税款。

(二)公司因素

公司基于短期经营与长期发展的考虑,在确定利润分配政策时,需要关注以下因素:

1. 现金流量

由于会计规范的要求和核算方法的选择,公司盈余与现金流量并非完全同步,净利润的增加不一定意味着可供分配的现金流量的增加。公司在进行利润分配时,要保证公司正常的经营活动对现金的需求,以维持资金的正常周转,使生产经营得以有序进行。

2. 投资机会

如果公司的投资机会多,对资金的需求量大,那么它就很可能会考虑采用低股利支付水平的分配政策;相反,如果公司的投资机会少,对资金的需求量小,那么它就很可能倾向于采用较高的股利支付水平。此外,如果公司将留存收益用于再投资的所得报酬低于股东个人单独将股利收入投资于其他投资机会所得的报酬时,公司就不应多留留存收益,而应多发放股利,这样有利于股东价值的最大化。

3. 筹资因素

如果一个公司筹资能力强,随时能筹措到所需的资金,则有可能采取较为宽松的利润分配政策;而对于一个筹资能力较弱的公司而言,宜保留较多的盈余,因而往往采取较紧的利润分配政策。另外,留存收益是公司内部筹资的一种重要方式,它同发行新股或举债相比,不需花费筹资费用,同时增加了公司权益资本的比重,降低了财务风险,便于低成本取得债务资本。

4. 资产的流动性

较多地支付现金股利,会减少公司现金持有量,使资产的流动性降低,而保持一定的资产流动性是公司经营的基础和必备条件,因此,如果公司的资产流动性差,即使收益可观,也不宜分配过多的现金股利。

5. 盈余的稳定性

公司的利润分配政策在很大程度上会受盈利稳定性的影响。一般来讲,公司的盈余越稳定,其股利支付水平也就越高;对于盈余不稳定的公司,可以采用低股利政策。

6. 其他因素

由于股利的信号传递作用,公司不宜经常改变其利润分配政策,应保持一定的连续性和稳定性。此外,利润分配政策的确定还会受其他因素的影响,比如不同发展阶段、不同行业的公司股利支付比例会有差异,这就要求公司在进行政策选择时要考虑发展阶段以及所处行业状况。

(三)股东因素

股东在控制权、收入和税负方面的考虑也会对公司的利润分配政策产生影响。

1. 控制权

现有股东往往将股利政策作为维持其控制地位的工具。公司支付较高的股利导致留存收益减少,当公司为有利可图的投资机会筹集所需资金时,发行新股的可能性加大,新股东的加入必然稀释现有股东的控制权。因此,公司的老股东往往主张限制股利的支付,而愿意较多地保留盈余,以防止控制权旁落他人。

2. 稳定的收入

如果股东依赖现金股利维持生活,他们往往要求公司能够支付稳定的股利,而反对留存较多的利润。还有一些股东认为通过增加留存收益引起股价上涨而获得的资本利得是有风险的,而目前的股利是确定的,即便是现在较少的股利,也强于未来的资本利得,因此他们往往也要求公司支付较多的股利。

3.避税

政府对公司利润征收所得税以后,还要对自然人股东征收个人所得税,股利收入的税率要高于资本利得的税率。一些高股利收入的股东出于避税的考虑,往往倾向于较低的股利支付水平。

(四)其他因素

1.债务契约

一般来说,股利支付水平越高,留存收益越少,公司的破产风险加大,就越有可能损害债权人的利益。因此,为了保证自己的利益不受损害,债权人通常都会在公司借款合同、债务契约中加入借款公司股利政策的条款,以限制公司股利的发放。

这些限制条款通常包括:第一,未来的股利支付只能以签订合同之后的收益发放,也就是说不能以过去的留存收益来发放;第二,营运资金低于某一特定金额时不得发放股利;第三,将利润的一部分以偿债基金的形式留存下来;第四,利息保障倍数低于一定水平时不得支付股利。

2.通货膨胀

通货膨胀会带来货币购买力下降,导致固定资产重置资金不足,此时,公司往往不得不考虑留用一定的利润,以便弥补由于货币购买力水平下降而造成的固定资产重置资金缺口。因此,在通货膨胀期间,公司一般采取偏紧的利润分配政策。

二 股利分配方案的确定

股利分配方案的确定,主要是考虑确定以下四个方面的内容:第一,选择股利政策类型;第二,确定股利支付水平的高低;第三,确定股利支付形式,即确定合适的股利分配形式;第四,确定股利发放的日期等。

要完成整个股利政策的制定与决策过程,通常需要经由三个权力层面或阶段:一是公司财务部门;二是董事会;三是股东大会。

(一)选择股利政策

股利政策不仅会影响股东的利益,也会影响公司的正常运营以及未来的发展。因此,制定恰当的股利政策就显得尤为重要。由于各种股利政策各有利弊,所以公司在进行股利政策决策时,要综合考虑公司面临的各种具体影响因素,适当遵循收益分配的各项原则,以保证不偏离公司目标。

公司选择股利政策通常需要考虑以下几个因素:(1)公司所处的成长与发展阶段;(2)公司支付能力的稳定情况;(3)公司获利能力的稳定情况;(4)目前的投资机会;(5)投资者的态度;(6)公司的信誉状况。

公司在不同成长与发展阶段所采用的股利政策见表 7-2。

表 7-2　　　　　　　　　　　公司股利政策的选择

发展阶段	特　点	适用的股利政策
初创阶段	公司经营风险高,有投资需求且融资能力差	剩余股利政策
快速发展阶段	公司快速发展,投资需求大	低正常股利加额外股利政策
稳定增长阶段	公司业务稳定增长,投资需求减少,净现金流入量增加,每股净收益呈上升趋势	固定或稳定增长的股利政策
成熟阶段	公司盈利水平稳定,公司通常已积累了相当的盈余和资金	固定股利支付率政策
衰退阶段	产品业务锐减,获利能力和现金获得能力下降	剩余股利政策

(二)确定股利支付水平

股利支付水平通常用股利支付率来衡量。股利支付率是当年发放股利与当年净利润之比,或每股股利除以每股收益。股利支付率的制定往往使公司处于两难境地。低股利支付率政策虽然有利于公司对收益的留存,有利于扩大投资规模和未来的持续发展,但显然在资本市场上对投资者的吸引力会大大降低,进而影响公司未来的增资扩股;而高股利支付率政策有利于增强公司股票的吸引力,有助于公司在公开市场上筹措资金。但过高的股利分配率政策也会产生不利效果:一是会使公司的留存收益减少;二是如果公司要维持高股利分配政策而对外大量举债,又会加重公司财务负担。

(三)确定股利支付形式

按照股份有限公司对其股东支付股利的不同方式,股利可以分为不同的种类。其中,常见的有以下四类:

1.现金股利

现金股利是指上市公司以现金的形式发放给股东的股利,是上市公司最常见、也最容易被投资者接受的股利支付方式。

发放现金股利的多少主要取决于公司的股利政策和经营业绩。但这种方式增加了公司现金流出量,形成公司支付巨额现金的压力,在一定情况下,影响了公司投资与发展的需要。因此,采用现金股利支付方式的公司必须具备两个基本条件:一是公司要有足够的留存收益;二是公司要有足够的现金。

2.股票股利

股票股利是指上市公司以股东股份的一定比例增发股票作为股利的支付方式,在我国实务中通常也称其为"红股"。

发放股票股利对公司来说,并没有现金流出,也不会导致公司的财产减少,而只是将公司的未分配利润转化为股本和资本公积。但股票股利会增加流通在外的股票数量,同时降低股票的每股价值。它不改变公司股东权益总额,但会改变股东权益的构成。

【例 7-3】 某上市公司在 2021 年发放股票股利前,其资产负债表上的股东权益账户情况见表 7-3。

表 7-3　　股东权益账户情况表　　单位:万元

股本(面值为1元,发行在外2 000万股)	2 000
资本公积	3 000
盈余公积	2 000
未分配利润	3 000
股东权益合计	10 000

假设该公司宣布发放 10%的股票股利,现有股东每持有 10 股即可获赠 1 股普通股。若该股票当时市价为 5 元,那么随着股票股利的发放,需从"未分配利润"项目划转出的资金为:

$$2\ 000 \times 10\% \times 5 = 1\ 000(万元)$$

由于股票面值(1元)不变,发放 200 万股,"股本"项目应增加 200 万元,其余的 800(1 000−200)万元应作为股票溢价转至"资本公积"项目,而公司的股东权益总额并未发生改变,仍是 10 000 万元,股票股利发放后资产负债表上的股东权益部分见表 7-4。

表 7-4　　股票股利发放后股东权益账户情况表　　单位:万元

股本(面值为1元,发行在外2 200万股)	2 200
资本公积	3 800
盈余公积	2 000
未分配利润	2 000
股东权益合计	10 000

假设一位股东在该公司派发股票股利之前持有该公司的普通股 10 万股,那么,他所拥有的股权比例为:

$$10 \div 2\ 000 \times 100\% = 0.5\%$$

在派发股利之后,他所拥有的股票数量和股份比例为:

$$10 \times (1 + 10\%) = 11(万股)$$

$$11 \div 2\ 200 \times 100\% = 0.5\%$$

可见,发放股票股利,不会对公司股东权益总额产生影响,但会引起资金在各股东权益项目间的再分配。而且股票股利派发前后每一位股东的持股比例也不会发生变化。需要说明的是,例 7-3 中以市价计算股票股利价格的做法,是很多西方国家所通行的,但在我国,股票股利价格则是按照股票面值来计算的。

发放股票股利虽不直接增加股东的财富,也不增加公司的价值,但对股东和公司都有特殊意义。

对股东来讲,股票股利的优点主要有:

(1)理论上,派发股票股利后,每股市价会成反比例下降,但实务中这并非必然结果。因为市场和投资者普遍认为,发放股票股利往往预示着公司会有较大的发展与成长,这样的信息传递会稳定股价或使股价下降的比例减小甚至不降反升,股东便可以获得股票价值相对上升的好处。

(2)由于股利收入和资本利得税率的差异,如果股东出售股票股利,还会给他带来资本利得纳税上的好处。

对公司来讲,股票股利的优点主要有：

(1)发放股票股利不需要向股东支付现金,在再投资机会较多的情况下,公司就可以为再投资提供成本较低的资金,从而有利于公司的发展。

(2)发放股票股利可以降低公司股票的市场价格,既有利于促进股票的交易和流通,又有利于吸引更多的投资者成为公司股东,进而使股权更为分散,有效地防止公司被恶意控制。

(3)股票股利的发放可以传递公司未来发展前景良好的信息,从而增强投资者的信心,在一定程度上稳定股票价格。

3.财产股利

财产股利是以现金以外的其他资产支付的股利,主要是以公司所拥有的其他公司的有价证券,如股票、债券等,作为股利发放给股东。

4.负债股利

负债股利是以负债方式支付的股利,通常以公司的应付票据支付给股东,有时也以发行公司债券的方式支付股利。

财产股利和负债股利实际上都是现金股利的替代形式,但目前这两种股利方式在我国公司实务中极少使用。

(四)确定股利支付程序

公司股利的发放必须遵守相关的要求,按照日程安排来进行。一般情况下,先由董事会提出分配预案,然后提交股东大会审议,股东大会决议通过分配预案之后,要向股东宣布发放股利的方案,并确定股利宣告日、股权登记日、除息日和股利发放日。

1.股利宣告日

股利宣告日即公司股东大会决议通过并由董事会将股利支付情况予以公告的日期。公告中将宣布每股应支付的股利、股权登记日、除息日和股利支付日等事项。我国的股份公司通常一年派发一次股利,也有在年中派发中期股利的。

2.股权登记日

股权登记日即有权领取本期股利的股东资格登记截止日期。凡是在指定日期收盘之前取得公司股票,成为公司在册股东的投资者都可以作为股东享受公司本期分派的股利。在这一天之后取得公司股票的股东则无权领取本次分派的股利。

3.除息日

除息日即领取股利的权利与股票相分离的日期。在除息日之前购买公司股票的股东才能领取本次股利,而在除息日当天或是以后购买公司股票的股东,则不能领取本次股利。由于失去了"收息"的权利,除息日的股票价格会下跌。除息日是股权登记的下一个交易日。

4.股利支付日

股利支付日即公司按照公布的分红方案向股权登记日在册的股东实际支付股利的日期。

【例 7-4】 某上市公司于 2021 年 4 月 10 日公布 2020 年度的最后分红方案,其发布的公告如下:"2021 年 4 月 9 日在北京召开的股东大会,通过了董事会关于每股分派 0.2 元的 2021 年股息分派方案。股权登记日为 4 月 25 日,除息日是 4 月 26 日,股东可在 5 月 10 日至 25 日之间通过深圳交易所按交易方式领取股息。特此公告。"

那么,该公司的股利发放程序为:

股利宣告日:4 月 10 日

股权登记日:4 月 25 日

除息日:4 月 26 日

股利发放日:5 月 10 日至 25 日

任务四　了解股票分割和股票回购

一、股票分割

(一)股票分割的含义

股票分割,又称拆股,即将一股股票拆分为多股股票的行为。

股票分割对公司的资本结构不会产生任何影响,一般只会使发行在外的股票总数增加,股东权益总额及其内部结构也保持不变,变化的只是股票面值。

(二)股票分割的作用

(1)降低股票价格。股票分割会使公司股票每股市价降低,买卖该股票所必需的资金量减少,从而可以促进股票的流通和交易。流通性的提高和股东数量的增加,会在一定程度上加大对公司股票恶意收购的难度。此外,降低股票价格还可以为公司发行新股做准备,因为股价太高会使许多潜在投资者力不从心而不敢轻易对公司的股票进行投资。

(2)向市场和投资者传递"公司发展前景良好"的信息,有助于提高投资者对公司的信心。

(三)反分割

与股票分割相反,如果公司认为其股票价格过低,不利于其在市场上的声誉和未来的再筹资时,为提高股票的价格,会采取反分割措施。反分割又称为股票合并或逆向分割,是指将多股股票合并为一股股票的行为。反分割显然会降低股票的流通性,提高公司股票投资的门槛,它向市场传递的信息通常是不利的。

【例 7-5】 假设有甲、乙两家公司,甲公司股票每股市价为 60 元,乙公司股票每股市价为 6 元,甲公司准备通过股票交换的方式对乙公司实施并购,如果甲公司以 1 股股票换取乙公司的 10 股股票,可能会使乙公司的股东在心理上难以承受;相反,如果甲公司先进行股票分割,将原来的股票 1 股分拆为 5 股,然后再以 1∶2 的比例换取乙公司股票,则乙公司的股东在心理上可能会容易接受一些。因此,通过股票分割的办法改变被并购企业股东的心理,更有利于企业并购方案的实施。

股票分割带来的股票流通性的提高和股东数量的增加,会在一定程度上加大对公司股票恶意收购的难度。

【例 7-6】 某上市公司 2021 年年末资产负债表上的股东权益账户情况见表 7-5。

表 7-5　　　　某上市公司 2021 年年末股东权益账户情况表　　　　单位:万元

股本(面值为 10 元,发行在外 1 000 万股)	10 000
资本公积	10 000
盈余公积	5 000
未分配利润	8 000
股东权益合计	33 000

要求:

(1)假设股票市价为 20 元,该公司宣布发放 10% 的股票股利,即现有股东每持有 10 股即可获赠 1 股普通股。发放股票股利后,股东权益有何变化?每股净资产是多少?

(2)假设该公司按照 1∶2 的比例进行股票分割。股票分割后,股东权益有何变化?每股净资产是多少?

根据以上资料可知:

(1)发放股票股利后股东权益情况见表 7-6。

表 7-6　　　　　股票股利发放后股东权益情况表　　　　　单位:万元

股本(面值为 10 元,发行在外 1 100 万股)	11 000
资本公积	11 000
盈余公积	5 000
未分配利润	6 000
股东权益合计	33 000

每股净资产为：

$$33\ 000 \div (1\ 000 + 100) = 30(元/股)$$

(2)股票分割后股东权益情况见表7-7。

表7-7　　　　股票分割后股东权益情况表　　　　单位：万元

股本(面值为5元,发行在外2 000万股)	10 000
资本公积	10 000
盈余公积	5 000
未分配利润	8 000
股东权益合计	33 000

每股净资产为：

$$33\ 000 \div (1\ 000 \times 2) = 16.5(元/股)$$

二、股票回购

(一)股票回购的含义及方式

股票回购,是指上市公司出资将其发行的流通在外的普通股以一定价格购买回来予以注销或作为库存股的一种资本运作方式。《公司法》规定,公司有下列情形之一的,可以收购本公司股份：

(1)减少公司注册资本。

(2)与持有本公司股份的其他公司合并。

(3)将股份用于员工持股计划或者股权激励。

(4)股东因对股东大会做出的公司合并、分立决议持异议,要求公司收购其股份。

(5)将股份用于转换上市公司发行的可转换为股票的公司债券。

(6)上市公司为维护公司价值及股东权益所必需。

属于减少公司注册资本收购本公司股份的,应当自收购之日起10日内注销;属于与持有本公司股份的其他公司合并和股东因对股东大会做出的公司合并、分立决议持异议,要求公司收购其股份的,应当在6个月内转让或者注销;属于其余三种情形的,公司合计持有的本公司股份数不得超过本公司已发行股份总额的10%,并应当在3年内转让或者注销。

上市公司将股份用于员工持股计划或者股权激励、将股份用于转换上市公司发行的可转换为股票的公司债券以及上市公司为维护公司价值及股东权益所必需情形收购本公司股票的,应当通过公开的集中交易方式进行。上市公司以现金为对价,采取要约方式、集中竞价方式回购股份的,视同上市公司现金分红,纳入现金分红的相关比例计算。

公司不得接受本公司的股票作为质押权的标的。

(二)股票回购的动机

在证券市场上,股票回购的动机多种多样,主要有以下几点:

1.现金股利的替代

对公司来讲,派发现金股利会对公司产生未来的派现压力,而股票回购属于非正常股利政策,不会对公司产生未来的派现压力。对股东来讲,需要现金的股东可以选择出售股票,不需要现金的股东可以选择继续持有股票。因此,当公司有富余资金,但又不希望通过派现方式进行分配的时候,股票回购可以作为现金股利的替代形式。

2.改变公司的资本结构

无论是用现金回购还是举债回购股份,都会提高财务杠杆水平,改变公司的资本结构。公司认为权益资本在资本结构中所占比重较大时,会为了调整资本结构而进行股票回购,从而在一定程度上降低整体资本成本。

3.传递公司的信息

由于信息不对称和预期差异,证券市场上的公司股票价格可能被低估,而过低的股价将会对公司产生负面影响。一般情况下,投资者会认为股票回购意味着公司认为其股票价值被低估时而采取的应对措施。

4.基于控制权的考虑

许多股份公司的大股东为了保证其所代表股份公司的控制权不被改变,往往采取直接或间接的方式回购股票,从而巩固既有的控制权。另外,股票回购使流通在外的股份数变少,股价上升,从而可以有效地防止敌意收购。

(三)股票回购的影响

股票回购对上市公司的影响主要表现在以下几个方面:

(1)符合股票回购条件的多渠道回购方式允许公司选择适当时机回购本公司股份,将进一步提升公司调整股权结构和管理风险的能力,提高公司整体质量和投资价值。

(2)因实施持股计划和股权激励的股票回购,形成资本股东和劳动者的利益共同体,有助于提高投资者回报能力;将股份用于转换上市公司发行的可转换为股票的公司债券实施的股票回购,也有助于拓展公司融资渠道,改善公司资本结构。

(3)股票回购需要大量资金支付回购的成本,一方面,容易造成资金紧张,资产流动性降低,影响公司的后续发展;另一方面,在公司没有合适的投资项目又持有大量现金的情况下,回购股份也能更好地发挥货币资金的作用。

(4)当市场不理性,公司股价严重低于股份内在价值时,为了避免投资者蒙受损失,适时进行股份回购,减少股份供应量,有助于稳定股价,增强投资者信心。

(5)上市公司通过履行信息披露义务和公开的集中交易方式进行股份回购有利于防止操纵市场、内幕交易等利益输送行为。

任务五　了解股权激励模式

随着资本市场的发展和公司治理的完善,公司股权日益分散化,管理技术日益复杂化。为了合理激励公司管理人员,创新激励方式,一些大公司纷纷推出了股票期权等形式的股权激励机制。股权激励是一种通过给予经营者公司股权使其获得一定的经济权利,使他们能够以股东的身份参与公司决策、分享利润、承担风险,从而勤勉尽责地为公司的长期发展服务的一种激励方法。下面主要介绍四种较为普遍的股权激励模式。

一 股票期权模式

股票期权是指股份公司授予激励对象在未来某一特定日期内以预先确定的条件购买本公司一定数量股份的权利。激励对象获授的股票期权不得转让、不得用于担保或偿还债务。

股票期权实质上是公司给予激励对象的一种激励报酬,但能否取得该报酬取决于以经理人为首的相关人员是否通过努力实现公司的目标。在行权期内,如果股价高于行权价格,激励对象可以通过行权获得市场价与行权价的价差所带来的收益,否则,将放弃行权。《上市公司股权激励管理办法》对股票期权行权的规定为股票期权授权日与获授股票期权首次可以行权日之间的间隔不得少于12个月。

股票期权模式的优点在于能够降低委托代理成本,将经营者的报酬与公司的长期利益绑在一起,实现了经营者与股东利益的高度一致,使二者的利益紧密联系起来,并且有利于降低激励成本。另外,可以锁定期权人的风险。由于期权人事先没有支付成本或支付成本很低,如果行权时公司股票价格下跌,期权人可以放弃行权,几乎没有损失。

股票期权激励模式存在以下缺点:

(1)影响现有股东的权益。激励对象行权将会分散股权,改变公司的总资本和股本结构,会影响现有股东的权益,可能导致产权和经济纠纷。

(2)可能遭遇来自股票市场的风险。由于股票市场受较多不可控因素的影响,导致股票市场的价格具有不确定性,持续的牛市会产生"收入差距过大"的问题;当期权人行权但尚未售出购入的股票时,如果股价下跌至行权价以下,期权人又将同时承担行权后纳税和股票跌破行权价的双重损失的风险。

(3)可能带来经营者的短期行为。由于股票期权的收益取决于行权之日市场上的股票价格高于行权价格的差额,因而可能促使公司的经营者片面追求股价提升的短期行为,而放弃有利于公司发展的重要投资机会。

股票期权模式比较适合那些初始资本投入较少,资本增值较快,处于成长初期或扩张期的公司,如网络、高科技等风险较高的公司等。

二、限制性股票模式

限制性股票模式是指激励对象按照股权激励计划规定的条件,获得的转让等部分权利受到限制的本公司股票。限制性股票模式在解除限售前不得转让、用于担保或偿还债务。

公司为了实现某一特定目标,公司先将一定数量的股票赠予或以较低价格售予激励对象。只有当实现预定目标后,激励对象才可将限制性股票抛售并从中获利;若预定目标没有实现,公司有权将免费赠予的限制性股票收回或以激励对象购买时的价格回购。《上市公司股权激励管理办法》规定限制性股票授予日与首次解除限售日之间的间隔不得少于12个月。

由于只有达到限制性股票所规定的限制性期限时,持有人才能拥有实在的股票,因此在限制期间,公司不需要支付现金对价,便能够留住人才。但限制性股票缺乏一个能推动公司股价上涨的激励机制,即在公司股价下跌的时候,激励对象仍能获得股份,这样可能达不到激励的效果,并使股东遭受损失。

对于处于成熟期的公司,由于其股价的上涨空间有限,因此采用限制性股票模式较为合适。

三、股票增值权模式

股票增值权模式是指公司授予经营者的一种权利,如果经营者努力经营公司,在规定的期限内,公司股票价格上升或业绩上升,经营者就可以按一定比例获得这种由股价上扬或业绩提升所带来的收益,收益为行权价与行权日二级市场股价之间的差价或净资产的增值额。激励对象不用为行权支付现金,行权后由公司支付现金、股票或股票和现金的结合。

股票增值权模式比较易于操作,股票增值权持有人在行权时,直接兑现股票升值部分。这种模式审批程序简单,无须解决股票来源问题。但由于激励对象不能获得真正意义上的股票,导致激励的效果相对较差。其次,公司方面需要提取奖励基金,从而使公司的现金支付压力较大。因此,股票增值权模式较适合现金流量比较充裕且比较稳定的上市公司和现金流量比较充裕的非上市公司。

四、业绩股票模式

业绩股票模式是指公司在年初确定一个合理的年度业绩目标,如果激励对象经过大量努力后,在年末实现了公司预定的年度业绩目标,则公司给予激励对象一定数量的股票,或奖励其一定数量的奖金来购买本公司的股票。业绩股票在锁定一定年限以后才可以兑现。因此,这种激励模式是根据被激励者完成业绩目标的情况,以普通股作为长期激励形式支付给经营者的激励机制。

业绩股票模式能够激励公司高管人员努力完成业绩目标,激励对象获得激励股票后便成为公司的股东,与原股东有了共同利益,会更加努力地去提升公司的业绩,进而获得因公司股价上涨带来的更多收益。但由于公司的业绩目标确定的科学性很难保证,容易导致公司高管人员为获得业绩股票而弄虚作假,同时,激励成本较高,可能造成公司支付现金的压力。

业绩股票模式只对公司的业绩目标进行了考核,不要求股价的上涨,因此比较适合业绩稳定型的上市公司及其集团公司、子公司。

项目小结

收益分配管理是公司理财活动的重要内容之一,它对于维护公司和各利益相关者的财务关系、提升公司价值具有重要意义。收益分配管理的原则包括依法分配原则、兼顾各方面利益原则、分配与积累并重原则和投资与收益对等原则。

确定或选择正确的股利政策,对公司具有特别重要的意义。一方面,股利政策在一定程度上决定公司对外再筹资能力;另一方面,股利政策在一定程度上还决定公司的市场价值。实际工作中,常用的股利政策主要有四种:剩余股利政策、固定或稳定增长的股利政策、固定股利支付率政策和低正常股利加额外股利政策。

股利分配方案的确定,主要是考虑确定以下四个方面的内容:第一,选择股利政策类型;第二,确定股利支付水平的高低;第三,确定股利支付形式,即确定合适的股利分配形式;第四,确定股利支付程序等。

股票分割对公司的资本结构不会产生任何影响,一般只会使发行在外的股票总数增加,股东权益的总额及其内部结构也保持不变,变化的只是股票面值。股票回购,是指上市公司出资将其发行的流通在外的普通股以一定价格购买回来予以注销或作为库存股的一种资本运作形式。

股权激励是一种通过给予经营者公司股权使其获得一定的经济权利,使他们能够以股东的身份参与公司决策、分享利润、承担风险,从而勤勉尽责地为公司的长期发展服务的一种激励方法。股权激励模式主要有四种:股票期权模式、限制性股票模式、股票增值权模式和业绩股票模式。

练习题

一、单项选择题

1.公司的收益分配有广义与狭义之分,下列各项中,属于狭义收益分配的是(　　)。
A.公司收入的分配　　　　　　　　B.公司净利润的分配
C.公司产品成本的分配　　　　　　D.公司职工薪酬的分配

2.按照剩余股利政策,假定某公司资本结构是30%的负债资本,70%的权益资本,每年计划投资800万元,今年年末进行股利分配时,应从净利润中保留( )万元用于投资需要。

A.180　　　　　　B.240　　　　　　C.800　　　　　　D.560

3.某公司近年来经营业务不断拓展,目前处于成长阶段,预计现有的生产经营能力能够满足未来10年稳定增长的需要,公司希望其股利与公司盈余紧密配合。基于以上条件,最为适宜该公司的股利政策是( )。

A.剩余股利政策　　　　　　　　B.固定或稳定增长股利政策
C.固定股利支付率政策　　　　　D.低正常股利加额外股利政策

4.一般而言,适用于采用固定或稳定增长股利政策的公司是( )。

A.负债率较高的公司　　　　　　B.经营比较稳定或正处于成长期的公司
C.盈利波动较大的公司　　　　　D.盈利较高但投资机会较多的公司

5.在以下股利政策中有利于稳定股票价格,从而树立公司良好形象,但股利的支付与公司盈利能力相脱节的股利政策是( )。

A.剩余股利政策　　　　　　　　B.固定或稳定增长股利政策
C.固定股利支付率政策　　　　　D.低正常股利加额外股利政策

6.在下列股利政策中,能保持股利与收益之间一定的比例关系,并体现"多盈多分、少盈少分、不盈不分"分配原则的是( )。

A.剩余股利政策　　　　　　　　B.固定或稳定增长股利政策
C.固定股利支付率政策　　　　　D.低正常股利加额外股利政策

7.对于那些盈利水平随着经济周期而波动较大的公司或盈利与现金流量很不稳定的公司,( )也许是一种不错的选择。

A.剩余股利政策　　　　　　　　B.固定或稳定增长股利政策
C.固定股利支付率政策　　　　　D.低正常股利加额外股利政策

8.我国上市公司不得用于支付股利的权益资本是( )。

A.资本公积　　　　　　　　　　B.上年未分配利润
C.盈余公积金　　　　　　　　　D.税后利润

9.公司投资并取得收益时,必须按一定的比例和基数提取各种公积金,这一要求体现的是( )。

A.资本保全约束　　　　　　　　B.资本积累约束
C.超额累积利润约束　　　　　　D.偿债能力约束

10.在确定公司的收益分配政策时,应当考虑相关因素的影响,其中"资本保全约束"属于( )。

A.股东因素　　B.公司因素　　C.法律因素　　D.债务契约因素

11.下列影响股利发放的因素中,不属于股东因素的是( )。

A.避税考虑　　　　　　　　　　B.控制权考虑

C.稳定收入考虑　　　　　　　　D.投资机会考虑

12.下列关于股利分配政策的表述中,正确的是(　　)。

A.公司盈余的稳定程度与股利支付水平负相关

B.偿债能力弱的公司一般不应采用高现金股利政策

C.基于控制权的考虑,股东会倾向于较高的股利支付水平

D.债权人不会影响公司的股利分配政策

13.如果上市公司以其应付票据作为股利支付给股东,则这种股利的方式称为(　　)。

A.现金股利　　　B.股票股利　　　C.财产股利　　　D.负债股利

14.下列各项中,将会导致公司股本变动的股利形式是(　　)。

A.现金股利　　　B.财产股利　　　C.负债股利　　　D.股票股利

15.在下列各项中,能够增加普通股股票发行在外股数,但不改变公司资本结构的行为是(　　)。

A.支付现金股利　B.增发普通股　　C.股票分割　　　D.股票回购

16.下列有关股票分割表述正确的是(　　)。

A.股票分割的结果会使股票股数增加

B.股票分割的结果有可能会使负债比重降低

C.股票分割会使每股市价降低

D.股票分割不影响股票面值

17.下列不属于股票回购动机的是(　　)。

A.改变公司资本结构　　　　　　B.基于控制权的考虑

C.降低股价,吸引更多的投资者　　D.现金股利的替代

18.网络、高科技等风险较高的公司适合的股权激励模式是(　　)。

A.股票期权模式　　　　　　　　B.限制性股票模式

C.股票增值权模式　　　　　　　D.业绩股票模式

二、多项选择题

1.提取法定盈余公积金的基数可能有(　　)。

A.公司当年的净利润

B.公司累计未分配利润

C.公司当年净利润减去弥补以前年度亏损后的余额

D.以上都对

2.造成股利波动较大,给投资者以公司经营不稳定的感觉的股利政策有(　　)。

A.剩余股利政策　　　　　　　　B.固定或稳定增长股利政策

C.固定股利支付率政策　　　　　D.低正常股利加额外股利政策

3.采用固定或稳定增长股利政策的理由不包括(　　)。

A.有利于稳定股票价格

B.有利于保持理想的资本结构

C.有利于投资者安排收入和支出

D.体现了风险投资和风险收益的对等

4.处于初创阶段的公司,一般不宜采用的股利分配政策有(　　)。

　　A.固定股利政策　　　　　　　　B.剩余股利政策

　　C.固定股利支付率政策　　　　　D.稳定增长股利政策

5.采用低正常股利加额外股利政策的理由有(　　)。

　　A.可以吸引部分依靠股利度日的股东

　　B.使公司具有较大的灵活性

　　C.使股利负担最低

　　D.有助于稳定和提高股价

6.按照资本保全约束的要求,公司发放股利所需资金的来源包括(　　)。

　　A.当期利润　　B.留存收益　　C.原始投资　　D.股本

7.股东从保护自身利益的角度出发,在确定股利政策时应考虑的因素有(　　)。

　　A.避税　　　　B.控制权　　　C.稳定收入　　D.投资机会

8.公司在制定股利政策时应考虑的因素有(　　)。

　　A.股东因素　　B.法律因素　　C.通货膨胀因素　　D.公司因素

9.公司会限制股利发放的情形有(　　)。

　　A.盈利不够稳定　　　　　　　　B.筹资能力强

　　C.投资机会不多　　　　　　　　D.收益可观但资产流动性差

10.公司在确定股利支付率时,应当考虑的因素有(　　)。

　　A.投资机会　　B.筹资成本　　C.资本结构　　D.股东偏好

11.采用现金股利形式的公司必须具备的两个条件是(　　)。

　　A.公司要有足够的净利润　　　　B.公司要有足够的现金

　　C.公司要有足够的留存收益　　　D.公司要有足够的未指明用途的留存收益

12.下列各项中,会导致公司采用低股利政策的有(　　)。

　　A.陷于经营收缩的公司　　　　　B.公司盈余不稳定

　　C.公司资产流动性强　　　　　　D.物价持续上升

13.上市公司发放股票股利可能导致的结果有(　　)。

　　A.公司股东权益内部结构发生变化　　B.公司股东权益总额发生变化

　　C.公司每股利润下降　　　　　　　　D.公司股份总额发生变化

14.下列各项中,表述正确的有(　　)。

　　A.在股权登记日取得股票的股东无权领取本次分派的股利

　　B.在除息日之前购买的股票,能领取本次股利

　　C.在除息日当天或以后,股利权不从属于股票

　　D.在股利发放日,新购入股票的股东能分享本次股利

15.股票回购对上市公司的不利影响主要体现为(　　)。

A.资金紧张,资产的流动性降低

B.削弱了对债权人利益的保障

C.可能使股东忽视公司长远的发展,损害公司的根本利益

D.容易导致公司操纵股价

三、判断题

1.提取盈余公积金的基数不是可供分配的利润,也不一定是本年的净利润。(　　)

2.公司以前年度的未分配利润,应该并入本年度的利润并向投资者分配。(　　)

3.正确处理投资者利益关系的关键是坚持投资与收益对等原则。(　　)

4.执行剩余股利政策,股利发放额不受盈利水平影响,而会受投资机会的影响。
(　　)

5.根据"无利不分"的原则,当公司出现年度亏损时,一般不得分配利润。(　　)

6.受公司未来投资机会的影响,陷于经营收缩的公司多采取少分多留政策,而处于成长中的公司多采用多分少留政策。(　　)

7.股东为防止控制权稀释,往往希望公司提高股利支付率。(　　)

8.在除息日之前,股利权利从属于股票;从除息日开始,新购入股票的投资者不能分享本次已宣告发放的股利。(　　)

9.处于衰退期的公司在制定收益分配政策时,应当优先考虑公司积累。(　　)

10.在通货膨胀条件下,公司应采用偏紧的股利政策。(　　)

11.财产股利是以现金以外的其他资产支付的股利,主要是以公司发行的有价证券,如公司债券、公司股票等作为股利发放给股东。(　　)

12.在其他条件不变的情况下,股票分割会使发行在外的股票总数增加,进而降低公司的资产负债率。(　　)

13.限制性股票模式只对公司的业绩目标进行考核,不要求股价的上涨,因此比较适合业绩稳定型的上市公司及其集团公司、子公司。(　　)

四、计算分析题

1.某公司2021年提取了法定盈余公积后的净利润为600万元,发放股利270万元。目前,公司的目标资本结构为自有资金占64%,2022年拟投资500万元。过去的十年,该公司按45%的比例从净利润中支付股利。预计2022年净利润的增长率为5%,其中的1%部分作为固定股利的额外股利。该公司如采用下列不同的股利政策,请分别计算2022年可发放的股利。

要求:

(1)剩余股利政策;

(2)固定股利政策;

(3)固定股利支付率政策;

(4)低正常股利加额外股利政策。

2.某公司成立于2020年1月1日,2020年度实现的净利润为1 000万元,分配现金股利550万元,提取盈余公积450万元(所提盈余公积均已指定用途)。2021年实现的净利润为900万元(不考虑计提法定盈余公积的因素)。2022年计划增加投资,所需资金为700万元。假定公司目标资本结构为自有资金占60%,借入资金占40%。

要求:

(1)在保持目标资本结构的前提下,计算2022年投资方案所需的自有资金额和需要从外部借入的资金额。

(2)在保持目标资本结构的前提下,如果公司执行剩余股利政策,计算2021年度应分配的现金股利。

(3)在不考虑目标资本结构的前提下,如果公司执行固定股利政策,计算2021年度应分配的现金股利、可用于2021年投资的留存收益和需要对外筹集的资金额。

(4)在不考虑目标资本结构的前提下,如果公司执行固定股利支付率政策,计算该公司的股利支付率和2021年度应分配的现金股利。

(5)假定公司2022年面临着从外部筹资的困难,只能从内部筹资,不考虑目标资本结构,计算在此情况下2021年度应分配的现金股利。

3.某公司2021年实现的净利润为500万元,资产合计5 600万元,当前每股市价为10元。年终利润分配前的股东权益项目资料见表7-8。

表7-8　　　　利润分配前股东权益项目资料表　　　　单位:万元

股本——普通股(每股面值4元,200万股)	800
资本公积	320
未分配利润	1 680
股东权益合计	2 800

要求:

(1)计划按每10股送1股的方案发放股票股利,股票股利的金额按市价计算,计算完成这一分配方案后的股东权益各项目数额,以及每股收益和每股净资产。

(2)计划按每10股送1股的方案发放股票股利,股票股利的金额按市价计算,并按发放股票股利前的股数派发现金股利0.2元。计算完成这一分配方案后的股东权益各项目数额,以及每股收益和每股净资产。

(3)若计划每1股分割为4股,计算完成这一分配方案后的股东权益各项目数额,以及每股收益和每股净资产。

参考文献

[1] 财政部会计资格评价中心.2022年度全国会计专业技术资格考试辅导教材 财务管理.北京:经济科学出版社,2022
[2] 财政部中国财经出版传媒集团.财务管理通关题库.北京:经济科学出版社,2021
[3] 刘淑莲,牛彦秀.公司理财(第5版).大连:东北财经大学出版社,2020
[4] 刘淑莲,牛彦秀.公司理财习题与案例(第5版).大连:东北财经大学出版社,2021
[5] 闭乐华,姚瑶,赖泳杏.财务管理.北京:清华大学出版社,2021
[6] 刘曼红,刘小兵.公司理财(第5版).北京:中国人民大学出版社,2021
[7] 李园园.公司理财:理论·实务·案例·实训.上海:上海财经大学出版社,2021
[8] 王化成,刘俊彦,荆新.财务管理学(第9版·立体化数字教材版).北京:中国人民大学出版社,2021
[9] 张文华.企业财务管理(微课版).北京:人民邮电出版社,2021

附 录

附表1　　　　　　　　　　复利终值系数表

期数	1%	2%	3%	4%	5%	6%	7%	8%	9%	10%
1	1.0100	1.0200	1.0300	1.0400	1.0500	1.0600	1.0700	1.0800	1.0900	1.1000
2	1.0201	1.0404	1.0609	1.0816	1.1025	1.1236	1.1449	1.1664	1.1881	1.2100
3	1.0303	1.0612	1.0927	1.1249	1.1576	1.1910	1.2250	1.2597	1.2950	1.3310
4	1.0406	1.0824	1.1255	1.1699	1.2155	1.2625	1.3108	1.3605	1.4116	1.4641
5	1.0510	1.1041	1.1593	1.2167	1.2763	1.3382	1.4026	1.4693	1.5386	1.6105
6	1.0615	1.1262	1.1941	1.2653	1.3401	1.4185	1.5007	1.5869	1.6771	1.7716
7	1.0721	1.1487	1.2299	1.3159	1.4071	1.5036	1.6058	1.7138	1.8280	1.9487
8	1.0829	1.1717	1.2668	1.3686	1.4775	1.5938	1.7182	1.8509	1.9926	2.1436
9	1.0937	1.1951	1.3048	1.4233	1.5513	1.6895	1.8385	1.9990	2.1719	2.3579
10	1.1046	1.2190	1.3439	1.4802	1.6289	1.7908	1.9672	2.1589	2.3674	2.5937
11	1.1157	1.2434	1.3842	1.5395	1.7103	1.8983	2.1049	2.3316	2.5804	2.8531
12	1.1268	1.2682	1.4258	1.6010	1.7959	2.0122	2.2522	2.5182	2.8127	3.1384
13	1.1381	1.2936	1.4685	1.6651	1.8856	2.1329	2.4098	2.7196	3.0658	3.4523
14	1.1495	1.3195	1.5126	1.7317	1.9799	2.2609	2.5785	2.9372	3.3417	3.7975
15	1.1610	1.3459	1.5580	1.8009	2.0789	2.3966	2.7590	3.1722	3.6425	4.1772
16	1.1726	1.3728	1.6047	1.8730	2.1829	2.5404	2.9522	3.4259	3.9703	4.5950
17	1.1843	1.4002	1.6528	1.9479	2.2920	2.6928	3.1588	3.7000	4.3276	5.0545
18	1.1961	1.4282	1.7024	2.0258	2.4066	2.8543	3.3799	3.9960	4.7171	5.5599
19	1.2081	1.4568	1.7535	2.1068	2.5270	3.0256	3.6165	4.3157	5.1417	6.1159
20	1.2202	1.4859	1.8061	2.1911	2.6533	3.2071	3.8697	4.6610	5.6044	6.7275
21	1.2324	1.5157	1.8603	2.2788	2.7860	3.3996	4.1406	5.0338	6.1088	7.4002
22	1.2447	1.5460	1.9161	2.3699	2.9253	3.6035	4.4304	5.4365	6.6586	8.1403
23	1.2572	1.5769	1.9736	2.4647	3.0715	3.8197	4.7405	5.8715	7.2579	8.9543
24	1.2697	1.6084	2.0328	2.5633	3.2251	4.0489	5.0724	6.3412	7.9111	9.8497
25	1.2824	1.6406	2.0938	2.6658	3.3864	4.2919	5.4274	6.8485	8.6231	10.835
26	1.2953	1.6734	2.1566	2.7725	3.5557	4.5494	5.8074	7.3964	9.3992	11.918
27	1.3082	1.7069	2.2213	2.8834	3.7335	4.8223	6.2139	7.9881	10.245	13.110
28	1.3213	1.7410	2.2879	2.9987	3.9201	5.1117	6.6488	8.6271	11.167	14.421
29	1.3345	1.7758	2.3566	3.1187	4.1161	5.4184	7.1143	9.3173	12.172	15.863
30	1.3478	1.8114	2.4273	3.2434	4.3219	5.7435	7.6123	10.063	13.268	17.449
40	1.4889	2.2080	3.2620	4.8010	7.0400	10.286	14.975	21.725	31.409	45.259
50	1.6446	2.6916	4.3839	7.1067	11.467	18.420	29.457	46.902	74.358	117.39
60	1.8167	3.2810	5.8916	10.520	18.679	32.988	57.946	101.26	176.03	304.48

(续表)

期数	12%	14%	15%	16%	18%	20%	24%	28%	32%	36%
1	1.120 0	1.140 0	1.150 0	1.160 0	1.180 0	1.200 0	1.240 0	1.280 0	1.320 0	1.360 0
2	1.254 4	1.299 6	1.322 5	1.345 6	1.392 4	1.440 0	1.537 6	1.638 4	1.742 4	1.849 6
3	1.404 9	1.481 5	1.520 9	1.560 9	1.643 0	1.728 0	1.906 6	2.097 2	2.300 0	2.515 5
4	1.573 5	1.689 0	1.749 0	1.810 6	1.938 8	2.073 6	2.364 2	2.684 4	3.036 0	3.421 0
5	1.762 3	1.925 4	2.011 4	2.100 3	2.287 8	2.488 3	2.931 6	3.436 0	4.007 5	4.652 6
6	1.973 8	2.195 0	2.313 1	2.436 4	2.699 6	2.986 0	3.635 2	4.398 0	5.289 9	6.327 5
7	2.210 7	2.502 3	2.660 0	2.826 2	3.185 5	3.583 2	4.507 7	5.629 5	6.982 6	8.605 4
8	2.476 0	2.852 6	3.059 0	3.278 4	3.758 9	4.299 8	5.589 5	7.205 8	9.217 0	11.703
9	2.773 1	3.251 9	3.517 9	3.803 0	4.435 5	5.159 8	6.931 0	9.223 4	12.167	15.917
10	3.105 8	3.707 2	4.045 6	4.411 4	5.233 8	6.191 7	8.594 4	11.806	16.060	21.647
11	3.478 5	4.226 2	4.652 4	5.117 3	6.175 9	7.430 1	10.657	15.112	21.199	29.439
12	3.896 0	4.817 9	5.350 3	5.936 0	7.287 6	8.916 1	13.215	19.343	27.983	40.038
13	4.363 5	5.492 4	6.152 8	6.885 8	8.599 4	10.699	16.386	24.759	36.937	54.451
14	4.887 1	6.261 3	7.075 7	7.987 5	10.147	12.839	20.319	31.691	48.757	74.053
15	5.473 6	7.137 9	8.137 1	9.265 5	11.974	15.407	25.196	40.565	64.359	100.71
16	6.130 4	8.137 2	9.357 6	10.74 8	14.129	18.488	31.243	51.923	84.954	136.97
17	6.866 0	9.276 5	10.761	12.468	16.672	22.186	38.741	66.461	112.14	186.28
18	7.690 0	10.575	12.376	14.463	19.673	26.623	48.039	85.071	148.02	253.34
19	8.612 8	12.056	14.232	16.777	23.214	31.948	59.568	108.89	195.39	344.54
20	9.646 3	13.744	16.367	19.461	27.393	38.338	73.864	139.38	257.92	468.57
21	10.804	15.668	18.822	22.575	32.324	46.005	91.592	178.41	340.45	637.26
22	12.100	17.861	21.645	26.186	38.142	55.206	113.57	228.36	449.39	866.67
23	13.552	20.362	24.892	30.376	45.008	66.247	140.83	292.30	593.20	1 178.7
24	15.179	23.212	28.625	35.236	53.109	79.497	174.63	374.14	783.02	1 603.0
25	17.000	26.462	32.919	40.874	62.669	95.396	216.54	478.90	1 033.6	2 180.1
26	19.040	30.167	37.857	47.414	73.949	114.48	268.51	613.00	1 364.3	2 964.9
27	21.325	34.390	43.535	55.000	87.260	137.37	332.96	784.64	1 800.9	4 032.3
28	23.884	39.205	50.066	63.800	102.97	164.84	412.86	1 004.3	2 377.2	5 483.9
29	26.750	44.693	57.576	74.009	121.50	197.81	511.95	1 285.6	3 137.9	7 458.1
30	29.960	50.950	66.212	85.850	143.37	237.38	634.82	1 645.5	4 142.1	10 143
40	93.051	188.88	267.86	378.72	750.38	1 469.8	5 455.9	19 427	66 521	*
50	289.00	700.23	1 083.7	1 670.7	3 927.4	9 100.4	46 890	*	*	*
60	897.60	2 595.9	4 384.0	7 370.2	20 555	56 348	*	*	*	*

注：* ＞99 999

附表 2　　　　　　　　　　　　复利现值系数表

期数	1%	2%	3%	4%	5%	6%	7%	8%	9%	10%
1	0.990 1	0.980 4	0.970 9	0.961 5	0.952 4	0.943 4	0.934 6	0.925 9	0.917 4	0.909 1
2	0.980 3	0.961 2	0.942 6	0.924 6	0.907 0	0.890 0	0.873 4	0.857 3	0.841 7	0.826 4
3	0.970 6	0.942 3	0.915 1	0.889 0	0.863 8	0.839 6	0.816 3	0.793 8	0.772 2	0.751 3
4	0.961 0	0.923 8	0.888 5	0.854 8	0.822 7	0.792 1	0.762 9	0.735 0	0.708 4	0.683 0
5	0.951 5	0.905 7	0.862 6	0.821 9	0.783 5	0.747 3	0.713 0	0.680 6	0.649 9	0.620 9
6	0.942 0	0.888 0	0.837 5	0.790 3	0.746 2	0.705 0	0.666 3	0.630 2	0.596 3	0.564 5
7	0.932 7	0.870 6	0.813 1	0.759 9	0.710 7	0.665 1	0.622 7	0.583 5	0.547 0	0.513 2
8	0.923 5	0.853 5	0.789 4	0.730 7	0.676 8	0.627 4	0.582 0	0.540 3	0.501 9	0.466 5
9	0.914 3	0.836 8	0.766 4	0.702 6	0.644 6	0.591 9	0.543 9	0.500 2	0.460 4	0.424 1
10	0.905 3	0.820 3	0.744 1	0.675 6	0.613 9	0.558 4	0.508 3	0.463 2	0.422 4	0.385 5
11	0.896 3	0.804 3	0.722 4	0.649 6	0.584 7	0.526 8	0.475 1	0.428 9	0.387 5	0.350 5
12	0.887 4	0.788 5	0.701 4	0.624 6	0.556 8	0.497 0	0.444 0	0.397 1	0.355 5	0.318 6
13	0.878 7	0.773 0	0.681 0	0.600 6	0.530 3	0.468 8	0.415 0	0.367 7	0.326 2	0.289 7
14	0.870 0	0.757 9	0.661 1	0.577 5	0.505 1	0.442 3	0.387 8	0.340 5	0.299 2	0.263 3
15	0.861 3	0.743 0	0.641 9	0.555 3	0.481 0	0.417 3	0.362 4	0.315 2	0.274 5	0.239 4
16	0.852 8	0.728 4	0.623 2	0.533 9	0.458 1	0.393 6	0.338 7	0.291 9	0.251 9	0.217 6
17	0.844 4	0.714 2	0.605 0	0.513 4	0.436 3	0.371 4	0.316 6	0.270 3	0.231 1	0.197 8
18	0.836 0	0.700 2	0.587 4	0.493 6	0.415 5	0.350 3	0.295 9	0.250 2	0.212 0	0.179 9
19	0.827 7	0.686 4	0.570 3	0.474 6	0.395 7	0.330 5	0.276 5	0.231 7	0.194 5	0.163 5
20	0.819 5	0.673 0	0.553 7	0.456 4	0.376 9	0.311 8	0.258 4	0.214 5	0.178 4	0.148 6
21	0.811 4	0.659 8	0.537 5	0.438 8	0.358 9	0.294 2	0.241 5	0.198 7	0.163 7	0.135 1
22	0.803 4	0.646 8	0.521 9	0.422 0	0.341 8	0.277 5	0.225 7	0.183 9	0.150 2	0.122 8
23	0.795 4	0.634 2	0.506 7	0.405 7	0.325 6	0.261 8	0.210 9	0.170 3	0.137 8	0.111 7
24	0.787 6	0.621 7	0.491 9	0.390 1	0.310 1	0.247 0	0.197 1	0.157 7	0.126 4	0.101 5
25	0.779 8	0.609 5	0.477 6	0.375 1	0.295 3	0.233 0	0.184 2	0.146 0	0.116 0	0.092 3
26	0.772 0	0.597 6	0.463 7	0.360 7	0.281 2	0.219 8	0.172 2	0.135 2	0.106 4	0.083 9
27	0.764 4	0.585 9	0.450 2	0.346 8	0.267 8	0.207 4	0.160 9	0.125 2	0.097 6	0.076 3
28	0.756 8	0.574 4	0.437 1	0.333 5	0.255 1	0.195 6	0.150 4	0.115 9	0.089 5	0.069 3
29	0.749 3	0.563 1	0.4243	0.320 7	0.242 9	0.184 6	0.140 6	0.107 3	0.082 2	0.063 0
30	0.741 9	0.552 1	0.412 0	0.308 3	0.231 4	0.174 1	0.131 4	0.099 4	0.075 4	0.057 3
35	0.705 9	0.500 0	0.355 4	0.253 4	0.181 3	0.130 1	0.093 7	0.067 6	0.049 0	0.035 6
40	0.671 7	0.452 9	0.306 6	0.208 3	0.142 0	0.097 2	0.066 8	0.046 0	0.031 8	0.022 1
45	0.639 1	0.410 2	0.264 4	0.171 2	0.111 3	0.072 7	0.047 6	0.031 3	0.020 7	0.013 7
50	0.608 0	0.371 5	0.228 1	0.140 7	0.087 2	0.054 3	0.033 9	0.021 3	0.013 4	0.008 5
55	0.578 5	0.336 5	0.196 8	0.115 7	0.068 3	0.040 6	0.024 2	0.014 5	0.008 7	0.005 3

(续表)

期数	12%	14%	15%	16%	18%	20%	24%	28%	32%	36%
1	0.892 9	0.877 2	0.869 6	0.862 1	0.847 5	0.833 3	0.806 5	0.781 3	0.757 6	0.735 3
2	0.797 2	0.769 5	0.756 1	0.743 2	0.718 2	0.694 4	0.650 4	0.610 4	0.573 9	0.540 7
3	0.711 8	0.675 0	0.657 5	0.640 7	0.608 6	0.578 7	0.524 5	0.476 8	0.434 8	0.397 5
4	0.635 5	0.592 1	0.571 8	0.552 3	0.515 8	0.482 3	0.423 0	0.372 5	0.329 4	0.292 3
5	0.567 4	0.519 4	0.497 2	0.476 1	0.437 1	0.401 9	0.341 1	0.291 0	0.249 5	0.214 9
6	0.506 6	0.455 6	0.432 3	0.410 4	0.370 4	0.334 9	0.275 1	0.227 4	0.189 0	0.158 0
7	0.452 3	0.399 6	0.375 9	0.353 8	0.313 9	0.279 1	0.221 8	0.177 6	0.143 2	0.116 2
8	0.403 9	0.350 6	0.326 9	0.305 0	0.266 0	0.232 6	0.178 9	0.138 8	0.108 5	0.085 4
9	0.360 6	0.307 5	0.284 3	0.263 0	0.225 5	0.193 8	0.144 3	0.108 4	0.082 2	0.062 8
10	0.322 0	0.269 7	0.247 2	0.226 7	0.191 1	0.161 5	0.116 4	0.084 7	0.062 3	0.046 2
11	0.287 5	0.236 6	0.214 9	0.195 4	0.161 9	0.134 6	0.093 8	0.066 2	0.047 2	0.034 0
12	0.256 7	0.207 6	0.186 9	0.168 5	0.137 2	0.112 2	0.075 7	0.051 7	0.035 7	0.025 0
13	0.229 2	0.182 1	0.162 5	0.145 2	0.116 3	0.093 5	0.061 0	0.040 4	0.027 1	0.018 4
14	0.204 6	0.159 7	0.141 3	0.125 2	0.098 5	0.077 9	0.049 2	0.031 6	0.020 5	0.013 5
15	0.182 7	0.140 1	0.122 9	0.107 9	0.083 5	0.064 9	0.039 7	0.024 7	0.015 5	0.009 9
16	0.163 1	0.122 9	0.106 9	0.093 0	0.070 8	0.054 1	0.032 0	0.019 3	0.011 8	0.007 3
17	0.145 6	0.107 8	0.092 9	0.080 2	0.060 0	0.045 1	0.025 8	0.015 0	0.008 9	0.005 4
18	0.130 0	0.094 6	0.080 8	0.069 1	0.050 8	0.037 6	0.020 8	0.011 8	0.006 8	0.003 9
19	0.116 1	0.082 9	0.070 3	0.059 6	0.043 1	0.031 3	0.016 8	0.009 2	0.005 1	0.002 9
20	0.103 7	0.072 8	0.061 1	0.051 4	0.036 5	0.026 1	0.013 5	0.007 2	0.003 9	0.002 1
21	0.092 6	0.063 8	0.053 1	0.044 3	0.030 9	0.021 7	0.010 9	0.005 6	0.002 9	0.001 6
22	0.082 6	0.056 0	0.046 2	0.038 2	0.026 2	0.018 1	0.008 8	0.004 4	0.002 2	0.001 2
23	0.073 8	0.049 1	0.040 2	0.032 9	0.022 2	0.015 1	0.007 1	0.003 4	0.001 7	0.000 8
24	0.065 9	0.043 1	0.034 9	0.028 4	0.018 8	0.012 6	0.005 7	0.002 7	0.001 3	0.000 6
25	0.058 8	0.037 8	0.030 4	0.024 5	0.016 0	0.010 5	0.004 6	0.002 1	0.001 0	0.000 5
26	0.052 5	0.033 1	0.026 4	0.021 1	0.013 5	0.008 7	0.003 7	0.001 6	0.000 7	0.000 3
27	0.046 9	0.029 1	0.023 0	0.018 2	0.011 5	0.007 3	0.003 0	0.001 3	0.000 6	0.000 2
28	0.041 9	0.025 5	0.020 0	0.015 7	0.009 7	0.006 1	0.002 4	0.001 0	0.000 4	0.000 2
29	0.037 4	0.022 4	0.017 4	0.013 5	0.008 2	0.005 1	0.002 0	0.000 8	0.000 3	0.000 1
30	0.033 4	0.019 6	0.015 1	0.011 6	0.007 0	0.004 2	0.001 6	0.000 6	0.000 2	0.000 1
35	0.018 9	0.010 2	0.007 5	0.005 5	0.003 0	0.001 7	0.000 5	0.000 2	0.000 1	*
40	0.010 7	0.005 3	0.003 7	0.002 6	0.001 3	0.000 7	0.000 2	0.000 1	*	*
45	0.006 1	0.002 7	0.001 9	0.001 3	0.000 6	0.000 3	0.000 1	*	*	*
50	0.003 5	0.001 4	0.000 9	0.000 6	0.000 3	0.000 1	*	*	*	*
55	0.002 0	0.000 7	0.000 5	0.000 3	0.000 1	*	*	*	*	*

注：* < 0.0001

附表3　　　　　　　　　　　　　　　　年金终值系数表

期数	1%	2%	3%	4%	5%	6%	7%	8%	9%	10%
1	1.000 0	1.000 0	1.000 0	1.000 0	1.000 0	1.000 0	1.000 0	1.000 0	1.000 0	1.000 0
2	2.010 0	2.020 0	2.030 0	2.040 0	2.050 0	2.060 0	2.070 0	2.080 0	2.090 0	2.100 0
3	3.030 1	3.060 4	3.090 9	3.121 6	3.152 5	3.183 6	3.214 9	3.246 4	3.278 1	3.310 0
4	4.060 4	4.121 6	4.183 6	4.246 5	4.310 1	4.374 6	4.439 9	4.506 1	4.573 1	4.641 0
5	5.101 0	5.204 0	5.309 1	5.416 3	5.525 6	5.637 1	5.750 7	5.866 6	5.984 7	6.105 1
6	6.152 0	6.308 1	6.468 4	6.633 0	6.801 9	6.975 3	7.153 3	7.335 9	7.523 3	7.715 6
7	7.213 5	7.434 3	7.662 5	7.898 3	8.142 0	8.393 8	8.654 0	8.922 8	9.200 4	9.487 2
8	8.285 7	8.583 0	8.892 3	9.214 2	9.549 1	9.897 5	10.260	10.637	11.029	11.436
9	9.368 5	9.754 6	10.159	10.583	11.027	11.491	11.978	12.488	13.021	13.580
10	10.462	10.950	11.464	12.006	12.578	13.181	13.816	14.487	15.193	15.937
11	11.567	12.169	12.808	13.486	14.207	14.972	15.784	16.646	17.560	18.531
12	12.683	13.412	14.192	15.026	15.917	16.870	17.889	18.977	20.141	21.384
13	13.809	14.680	15.618	16.627	17.713	18.882	20.141	21.495	22.953	24.523
14	14.947	15.974	17.086	18.292	19.599	21.015	22.551	24.215	26.019	27.975
15	16.097	17.293	18.599	20.024	21.579	23.276	25.129	27.152	29.361	31.773
16	17.258	18.639	20.157	21.825	23.658	25.673	27.888	30.324	33.003	35.950
17	18.430	20.012	21.762	23.698	25.840	28.213	30.840	33.750	36.974	40.545
18	19.615	21.412	23.414	25.645	28.132	30.906	33.999	37.450	41.301	45.599
19	20.811	22.841	25.117	27.671	30.539	33.760	37.379	41.446	46.019	51.159
20	22.019	24.297	26.870	29.778	33.066	36.786	40.996	45.762	51.160	57.275
21	23.239	25.783	28.677	31.969	35.719	39.993	44.865	50.423	56.765	64.003
22	24.472	27.299	30.537	34.248	38.505	43.392	49.006	55.457	62.873	71.403
23	25.716	28.845	32.453	36.618	41.431	46.996	53.436	60.893	69.532	79.543
24	26.974	30.422	34.427	39.083	44.502	50.816	58.177	66.765	76.790	88.497
25	28.243	32.030	36.459	41.646	47.727	54.865	63.249	73.106	84.701	98.347
26	29.526	33.671	38.553	44.312	51.114	59.156	68.677	79.954	93.324	109.18
27	30.821	35.344	40.710	47.084	54.669	63.706	74.484	87.351	102.72	121.10
28	32.129	37.051	42.931	49.968	58.403	68.528	80.698	95.339	112.97	134.21
29	33.450	38.792	45.219	52.966	62.323	73.640	87.347	103.97	124.14	148.63
30	34.785	40.568	47.575	56.085	66.439	79.058	94.461	113.28	136.31	164.49
40	48.886	60.402	75.401	95.026	120.80	154.76	199.64	259.06	337.88	442.59
50	64.463	84.579	112.80	152.67	209.35	290.34	406.53	573.77	815.08	1 163.9
60	81.670	114.05	163.05	237.99	353.58	533.13	813.52	1 253.2	1 944.8	3 034.8

(续表)

期数	12%	14%	15%	16%	18%	20%	24%	28%	32%	36%
1	1.000 0	1.000 0	1.000 0	1.000 0	1.000 0	1.000 0	1.000 0	1.000 0	1.000 0	1.000 0
2	2.120 0	2.140 0	2.150 0	2.160 0	2.180 0	2.200 0	2.240 0	2.280 0	2.320 0	2.360 0
3	3.374 4	3.439 6	3.472 5	3.505 6	3.572 4	3.640 0	3.777 6	3.918 4	4.062 4	4.209 6
4	4.779 3	4.921 1	4.993 4	5.066 5	5.215 4	5.368 0	5.684 2	6.015 6	6.362 4	6.725 1
5	6.352 8	6.610 1	6.742 4	6.877 1	7.154 2	7.441 6	8.048 4	8.699 9	9.398 3	10.146
6	8.115 2	8.535 5	8.753 7	8.977 5	9.442 0	9.929 9	10.980	12.136	13.406	14.799
7	10.089	10.731	11.067	11.414	12.142	12.916	14.615	16.534	18.696	21.126
8	12.300	13.233	13.727	14.240	15.327	16.499	19.123	22.163	25.678	29.732
9	14.776	16.085	16.786	17.519	19.086	20.799	24.713	29.369	34.895	41.435
10	17.549	19.337	20.304	21.322	23.521	25.959	31.643	38.593	47.062	57.352
11	20.655	23.045	24.349	25.733	28.755	32.150	40.238	50.399	63.122	78.998
12	24.133	27.271	29.002	30.850	34.931	39.581	50.895	65.510	84.320	108.44
13	28.029	32.089	34.352	36.786	42.219	48.497	64.110	84.853	112.30	148.48
14	32.393	37.581	40.505	43.672	50.818	59.196	80.496	109.61	149.24	202.93
15	37.280	43.842	47.580	51.660	60.965	72.035	100.82	141.30	198.00	276.98
16	42.753	50.980	55.718	60.925	72.939	87.442	126.01	181.87	262.36	377.69
17	48.884	59.118	65.075	71.673	87.068	105.93	157.25	233.79	347.31	514.66
18	55.750	68.394	75.836	84.141	103.74	128.12	195.99	300.25	459.45	700.94
19	63.440	78.969	88.212	98.603	123.41	154.74	244.03	385.32	607.47	954.28
20	72.052	91.025	102.44	115.38	146.63	186.69	303.60	494.21	802.86	1 298.8
21	81.699	104.77	118.81	134.84	174.02	225.03	377.46	633.59	1 060.8	1 767.4
22	92.503	120.44	137.63	157.42	206.34	271.03	469.06	812.00	1 401.2	2 404.7
23	104.60	138.30	159.28	183.60	244.49	326.24	582.63	1 040.4	1 850.6	3 271.3
24	118.16	158.66	184.17	213.98	289.49	392.48	723.46	1 332.7	2 443.8	4 450.0
25	133.33	181.87	212.79	249.21	342.60	471.98	898.09	1 706.8	3 226.8	6 053.0
26	150.33	208.33	245.71	290.09	405.27	567.38	1 114.6	2 185.7	4 260.4	8 233.1
27	169.37	238.50	283.57	337.50	479.22	681.85	1 383.1	2 798.7	5 624.8	11 198
28	190.70	272.89	327.10	392.50	566.48	819.22	1 716.1	3 583.3	7 425.7	15 230
29	214.58	312.09	377.17	456.30	669.45	984.07	2 129.0	4 587.7	9 802.9	20 714
30	241.33	356.79	434.75	530.31	790.95	1 181.9	2 640.9	5 873.2	12 941	28 172
40	767.09	1 342.0	1 779.1	2 360.8	4 163.2	7 343.9	22 729	69 377	207 874	609 890
50	2 400.0	4 994.5	7 217.7	10 436	21 813	45 497	195 373	819 103	*	*
60	7 471.6	18 535	29 220	46 058	114 190	281 733	*	*	*	*

注:*>999 999.99

附表 4　　　　　　　　　　　　　　　年金现值系数表

期数	1%	2%	3%	4%	5%	6%	7%	8%	9%	10%
1	0.990 1	0.980 4	0.970 9	0.961 5	0.952 4	0.943 4	0.934 6	0.925 9	0.917 4	0.909 1
2	1.970 4	1.941 6	1.913 5	1.886 1	1.859 4	1.833 4	1.808 0	1.783 3	1.759 1	1.735 5
3	2.941 0	2.883 9	2.828 6	2.775 1	2.723 2	2.673 0	2.624 3	2.577 1	2.531 3	2.486 9
4	3.902 0	3.807 7	3.717 1	3.629 9	3.546 0	3.465 1	3.387 2	3.312 1	3.239 7	3.169 9
5	4.853 4	4.713 5	4.579 7	4.451 8	4.329 5	4.212 4	4.100 2	3.992 7	3.889 7	3.790 8
6	5.795 5	5.601 4	5.417 2	5.242 1	5.075 7	4.917 3	4.766 5	4.622 9	4.485 9	4.355 3
7	6.728 2	6.472 0	6.230 3	6.002 1	5.786 4	5.582 4	5.389 3	5.206 4	5.033 0	4.868 4
8	7.651 7	7.325 5	7.019 7	6.732 7	6.463 2	6.209 8	5.971 3	5.746 6	5.534 8	5.334 9
9	8.566 0	8.162 2	7.786 1	7.435 3	7.107 8	6.801 7	6.515 2	6.246 9	5.995 2	5.759 0
10	9.471 3	8.982 6	8.530 2	8.110 9	7.721 7	7.360 1	7.023 6	6.710 1	6.417 7	6.144 6
11	10.367 6	9.786 8	9.252 6	8.760 5	8.306 4	7.886 9	7.498 7	7.139 0	6.805 2	6.495 1
12	11.255 1	10.575 3	9.954 0	9.385 1	8.863 3	8.383 8	7.942 7	7.536 1	7.160 7	6.813 7
13	12.133 7	11.348 4	10.635 0	9.985 6	9.393 6	8.852 7	8.357 7	7.903 8	7.486 9	7.103 4
14	13.003 7	12.106 2	11.296 1	10.563 1	9.898 6	9.295 0	8.745 5	8.244 2	7.786 2	7.366 7
15	13.865 1	12.849 3	11.937 9	11.118 4	10.379 7	9.712 2	9.107 9	8.559 5	8.060 7	7.606 1
16	14.717 9	13.577 7	12.561 1	11.652 3	10.837 8	10.105 9	9.446 6	8.851 4	8.312 6	7.823 7
17	15.562 3	14.291 9	13.166 1	12.165 7	11.274 1	10.477 3	9.763 2	9.121 6	8.543 6	8.021 6
18	16.398 3	14.992 0	13.753 5	12.659 3	11.689 6	10.827 6	10.059 1	9.371 9	8.755 6	8.201 4
19	17.226 0	15.678 5	14.323 8	13.133 9	12.085 3	11.158 1	10.335 6	9.603 6	8.950 1	8.364 9
20	18.045 6	16.351 4	14.877 5	13.590 3	12.462 2	11.469 9	10.594 0	9.818 1	9.128 5	8.513 6
21	18.857 0	17.011 2	15.415 0	14.029 2	12.821 2	11.764 1	10.835 5	10.016 8	9.292 2	8.648 7
22	19.660 4	17.658 0	15.936 9	14.451 1	13.163 0	12.041 6	11.061 2	10.200 7	9.442 4	8.771 5
23	20.455 8	18.292 2	16.443 6	14.856 8	13.488 6	12.303 4	11.272 2	10.371 1	9.580 2	8.883 2
24	21.243 4	18.913 9	16.935 5	15.247 0	13.798 6	12.550 4	11.469 3	10.528 8	9.706 6	8.984 7
25	22.023 2	19.523 5	17.413 1	15.622 1	14.093 9	12.783 4	11.653 6	10.674 8	9.822 6	9.077 0
26	22.795 2	20.121 0	17.876 8	15.982 8	14.375 2	13.003 2	11.825 8	10.810 0	9.929 0	9.160 9
27	23.559 6	20.706 9	18.327 0	16.329 6	14.643 0	13.210 5	11.986 7	10.935 2	10.026 6	9.237 2
28	24.316 4	21.281 3	18.764 1	16.663 1	14.898 1	13.406 2	12.137 1	11.051 1	10.116 1	9.306 6
29	25.065 8	21.844 4	19.188 5	16.983 7	15.141 1	13.590 7	12.277 7	11.158 4	10.198 3	9.369 6
30	25.807 7	22.396 5	19.600 4	17.292 0	15.372 5	13.764 8	12.409 0	11.257 8	10.273 7	9.426 9
35	29.408 6	24.998 6	21.487 2	18.664 6	16.374 2	14.498 2	12.947 7	11.654 6	10.566 8	9.644 2
40	32.834 7	27.355 5	23.114 8	19.792 8	17.159 1	15.046 3	13.331 7	11.924 6	10.757 4	9.779 1
45	36.094 5	29.490 2	24.518 7	20.720 0	17.774 1	15.455 8	13.605 5	12.108 4	10.881 2	9.862 8
50	39.196 1	31.423 6	25.729 8	21.482 2	18.255 9	15.761 9	13.800 7	12.233 5	10.961 7	9.914 8
55	42.147 2	33.174 8	26.774 4	22.108 6	18.633 5	15.990 5	13.939 9	12.318 6	11.014 0	9.947 1

(续表)

期数	12%	14%	15%	16%	18%	20%	24%	28%	32%	36%
1	0.892 9	0.877 2	0.869 6	0.862 1	0.847 5	0.833 3	0.806 5	0.781 3	0.757 6	0.735 3
2	1.690 1	1.646 7	1.625 7	1.605 2	1.565 6	1.527 8	1.456 8	1.391 6	1.331 5	1.276 0
3	2.401 8	2.321 6	2.283 2	2.245 9	2.174 3	2.106 5	1.981 3	1.868 4	1.766 3	1.673 5
4	3.037 3	2.913 7	2.855 0	2.798 2	2.690 1	2.588 7	2.404 3	2.241 0	2.095 7	1.965 8
5	3.604 8	3.433 1	3.352 2	3.274 3	3.127 2	2.990 6	2.745 4	2.532 0	2.345 2	2.180 7
6	4.111 4	3.888 7	3.784 5	3.684 7	3.497 6	3.325 5	3.020 5	2.759 4	2.534 2	2.338 8
7	4.563 8	4.288 3	4.160 4	4.038 6	3.811 5	3.604 6	3.242 3	2.937 0	2.677 5	2.455 0
8	4.967 6	4.638 9	4.487 3	4.343 6	4.077 6	3.837 2	3.421 2	3.075 8	2.786 0	2.540 4
9	5.328 2	4.946 4	4.771 6	4.606 5	4.303 0	4.031 0	3.565 5	3.184 2	2.868 1	2.603 3
10	5.650 2	5.216 1	5.018 8	4.833 2	4.494 1	4.192 5	3.681 9	3.268 9	2.930 4	2.649 5
11	5.937 7	5.452 7	5.233 7	5.028 6	4.656 0	4.327 1	3.775 7	3.335 1	2.977 6	2.683 4
12	6.194 4	5.660 3	5.420 6	5.197 1	4.793 2	4.439 2	3.851 4	3.386 8	3.013 3	2.708 4
13	6.423 5	5.842 4	5.583 1	5.342 3	4.909 5	4.532 7	3.912 4	3.427 2	3.040 4	2.726 8
14	6.628 2	6.002 1	5.724 5	5.467 5	5.008 1	4.610 6	3.961 6	3.458 7	3.060 9	2.740 3
15	6.810 9	6.142 2	5.847 4	5.575 5	5.091 6	4.675 5	4.001 3	3.483 4	3.076 4	2.750 2
16	6.974 0	6.265 1	5.954 2	5.668 5	5.162 4	4.729 6	4.033 3	3.502 6	3.088 2	2.757 5
17	7.119 6	6.372 9	6.047 2	5.748 7	5.222 3	4.774 6	4.059 1	3.517 7	3.097 1	2.762 9
18	7.249 7	6.467 4	6.128 0	5.817 8	5.273 2	4.812 2	4.079 9	3.529 4	3.103 9	2.766 8
19	7.365 8	6.550 4	6.198 2	5.877 5	5.316 2	4.843 5	4.096 7	3.538 6	3.109 0	2.769 7
20	7.469 4	6.623 1	6.259 3	5.928 8	5.352 7	4.869 6	4.110 3	3.545 8	3.112 9	2.771 8
21	7.562 0	6.687 0	6.312 5	5.973 1	5.383 7	4.891 3	4.121 2	3.551 4	3.115 8	2.773 4
22	7.644 6	6.742 9	6.358 7	6.011 3	5.409 9	4.909 4	4.130 0	3.555 8	3.118 0	2.774 6
23	7.718 4	6.792 1	6.398 8	6.044 2	5.432 1	4.924 5	4.137 1	3.559 2	3.119 7	2.775 4
24	7.784 3	6.835 1	6.433 8	6.072 6	5.450 9	4.937 1	4.142 8	3.561 9	3.121 0	2.776 0
25	7.843 1	6.872 9	6.464 1	6.097 1	5.466 9	4.947 6	4.147 4	3.564 0	3.122 0	2.776 5
26	7.895 7	6.906 1	6.490 6	6.118 2	5.480 4	4.956 3	4.151 1	3.565 6	3.122 7	2.776 8
27	7.942 6	6.935 2	6.513 5	6.136 4	5.491 9	4.963 6	4.154 2	3.566 9	3.123 3	2.777 1
28	7.984 4	6.960 7	6.533 5	6.152 0	5.501 6	4.969 7	4.156 6	3.567 9	3.123 7	2.777 3
29	8.021 8	6.983 0	6.550 9	6.165 6	5.509 8	4.974 7	4.158 5	3.568 7	3.124 0	2.777 4
30	8.055 2	7.002 7	6.566 0	6.177 2	5.516 8	4.978 9	4.160 1	3.569 3	3.124 2	2.777 5
35	8.175 5	7.070 0	6.616 6	6.215 3	5.538 6	4.991 5	4.164 4	3.570 8	3.124 8	2.777 7
40	8.243 8	7.105 0	6.641 8	6.233 5	5.548 2	4.996 6	4.165 9	3.571 2	3.125 0	2.777 8
45	8.282 5	7.123 2	6.654 3	6.242 1	5.552 3	4.998 6	4.166 4	3.571 4	3.125 0	2.777 8
50	8.304 5	7.132 7	6.660 5	6.246 3	5.554 1	4.999 5	4.166 6	3.571 4	3.125 0	2.777 8
55	8.317 0	7.137 6	6.663 6	6.248 2	5.554 9	4.999 8	4.166 6	3.571 4	3.125 0	2.777 8